これからの英語の研究と教育

── 連携教育の展望と課題 ──

伊関敏之 編著

酒井陽

相原完爾

久保田佳克

市﨑一章

日䑓滋之 著

これからの英語の研究と教育 — 連携教育の展望と課題 —

Copyright © 2014 by Toshiyuki ISEKI, Yo SAKAI, Kanji AIHARA, Yoshikatsu KUBOTA, Kazuaki ICHIZAKI, and Shigeyuki HIDAI

All rights reserved for Japan.
No part of this book may be reproduced in any form
without permission from Seibido Co., Ltd.

はしがき

　本書は6名の英語教員がそれぞれの環境およびそれぞれの立場で日常行っている教育活動および研究活動について、各々自由な考え方（発想）に基づいて論を展開して書かれたものである。

　本書の執筆者の顔ぶれは非常に多岐にわたっているというのが、1つの大きな特徴になっている。

　英語教員の中には、いろいろな考え方（発想）の先生がいる。例えば、大学の教員においては、研究活動に熱心な教員がいる一方で、英語教育に情熱を燃やしている教員もいる。中学校・高等学校の教員においても、生徒指導・英語教育に力を注いでいる教員が多数いると思えば、他方学究的な活動に勤しんでいる教員も中にはいる。個人の考え方（ポリシー）によって、日頃の教員としての生活パターンがかなり異なってくるということが現実としてありうるのである。

　そのような考え方（立場）に立って見れば、本書を手に取られた際には多少の驚きがあることも十分に予想されることである。

　要するに、研究および教育の両面に対して、各執筆者がそれぞれ自由な発想のもとで英語に対する考え方・見解を述べているのである。

　換言するならば、各執筆者の英語教員としての歴史、生活史にもなっていると言えるであろう。

　編著を担当した者としては、編集方針としては極めて緩やかな約束事しか設けなかった。私が各執筆者にお願いしたことは、1人当たりのページ数を厳守すること、校正している際にお互いの使用している専門用語の訳語が不統一になった時には、なるべく統一するようにすることの2点だけである。例えば、編著者の専門分野における大変重要なことばに"intonation"というのがあるが、この語の訳語には少なくとも「イントネーション」、「音調」、「抑揚」の3つが考えられるからである。そのような事態（同じ専門用語を使用しているのに、それに対応する日本語の訳語が執筆者によって異なってしまった場合）に陥った時には、なるべく用語の統一をするように努めた。ただし、編集上（内容の首尾一貫性を図る上で）、用語の統一をしない方が適切であると判断した場合には、そのまま統一しないでおいた箇所もある。

　研究書を刊行するにあたっては、お互いにある程度厳しい制約（約束事）を設けて、意思の疎通を図り、本としての統一性を保つことに重点

を置いたやり方も当然あるであろう。

　しかし、今回はそのような方針には敢えてしなかった。それぞれの執筆者に、自由な発想および考え方で書いてもらうことに重点を置きたかったからである。

　ある意味では、より今日的な問題が凝縮された英語の専門書が出来上がったと自負している。

　本書のタイトルの一部にもなっている小→中→高→大へと続く「連携教育」といっても、連携の難しさ（難易度）は決して一様ではないようである。ある専門家の御指摘によると、小→中→高の連携よりも高→大への連携の方が難しいということである。この意見には私も一理あると思っている。

　大学（厳密には高専、短大を含めた高等教育機関）だけが学習指導要領に縛られることなく、教員各人の裁量でかなりな部分自由に授業が展開できるからである。さらに、厳密に言えば、言葉遣いの点から言っても、小・中・高で使われる「授業」という言い方はせずに、大学では「講義」という言い方が正しい。その上、小学校では「児童」、中学校・高等学校では「生徒」という言い方をするところが、高専以上の学校では「学生」という言い方をするというところにも連携教育を考える上での難しさのヒントが隠されていると思っている。例えば、英語の student には「生徒」も「学生」も含まれていて区別ができない。日本においては、学校制度の上で見てみると、中等教育機関（中学校・高等学校）で学ぶ者を「生徒」、高専以上の高等教育機関で学ぶ者を「学生」と言って区別しているのである。

　確かに、使用される教科書も小・中・高のように文部科学省検定済教科書ではなく、多くは難易度もさまざまな大学用のテキストである。大学にもカリキュラムやシラバスなども存在するが、小・中・高よりは運用がはるかに緩やかである。

　ということは、一言で言ってしまえば、小・中・高と大とでは「学びの質」が変わるということを意味するのである。従って、高→大への連携はやりにくいということにつながっていると思われる。

　私自身、高等学校→高等専門学校→大学というように3つの校種の学校を渡り歩いてきているので、高→大への連携はやりにくいというのは実感としてわかるところである。

以上のような現状認識に立った上で、それぞれの論考を見てみることも必要であろう。

　大学等で英語を学んでいる学生、小・中・高の英語教員、大学等の高等教育機関の英語教員、学習塾や予備校等で英語を教えておられる先生方、さらには英語に興味を持っておられるすべての方々に是非お読み頂ければ幸いである。

　本書が世に出るまでには、いろいろな人のお世話になっていることは言うまでもない。特に、成美堂社長の佐野英一郎氏には、今回の本書の出版を快諾して頂き、感謝に堪えない。また、成美堂営業部の宍戸貢氏には、いろいろな面で相談に乗って頂いた。それから、編集部の岡本広由氏には、本書の出版に際して、いろいろとお世話になった。以上、本当に感謝申し上げる。

　何せ浅学ゆえ、思わぬ誤解や誤植があるものと思うが、何か気が付いたことがあれば、是非御教示頂ければ幸いである。

２０１４年２月
伊関　敏之

目次

はしがき i

第1章　中学校の英語　　　　　　　　　　　　　　　　　　　酒井 陽

はじめに 1
1 英語の母音 1
 1.1 Simple vowels（単母音）.. 1
 1.2 Diphthongs（二重母音）.. 5
 1.3 Vowel sequences (smoothing) 8
 1.4 中学校教科書における各母音の出現数と割合 8
2 英語の子音 9
 2.1 Stop consonants（閉鎖音）.. 9
 2.2 Fricative（摩擦音）.. 15
 2.3 Liquid（流音）.. 23
 2.4 Nasal consonants（鼻音）... 27
3 英語の半母音 30
 3.1 Bilabial semi-vowel（両唇半母音）/ w / 30
 3.2 Palatal semi-vowel（硬口蓋半母音）/ j / 31
 3.3 Semi-vowel（半母音）/ w /, / j / の環境別出現数と割合 32
4. 教科書における子音・半母音各要素の出現頻度と RP との比較 32
 4.1 子音・半母音の調音法、調音点別出現頻度 32
 4.2 中学校教科書と RP との子音各音素出現頻度の比較 34
結論 35

第2章　高等学校の英語　高校（定時制）　　　　　　　　　　相原完爾

はじめに 38
1. 高校（定時制）英語教育の現状 38
 1.1 英語に対する生徒の実態 38
 1.2 これからの英語教育 45
 1.3 まとめ 54
2. これまでの英語研究 55
 2.1 はじめに 55
 2.2 接尾辞 -er 55

2.3 名詞化	61
2.4 結論	74

第3章　高等専門学校の英語　　　　　　　　久保田佳克

1. 高専における英語教育と研究	78
1.1 高専という学校種	78
1.2 高専生に求められる英語力と実態	80
1.3 高専生の英語力の物足りなさの原因	82
1.4 高専における英語教員の役割	84
1.5 高専における英語教育研究と実践	86
2. 私の研究と授業実践	99
2.1 英語学習法としての音読と筆写	99
2.2 音読筆写と多読を中心とした授業展開とその効果	106
3. 今後の高専の英語教育	112

第4章　短期大学の英語　　　　　　　　　　市﨑一章

はじめに	117
1. 教育	119
1.1 英語教育	120
1.2 免許・資格・称号と就職活動の影響	131
2. 研究	135
2.1 研究費	135
2.2 研究意欲と業績	136
2.3 筆者の研究	137
3. 学務	138
3.1 学生募集	138
3.2 ＦＤ活動と認証評価	140
3.3 実習指導	141
3.4 就職支援	143
3.5 クラブ活動と学生会	146
3.6 広報	146
3.7 入試	148
3.8 社会への還元	149
3.9 諸種委員と会議	150
結び	152

第5章　大学の英語1　　　　　　　　　　　　　　日臺滋之

- はじめに 154
- 1. 中学・高校・大学の授業を通して見えてきたこと 154
  - 1.1 教科書を補って指導する必要がある 154
  - 1.2 学習者は同じ質問を繰り返す 155
  - 1.3 学年があがっても自然に言えるようになるわけではない 155
- 2. 学習者からの質問を活かした日英パラレル・コーパスの構築 156
  - 2.1 日英パラレル・コーパスの構築過程 156
  - 2.2 データ収集の4つの工夫 157
  - 2.3 構築過程を通して見えてきたこと 162
  - 2.4 検索ツール EasyKWIC の活用 165
- 3. インプットとアウトプットとの関係 173
  - 3.1 先行研究からわかっていること 173
  - 3.2 学習者が英語で表現したいことと教科書でインプットされる表現の比較 ... 174
- 4. どうしたら英語で言いたいことが言えるようになるのか 178
  - 4.1 教材論からのアプローチ 178
  - 4.2 発信型日本文化について指導 187
- おわりに 187

第6章　大学の英語2　　　　　　　　　　　　　　伊関敏之

- はじめに 189
- 1. 北見工大での英語教育 189
  - 1.1 開講科目について 189
- 2. 講義中になされた具体例 190
  - 2.1 old や tall などの形容詞の性質について 190
  - 2.2 「長い」は「短い」、「短い」は「長い」(長母音と短母音について)の話 ... 192
  - 2.3 超基本的な接続詞 and に関する一考察 193
  - 2.4 蓋然性を表す副詞 probably, maybe, perhaps について 199
  - 2.5 will − would, can − could, may − might の関係について 223

著者略歴 229

第1章

中学校の英語 ── 研究と教育
音声指導─中学校における分節音（母音と子音）

酒井　陽

はじめに

　中学校の英語教授法については様々な研究がなされているが、発音については何をどう指導すればよいのか、例えば分節音（母音と子音）については何をどう教えればよいのかはほぼ各教師に委ねられている。ここでは分節音（母音と子音）について何をどう教えればよいのかを中学校教科書の例により具体的に紹介していく。また、中学校教科書に出てくる易しい例を数多く紹介しており、小学校や高等学校などでも音声指導のため平易な例を探す際にご活用いただけるものと思う。

1. 英語の母音

　母音は異なった口の形を経て出てくる有声の呼気によってつくり出される。口の形の違いは両唇と舌の位置とによって形作られる。中学生に舌の位置の違いを感じ取らせたり、図から理解させることは困難である。中学生だけでなく、大人にとってもなかなか難しい。

　J. D. O'Connor 1980[2] ではこの点を分かりやすく紹介している。この説明を基に、ロンドン大学夏期英語音声学講座 (2001~2010) で紹介された情報や筆者の指導時の工夫も交え、中学校の教科書に出てくる母音の例を用いて見ていく。説明に当たっては英語の母音の違いをどう出していくかに的を絞る。加えて、中学校教科書に用いられている語における各母音の出現頻度を集計して示す。

1.1 Simple vowels（単母音）
1.1.1 / iː /, / ɪ /, / e /

　日本語にも see に見られる母音 / iː / に似た「イー」、/ e / に似た母音「エ」がある。これらの母音は全く同じわけではないが、これら日本語の母音を出発点にして英語の / iː / や / e / を紹介していくことができる。/ iː / は子供が相手をか

らかって「イーだ」というときの「イー」だと言えば音質をつかむことができる。/ e / は広めの口で「エ」と言う。

/ i: / と / e / の中間にあって / i: / でも / e / でもない母音 / ɪ / は、長さが / i: / より短く、音質は / e / に近い。また / i: / は「緊張」した母音であり、/ ɪ / は「弛緩」した母音であることも発音や聞き取りにおいて注意すべき点である。

/ ɪ /
ðɪs (this)　　　ɪz (is)　　　dɪʃ (dish)　　　ˈsɪstə (sister)
lɪv (live)　　　drɪŋk (drink)　bɪg (big)　　　ˈwɪntə (winter)
/ i: /
i: (E)　　　　ʃi: (she)　　　i:t (eat)　　　tri: (tree)
pli:z (please)　ti:tʃ (teach)　pi:pl (people)　li:v (leave)
/ e /
ef (F)　　　　jes (yes)　　　ˈtenɪs (tennis)　frend (friend)
pen (pen)　　hed (head)　　eg (egg)　　　end (end)

母音の長さは、後に強子音が続く場合には弱子音が続く場合よりも短くなる。これは pre-fortis clipping (強子音前短縮) と呼ばれる。例 1 では、母音 / i: / の長さは、弱子音 / n / が続く seen よりも強子音 / t / が続く seat の方が短い。

1. si:n (seen)　si:t (seat)　　2. ti:m (team)　ti:tʃ (teach)
3. mɪz (Ms)　mɪs (Miss)　　4. send (send)　sent (sent)

このような場合でも / i: / は 常に / ɪ / より長くなる。例えば例 1 では seat の母音 / i: / の長さは pre-fortis clipping により短縮されても sit の / ɪ / よりも長い。

1. si:t (seat)　sɪt (sit)　　2. i:t (eat)　　ɪt (it)
3. li:v (leave)　lɪv (live)　4. hi:t (heat)　hɪt (hit)

1.1.2 / e /, / ʌ /, / æ /

/ e / と / ʌ / の間にもう一つ別の母音 / æ / を紹介する。 bed (bed) と bʌd (bud) を交互に繰り返して発音し、bʌd では口が広く開いていることを確認し、/ e / の口の構えで口を大きく開いて「ア」を発音する。そして教師のモデル発音を聞きながら kæt (cat), bæt (bat) などを発音してみる。/ e /, / ʌ /, / æ / の場

合も後に強子音が続く場合には弱子音が続く場合よりも母音が短くなる。

/ æ /

kæt (cat)　　bæg (bag)　　mæn (man)　　ˈælbəm (album)
æm (am)　　ˈræbɪt (rabbit)　hæv (have)　　ˈfæmlɪ (family)

1.1.3 / ɑː /

/ ɑː / は、医師にのどを診てもらうときの「アー」というあの音である。あくびの口の形でもある。この母音を発音するにはあくびをするときのように口を縦に大きく開けて「アー」と言えばよい。/ ɑː / は長母音であり、短母音の / ɒ / は別の音である。/ ɒ / はさらに唇が丸められるため /ɔː/ に近い音になる。

/ ɑː /

ɑː (are, R)　　ɑːt (art)　　ɑːnt (aunt)　　ˈfɑːðə (father)
kɑː (car)　　 pɑːk (park)　 hɑːd (hard)　　stɑːt (start)

イギリス英語 (RP) の / ɒ / はアメリカ英語 (GA) では / ɑː / と発音される。

dɒg dɑːg (dog)　　hɒt hɑːt (hot)　　nɒt nɑːt (not)　　wɒt wɑːt (what)
frɒm frɑːm (from)　ˈprɒbləm ˈprɑːbləm (problem)　ˈsɒrɪ ˈsɑːrɪ (sory)

1.1.4 / ɒ, ɔː /

/ ɔː / は音質的にも唇の丸めにおいても / ɒ / に近い。しかし口の縦の開きは / ɒ / より小さい。

/ ɔː /

ɔːl (all)　　 kɔːl (call)　　fɔːl (fall)　　 ˈɔːgəst (August)
bɔːl (ball)　 spɔːt (sport)　tɔːk (talk)　　ˈwɔːtə (water)

1.1.5 / ʊ /, / uː /

/ ʊ /, / uː / はかつては日本語の「ウ」よりも舌が後ろよりで唇の丸めも強いと言われていたが、現在のRPでは若い層で舌の位置がやや前に移行し、(goose fronting と呼ばれている) 日本語の「ウ」と変わらなくなってきているので、日本語の「ウ」、「ウー」でよい。[1]

/ ʊ /

gʊd (good)　　bʊk (book)　　'fʊtbɔ:l (football)　　lʊk (look)

kʊk (cook)　　pʊʃ (push)　　'ʃʊgə (sugar)　　'wʊmən (woman)

/ u: /

tʃu:z (choose)　　ju:z (use)　　kəm'pju:tə (computer)　　nju: (new)

mu:v (move)　　hu: (who)　　't(j)u:zdeɪ (Tuesday)

'st(j)u:dənt (student)

1.1.6 / ɜ: /, / ɑ: /

　母音 / ɜ: / には日本語に近い母音がなく、我々日本人には不明瞭な暗い音に聞こえる。/ ɜ: / では上下の歯をかなり近づけておき、微笑むように、唇を丸めず発音する。日本語話者の典型的な誤りは、/ ɜ: / も / ɑ: / も、どちらも「アー」になってしまうことだと言われる。中学校では hɜ:t (hurt) と hɑ:t (hart)、hɜ:d (heard) と hɑ:d (hard)、fɜ:st (first) と fɑ:st (fast)、bɜ:n (burn) と bɑ:n (barn) が混同される誤りが見られる。/ ɜ: / では口を大きく開いてしまわないように、/ ɑ: / では口を大きく開いて発音するよう注意が必要である。(1.1.4.)

/ ɜ: /

bɜ:d (bird)　　'bɜ:θdeɪ (birthday)　　gɜ:l (girl)　　lɜ:n (learn)

əkɜ: (occur)　　tɜ:n (turn)　　wɜ:d (word)　　wɜ:k (work)

1.1.7 / ə /

　日本語の母音は皆明瞭に発音されるが、英語では強く発音される強音節と弱く発音される弱音節があり、強音節では母音は強形で強くはっきり発音される (完全母音) が、弱音節では弱く曖昧な音になる (弱母音)。弱母音には / ə / と / ɪ / がある。/ ə / は / ɜ: / の短いものであり、口を半開きにして曖昧に発音される。bənɑ:nə (banana) に見られるこの母音は英語の母音の中で最もよく使われる母音[2]である。

　/ ə / は末尾 (pause の前) では 強形の / ʌ / (日本語の「ア」に近い) に似てくるが、あまり明瞭ではない。末尾以外では非常に短く、不明瞭である。また特に子音と子音の間の位置では最小限度の長さにとどめられ、極めて不明瞭になる。

＜末尾の場合＞
betə (better)   aʊə (our)   ˈdɒktə (doctor)   ˈvɪlɪdʒə (villager)
＜末尾以外の場合＞
語頭　əˈgen (again)　əˈgəʊ (ago)　əˈbaʊt (about)　ənˈtɪl (until)
子音間　bəˈnɑːnə (banana)　ˈsætədɪ (Saturday)　ˈælbəm (album)
　　　　dʒəˈpæn (Japan)

1.2 Diphthongs（二重母音）

　二重母音はある母音から他の母音への渡り音である。その渡りの動き全体が1つの長い単母音のようになる。英語の二重母音には / əʊ, aʊ, eɪ, aɪ, ɔɪ, ɪə, eə, ʊə / があり、これらは / əʊ, aʊ / のように / ʊ / で終わるもの、/ eɪ, aɪ, ɔɪ / のように / ɪ / で終わるもの、/ ɪə, eə, ʊə / のように / ə / で終わるものの3つのグループに分けることができる。

　これら英語の二重母音はそれぞれ1つの母音であるが、日本語の「ア・イ」、「エ・イ」、「オ・イ」などは2つの母音から成る。このために / aɪ / を「ア・イ」と日本語の2つの母音に置き換えてしまう誤りが見られる。この点に注意が必要である。

1.2.1 / ʊ / で終わる二重母音 / əʊ /, / aʊ /

　/ əʊ / は / ɜː / で始め、渡りが進むにつれて唇をわずかに丸めながら少し音が小さくなり / ʊ / に移る。二重母音の最初の部分は / ɜː / であり、/ ɑː / や / ɔː / ではない。長母音 / ɑː / や / ɔː / にはならないようにする。GA では / oʊ / になる。

/ əʊ /
nəʊ (no / know)　gəʊ (go)　heˈləʊ (hello)　həʊm (home)
nəʊz (nose)　fəʊn (phone)　rəʊd (road)　ʃəʊ (show)

　/ aʊ / は / ʌ / で始め、渡りが進むにつれて唇をわずかに丸めながら音が小さくなり / ʊ / へ移る。/ aʊ / は / əʊ / とは全く別の音であり、意味の対立を生ずる。

/ aʊ /

haʊ (how)　　braʊn (brown)　　graʊd (ground)　　maʊθ (mouth)
taʊn (town)　　faʊnd (found)　　ˈklaʊdɪ (croudy)　　laʊd (loud)

/ aʊ / と / əʊ / が意味の対立を生じるミニマルペアの例
naʊ (now 今) と nəʊ (no いいえ / know 知っている)

1.2.2　/ ɪ / で終わる二重母音 / eɪ, aɪ, ɔɪ /

/ eɪ / は / e / で始め、渡りが進むにつれて少し音が小さくなり / ɪ / へ移る。/ eɪ / を「エー」で置き換えてしまう誤りが数多く見られる。

eɪ (A)　　　　əʊˈkeɪ (OK)　　　meɪk (make)　　　neɪm (name)
teɪbl (table)　　pəˈteɪtəʊ (potato)　ˈpeɪpə (paper)　　pleɪ (play)

/ aɪ / は / laɪk / like に見られる二重母音 / aɪ / であり、/ ʌ / で始め、渡りが進むにつれて音が少し小さくなり / ɪ / へ移る。/ aɪ / の場合も / aɪ / を「ア・イ」と2つの日本語の母音に置き換えてしまう誤りが数多く見られる。英語ではあくまで1つの母音であることに注意する必要がある。

/ aɪ /
aɪ (I)　　　　naɪs (nice)　　　faɪn (fine)　　　taɪm (time)
haɪ (hi)　　　raɪt (right)　　　smaɪl (smile)　　waɪ (why)

/ ɔɪ / は bɔɪ (boy) に見られる二重母音 / ɔɪ / であり、/ ɔː / で始め、渡りが進むにつれて音が少し小さくなり / ɪ / へ移る。/ ɔɪ / はあまりよく使われる二重母音ではなく、他の母音と混同されることもない。

/ ɔɪ /
ˈbɔɪkɒt (boycott)　dɪˈstrɔɪ (destroy)　dʒɔɪn (join)　ɪnˈdʒɔɪ (enjoy)
pɔɪnt (point)　　　tɔɪ (toy)　　　　ˈtɔɪlet (toilet)　tʃɔɪs (choice)

1.2.3　/ ə / で終わる二重母音 / ɪə, eə, ʊə /

/ ɪə / は hɪə (here) に見られる二重母音 / ɪə / であり、/ ɪ / で始め、渡りが進む

につれて音が少し小さくなり /ə/ へ移る。始めの /ɪ/ を /iː/ と /ɪ/ の中間音である日本語の「イ」で代用しても少し違う音にはなっても問題はないが、語末の /ɪ/ に /ə/ や /əs/ が付加される語では、二重母音 /ɪə/ が「イ・ア」または「イ・アー」と２つの母音になってしまう誤りがよく見られる。このような日本語的発音になってしまわないよう注意が必要である。

/ ɪə /

ˈrɪəlɪ (really)　　　ɪə (ear)　　　jɪə (year)　　　nɪə (near)
əˈpɪə(z) (appear(s))　　hɪə(z) (hear(s))　　dɪə (dear)
dɪsəˈpɪə(z) (disappear(s))

/ eə / は /æ/ で始め、/æ/ に /ʌ/ を添え、/æ/ から /ʌ/ へのスムーズな渡り音にする。二重母音 /eə/ の始めの音は /e/ ではなく、/æ/ である。二重母音 /eə/ が「エ・ア」や「エ・アー」と２つの母音にならないように注意が必要である。

/ eə /

eə (air)　　　heə (hair)　　　keə (care)　　　tʃeə (chair)
ˈpeərənt (parent)　　ʃeə (share)　　tʃeə (chair)　　weə (wear)

/ ʊə / は /ʊ/ で始め、/ə/ へ渡る音である。他の二重母音同様 /ʊə/ が「ウ・ア」または「ウ・アー」と２つの母音にならないよう注意する。

/ ʊə / は RP では /ɔː/ とも発音できる。 pʊə (poor) は pɔː、ʃʊə は ʃɔː、kjʊə は kjɔː とも発音できる。ただし、/ʊə/ を /uːə/ と発音できる語 fjʊə、fjuːə (fewer) や krʊəl、kruːəl (cruel)、dʒʊəl、dʒuːəl (jewel) では /ʊə/ や /uːə/ の代わりに /ɔː/ を用いることはできない。poor は pʊə または pɔː であり、puːə にはならないが、日本人学習者に poor を「プ・ア」、「プーア」と発音する誤りがよく見られる。「プ・ア」と発音される誤りは英語の二重母音 /ʊə/ が二重母音のない日本語からの負の転移により「プ」と「ア」という２つ母音に置き換えられたものと考えられる。「プーア」は、/ʊə/ をいつでも /uːə/ と発音できると、目標言語の規則を過剰に一般化した誤りと考えられる。さらにこれが「プー・ア」と２つの母音で発音される場合もある。二重母音を１つの母音と

して発音することは日本人学習者にとっての課題である。

/ ʊə / (/ ɔː /)
jʊə / jɔː (your, you're)   ʃʊə / ʃɔː (sure)   ˈdʒʊərɪŋ / ˈdʒɔːrɪŋ (during)
tʊə / tɔː (tour)   pʊə / pɔː (poor)   ˈjʊərəp / ˈjɔːrəp (Europe)

1.3 Vowel sequences (smoothing)

　二重母音に他の母音が続くとき、これらの母音はごく自然にスムーズな渡り音になるように発音されるが、イギリス人のネイティブ・スピーカーでは随意的に二重母音の第二要素を落とすことがある。特に二重母音 / aɪ / や / aʊ / に / ə / が添えられた -/ aɪə /, -/ aʊə / によく見られるが、このとき / ɪ / や / ʊ / はかなり弱くなり fa.ə (fire) や pa.ə (power) のように消失したり、fɑː (fire)、ɑː (our / hour) のように / ɑː / になる場合もある。第二言語として学ぶ場合には / aɪə / や / aʊə / のような二重母音の第二要素 / ɪ / や / ʊ / を弱く発音することが大切である。[3]

/ aɪə /
faɪə fa.ə fɑː (fire)   ˈfaɪəwɜːk (firework)
ˈkwaɪətlɪ ˈkwaətlɪ ˈkwɑːtlɪ (quietly)   ˈsaɪəns ˈsaəns ˈsɑːns (science)
/ aʊə /
aʊə a.ə ɑː (our / hour)   flaʊə fla.ə flɑː (flower)   paʊə pa.ə pɑː (power)
/ əʊɪ /
ˈɡəʊɪŋ ˈɡəɪŋ (going)

1.4 中学校教科書における各母音の出現数と割合

　中学校教科書には全ての母音が出ている。出現頻度上位5番目までの母音は、/ e, ɪ, iː, æ, eɪ / であり、下位4番目までの母音は / ʊə, ɔɪ, eə, ɪə / であった。これは Fry による RP テキストの母音の出現頻度調査と一致する。[4]

8

表1 中学校教科書における各母音の出現頻度（主強勢音節における）

母音	1年	2年	3年	小計	(%)	母音	1年	2年	3年	小計	(%)
e	72	46	54	172	11.9	aʊ	29	30	12	71	4.89
ɪ	54	47	35	136	9.37	əʊ	29	30	11	70	4.82
iː	58	41	26	125	8.6	ɑː	27	14	16	57	3.92
æ	51	39	32	122	8.4	ɜː	20	17	9	46	3.17
aɪ	45	35	29	109	7.5	aʊ	17	8	4	29	2
eɪ	46	38	24	108	7.43	ʊ	10	5	9	24	1.65
ʌ	45	26	22	93	6.4	ɪə	9	8	4	21	1.45
ɒ	37	26	27	90	6.20	eə	9	7	2	18	1.24
ɔː	28	24	21	73	5.02	ɔɪ	4	2	4	10	0.69
uː	40	16	16	72	4.96	ʊə	2	3	2	7	0.48
						合計	632	462	359	1453	

2. 英語の子音

2.1 Stop consonants（閉鎖音）

　閉鎖音では息気が一瞬口の中で唇、舌先、後舌によって完全に閉鎖される。次に呼気は軽い破裂を伴って解放される。ただし、語末においては破裂を伴わない。英語の閉鎖音には閉鎖の仕方により / p, b /、/ t, d /、/ k, g / の3種類、計6つの音素がある。/ p, t, k / は呼気圧の高い強子音であり、無声である。/ b, d, g / は呼気圧の低い弱子音であり、有声化しうる。

2.1.1 Bilabial stop（両唇閉鎖音）/ p /, / b /

　軟口蓋が上げられて呼気は鼻へぬける経路を断たれる。両唇が閉じられ、息気は一瞬口の中に閉じこめられる。口の残りの部分は直後に子音が続いているときは次の音を発音する構えをしている。唇が開かれると息が軽い破裂を伴って放出される。/ p / は強子音であり、aspiration（気息音）と呼ばれる息を吹く瞬間

がある。一方 / b / は有声弱子音であり、弱く、短く発音され aspiration は全くない。教科書中にあるこれらの音を含む語は次のとおりである。末尾にある ʌp (up), kʌp (cup), help (help) では破裂を伴わない。

/ p /

pleɪs (place)	pleɪn (plane)	pleɪ (play)	pliːz (please)
'præktɪs (practice)	'hæpi (happy)	preznt (present)	'prɪti (pretty)
prəˈtekt (protekt)	ʌp (up)	kʌp (cup)	help (help)

/ b /

'bɜːθdeɪ (birthday)	bʌs (bus)	bæg (bag)	bed (bed)
'bɑːskɪtbɔːl (basketball)	bɔɪ (boy)	bʊk (book)	bɪg (big)
'beɪsbɔːl (baseball)	'brʌðə (brother)	biˈliːv (believe)	tjuːb (tube)

2.1.1.1. / p / と aspiration（気息音）
2.1.1.1.1. 強勢のある母音が続くとき

　閉鎖音 / p / の後に強勢のある母音が続くとかなり強い呼気で発音され、無声の強い息 / h /（気息音）が発せられる。これにより次に続く母音の最初が無声化する。例えば pɪk (pick) では後続の母音 / ɪ / は最初の一瞬 / ɪ / の構えで口から出る息の音（気息音）だけで成り立っていて有声にならない。同様に dʒəˈpæn (Japan) では / p / に続く母音 / æ / は 最初の一瞬 / æ / の構えで口から出る息の音（気息音）だけで成り立っていて有声にならない。

dʒəˈpæn (Japan)	pɑːdn (pardon)	pɑːk (park)	'pɑːtnə (partner)
pen (pen)	pensl (penci)	piːpl (people)	pet (pet)
pɪk (pick)	'pɪktʃə (picture)	pʊə (poor)	spiːk (speak)

2.1.1.1.2. 母音間に起こるとき

　/ p / は母音と母音の間に起こると aspiration（気息音）はごく弱くなったり、なくなったりするが、起こっても差し支えない。dʒəˈpæn (Japan) では / p / は母音と母音の間に起こっているが、後に強勢のある母音 / æ / が続くので / p / には aspiration が伴う。一方 dʒæpəˈniːz (Japanese) では / p / は母音 / ə / と / æ / の間

に起こっており、/ p / の直後には強勢のある母音はないので aspiration は起こらないか、弱められる。

2.1.1.2. 教科書中の Bilabial stop / p /, / b / の環境別出現数と割合

/ p / の後に強勢のある母音が続く場合の例は 13 例 (42%)、母音と母音の間に起こっている例は 1 例 (3%)、その他の場合が 17 例 (55%)、/ p / の合計は 31 例である。/ b / は 34 例であり、/ p / と / b / の出現例は合計 65 である。

表2 Bilabial stop / p /, / b / の出現数と割合

音素＼環境	強勢ある母音が続く時	母音間	その他	合計(語)
/ p /	13 (42%)	1 (3%)	17 (55%)	31
/ b /	-	-	-	34
/ p, b / 計	-	-	-	65

2.1.2. Alveolar stop（歯茎閉鎖音）/ t /, / d /

舌先は歯に近すぎず、硬口蓋にも近すぎない歯茎中央部につく。軟口蓋が持ち上げられるため息は鼻からも口からも漏れず一瞬蓄えられる。舌の側面も口蓋に付けられているので側音のように舌側面から息が抜けることはない。舌先が歯茎から急に下げられると軽い破裂やパッと音を立てて吹き出す。強子音 / t / は aspiration を伴うが、/ s / の後や母音間の / t / では aspiration は起こらない。一方、弱子音 / d / は短く弱く発音され、aspiration は起こらない。

調音点は英語では歯茎であり、最初の部分で舌先が上歯裏側につく日本語の「タ」「テ」「ト」より奥になる。日本語の「タ」「テ」「ト」で代用しないよう注意が必要である。最近の日本のポップミュージックの歌詞の中には「タ」「テ」「ト」が英語の / t / で代用されて歌われているものがたくさんあり、これを例に出して / t / を導入すると生徒はよく理解してくれる。

/ t /

taɪ (tie)　　　taɪm (time)　　　fɪfˈtiːn (fifteen)　　　sepˈtembə (September)

ˈfɪfti (fifty)　　　teɪbl (table)　　　tel (tell)　　　sevnˈtiːn (seventeen)
tiːtʃ (teach)　　　tuː (too)　　　ˈtenɪs (tennis)　　　ɒkˈtəʊbə (October)

/ d /

deɪt (date)　　　dɔːtə (daughter)　　　ˈdʌznt (doesn't)　　　dɑːns (dance)
deɪ (day)　　　dɪə (dear)　　　desk (desk)　　　dɪdnt (didn't)
ˈdɪfɪkəlt (difficult)　　　ˈdɪnə (dinner)　　　dɪʃ (dish)　　　dɒg (dog)

2.1.2.1. 母音間に起こる / t /, / d /

母音と母音の間に起こる / t / では aspiration は弱められるか、無くなる。そして / d / では短く弱く発音され、有声となる。

/ t /

gɪˈtɑː (guitar)　　　eɪˈtiːn (eighteen)　　　ˈdɔːtə (daughter)　　　kæfəˈtɪərɪə (cafeteria)
fɔːˈtiːn (forteen)　　　gɪˈtɑː (guitar)　　　prəˈtekt (protect)　　　ˈsætədeɪ (Saturday)
ˈstɑːtɪd (started)　　　θɜːˈtiːn (thirteen)　　　ˈθɜːtɪ (thirty)　　　ˈvɪzɪtɪd (visited)

/ d /

ˈhɒlədeɪ (holiday)　　　ˈstʌdɪ (study)

2.1.2.2. 母音に続く末尾の / t /, / d /

/ t / と / d / を比較してみた場合、末尾に起こる / t / では aspiration が起こる。そして pre-fortis clipping (強子音前短縮) により、直前の母音を短くする。/ d / はごく弱く短く発音され、かすかな音しかしない。直前の母音の長さは / t / の前よりも長い。例中のミニマルペア right と ride で比較すると、raɪt (right) では末尾の / t / には aspiration が伴い、pre-fortis clipping により、直前の母音 / aɪ / は短縮される。一方 raɪd (ride) では / d / はごく弱く短く発音されるが、直前の母音 / aɪ / の長さは right の場合よりも長くなる。

/ t /

kæt (cat)　　　get (get)　　　pet (pet)　　　nɒt (not)
raɪt (right)　　　deɪt (date)　　　greɪt (great)　　　leɪt (late)
miːt (meet)　　　ʃaʊt (shout)　　　stɑːt (start)　　　(h)waɪt (white)

/ d /

bɜːd (bird)	bred (bread)	dɪd (did)	ɪnˈdʒɔɪd (enjoyed)
gʊd (good)	ˈhʌndrəd (hundred)	niːd (need)	riːd (read)
raɪd (ride)	jɑːd (yard)	θɜːd (third)	wʊd (wood)

2.1.2.3. Alveolar stop / t / , / d / の環境別出現数と割合

表3 Alveolar stop / t / , / d / の環境別出現数と割合

音素＼環境	母音間	語末	その他	合計(語)
/ t /	19 (17%)	43 (39%)	48 (44%)	110
/ d /	2 (3%)	29 (45%)	34 (52%)	65
/ t , d / 計	21	72	82	175

2.1.3. Velar stop（軟口蓋閉鎖子音）/ k /, / g /

/ k /, / g / 共に調音点は軟口蓋であり、後舌が軟口蓋に密着し、軟口蓋が持ち上がるので息がわずかな時間閉じ込められる。そして舌が急に軟口蓋から下げられると呼気は破裂音を伴って勢いよく口外へ放出される。/ k / にも / g / にもはっきりした破裂がみられる。/ k / は強子音であり、aspiration を伴い無声である。/ g / は弱子音であり、有声である。そして弱く短く発音される。

/ k /

keɪk (cake)	ˈkælendə (calendar)	kɔːl (call)	kæn (can)
kɑːnt (can't)	kɑː (car)	kɑːd (card)	kæri (carry)
kæt (cat)	klʌb (club)	kəʊld (cold)	kʌm (come)

/ g /

geɪm (game)	get (get)	glæd (glad)	gɜːl (girl)
gəʊ (go)	gɪv (give)	ges (guess)	geɪt (gate)
gʊd (good)	greɪt (great)	ˈgrændfɑːðə (grandfather)	

2.1.3.1. / k /, / g / が母音間に起こる場合

/ k /, / g / が母音間に起こる場合には、/ k / では aspiration が弱まったり、無くなったりすることがある。/ g / では aspiration を伴わず、有声で弱く短く発音される。

/ k /
ˈsɒkə (soccer)　　　veɪˈkeɪʃən (vacation)　ˈspiːkɪŋ (speaking)　ˈsɒkə (soccer)
əˈmerɪkə (America)　ˈdɪfɪkəlt (difficult)　　ˈmeɪkɪŋ (making)　　ˈsekənd (second)
ˈwɔːkɪŋ (walking)　　ˈwɜːkɪŋ (working)
/ g /
biˈgɪn (begin)　　　təˈgeðə (together)

2.1.3.2. 母音に続いて末尾に起こる場合

/ k / と / g / を比較すると、/ k / は末尾に起こると aspiration を伴い、直前の母音を短くする。一方 / g / は aspiration を伴わず、非常に弱い。そして直前の母音の長さは / k / の場合よりも長くなる。

例中のミニマルペア back と bag で比較すると、/ bæk / (back) では末尾の / k / には aspiration が伴い、pre-fortis clipping により、直前の母音 / æ / は短縮される。一方 / bæg / (bag) では / g / には aspiration は伴わず、ごく弱く短く発音される。そして直前の母音 / æ / の長さは back の場合よりも長くなる。

/ k /
bæk (back)　　　kʊk (cook)　　　dʒəʊk (joke)　　laɪk (like)
lʊk (look)　　　 meɪk (make)　　nek (neck)　　　əˈklɒk (o'clock)
pɑːk (park)　　　wiːk (week)　　 wɔːk (walk)　　 wɜːk (work)
/ g /
bæg (bag)　　　 bɪg (big)　　　 dɒg (dog)　　　 eg (egg)
leg (leg)　　　 flæg (flag)

2.1.3.3. 同じ語からの派生語であっても環境によって発音が異なる場合

/ k / が語末に起こる場合と母音間に起こる場合では同じ語からの派生語であっても発音が異なる場合がある。

例えば make では / k / が語末に起こり、aspiration を伴って直前の母音 / eɪ / を短くする。一方 making では / k / は母音 / eɪ / と / ɪ / の間に起こっており、/ k / の aspiration は無くなるか弱められる。同様な例として speak と Speaking、walk と walking、work と working がある。

2.1.3.4. Velar stop（軟口蓋閉鎖子音）/ k /, / g / の環境別出現数と割合

表4 Velar Stop / k /, / g / 音素毎の環境別出現数と割合

音素 \ 環境	母音間	語末	その他	合計(語)
/ k /	8 (11%)	19 (26%)	46 (63%)	73
/ g /	2 (11%)	3 (17%)	13 (72%)	18
/ k , g / 計	10	23	58	91

2.1.4. / tʃ /, / dʒ / 特殊な種類の閉鎖子音（破擦音）

/ tʃ /, / dʒ / では閉鎖音 / t /, / d / で蓄えられた呼気が摩擦音 / ʃ /, / ʒ / で解放される。調音点は post-alveolar（歯茎硬口蓋）である。

/ tʃ /

tʃeə (chair)　　　tʃaɪld (child)　　　kɪtʃən (kitchen)　　　lʌntʃ (lunch)

/ dʒ /

ɪnˈdʒɔɪ (enjoy)　　dʒəˈpæn (Japan)　　dʒɪm (gym)　　　ˈɒrɪndʒ (orange)

2.2. Fricative（摩擦音）

摩擦音は発声器官によって作られる狭めを呼気が擦り抜けることによって摩擦を伴って発せられる音である。英語には / f, v /、/ θ, ð /、/ s, z /、/ ʃ, ʒ / の4種類、8つの音素と1つの音 [h] がある。

2.2.1. Labio-dental fricative（唇歯摩擦音）/ f /, / v /

軟口蓋が上げられ呼気は全て口へ出される。下唇は上前歯に非常に近接し、この狭い空間を呼気が通るときわずかな摩擦を生じる。舌は直接発音に関わらないが、次に続く音を発音するために必要な位置に置かれる。/ f / は強音であり、

/ v / は弱音である。/ f / と / v / の違いは主に強さである。/ v / は / f / よりも摩擦はずっと小さいが、必ず摩擦はある。また / f / は有声にならないが / v / は有声になる。 日本語の「フ、ブ」は両唇を近づけて息を出す音であり、英語では歯と唇を接触させて息を出す。このため英語の方がはるかに摩擦が大きい。発音練習ではこの擦れた音がはっきり聞こえるようにする。

/ f /
fæn (fan)　　　　　fʌn (fun)　　　　ˈfæmli (family)　ˈfɑːðə (father)
flaʊə(ɑː) (flower)　fɔː (four)　　　　faɪv (five)　　　ˈfestɪvl (festival)
frend (friend)　　　ˈfraɪdeɪ (Friday)　faɪn (fine)　　　ˈfebruəri (February)

/ v /
ɪˈlevn (eleven)　　　ɪˈlevnθ (eleventh)　ˈiːvnɪŋ (evening)　ˈevri (every)
ˈevriθɪŋ (everything)　sevn (seven)　　　　sevnθ (seventh)　sevnˈtiːn (seventeen)
ˈsevnti (seventy)　　twelv (twelve)

2.2.1.1. 母音に続く語末の / f /, / v /

　pre-fortis clipping により強子音 / f / は直前の母音を短縮する。弱子音 / v / ではこの現象が起こらないので、直前の母音の長さは / f / の場合より長くなる。/ laif / (life) においては末尾の強子音 / f / は直前の母音 / aɪ / を短縮する。

/ f /
laif (life)　　liːf (leaf)　　waɪf (wife)

/ v /
gɪv (give)　　lɪv (live)　　lʌv (love)

2.2.1.2. 母音間の / f /, / v /

　この位置でも / f / は強く、/ v / は弱く短く発音される。/ f / は無声であるが、/ v / は有声化される。

/ f /
kæfəˈtiəriə (cafeteria)　　ˈdɪfɪkəlt (difficult)　　ˈwʌndəfʊl (wonderful)

/ v /
nəʊˈvembə (November)　　tiːˈviː (TV)

2.2.1.3. Labio-dental fricative / f /, / v / の環境別出現数と割合

表5 Labio-dental fricative / f /, / v / の環境別出現数と割合

音素＼環境	母音間	語末	その他	合計(語)
/ f /	3 (9%)	0 (0%)	31 (91%)	34
/ v /	2 (13%)	3 (20%)	10 (67%)	15
/ f /, / v / 計	5	3	41	49

2.2.2. Dental fricative（唇歯摩擦音）/ θ /, / ð /

/ θ / と / ð / では軟口蓋が上げられ呼気は全て口へ出される。舌先は上歯に非常に接近する。この舌先と上歯の狭い隙間を呼気が通り抜けるとき摩擦が生じる。/ θ / と / ð / が発せられるときの摩擦音は / s / と / z / に較べるとかなり小さい。/ θ / は強音で長く、/ ð / は弱音で短く有声になる。序数を学習するときは / θ / の発音練習の好機でもある。/ θ /, / ð / の舌の位置を意識するために、舌を上歯よりも突き出して発音しているかをペア練習で確認するとわかりやすい。[6]

/ θ /
ˈbɜːθdeɪ (birthday)　mʌnθs (months)　θæŋk (thank)　ˈθɜːzdeɪ (Thursday)
θɜːd (third)　θɜːˈtiːn (thirteen)　ˈθɜːti (thirty)　fifθ (fifth)
sevnθ (seventh)　eɪθ (eighth)　twelfθ (twelfth)　θaʊznd (thousand)

/ ð /
ðɪs (this)　ðæt (that)　ðiːz (these)　ðəʊz (those)
ðeɪ (they)　ðɛə (their)　ðem (them)　ðen (then)

2.2.2.1. 母音間の / θ /, / ð /

/ ð / は母音間では常に有声になる。一方 / θ / は常に無声である。

/ θ /
ˈeniθɪŋ (anything)　ˈevriθɪŋ (everything)

/ ð /

əˈnʌðə (another)　ˈbrʌðə (brother)　ˈfɑːðə (father)　ˈmʌðə (moher)
ˈnɔːðən (northern)　təˈgeðə (together)　ˈgrændfɑːðə (grandfather)

2.2.2.2. 母音に続く語末の / θ /, / ð /

　末尾の / θ /, / ð / 直前の母音の長さは、強子音と弱子音の一般的な性質どおり / θ / の前では pre-fortis clipping によりかなり短縮され、/ ð / の前では / θ / の場合よりも長くなる。

/ θ /
bəʊθ (both)　　fɔːθ (fourth)　　maʊθ (mouth)　　nɔːθ (North)
/ ð /
wɪð (with)

2.2.2.3 / θ /, / ð / の / s /, / z / による置き換えの誤り

　日本語には / s / に近い音素は1つしかなく、英語の / θ / や / ð / のような別の音素はない。そのため初歩的な学習段階では日本語からの負の転移により / θ /, / ð / の代わりに / s /, / z / が用いられる危険がある。/ θ / と / s /, / ð / と / z / が隣り合っているときや近い位置にあるときは区別して発音するのは難しいが、次の語はこれらの音を区別するよい練習になる。

mʌnθs / mʌnts (months)　　θæŋks (thanks)　　sɪksθ (sixth)
ðiːz (these)　　　　　　　　ðəʊz (those)　　　 ðeə (there)

2.2.2.4 Dental fricative / θ /, / ð / の環境別出現数と割合

表6 Dental fricative / θ /, / ð / の音素毎の出現数と割合

音素＼環境	母音間	語末	その他	合計(語)
/ θ /	2 (9%)	4 (17%)	17 (74%)	23
/ ð /	9 (45%)	1 (5%)	10 (50%)	20
/ θ /, / ð / 計	11	5	27	43

2.2.3 Alveolar fricative （歯茎摩擦音）/ s /, / z /

/ s / と / z / では軟口蓋が上げられ、呼気は全て口へ回される。舌先が上歯茎に近接し、その隙間を摩擦を伴って呼気が流れる。/ s / は強音であり、/ z / は弱音である。なお / s / では / f, v, θ, ð / よりもはるかに摩擦が大きい。また唇は丸まらない。一方日本語では「サ、ス、セ、ソ」の子音であるが、日本語では舌先は下歯の裏側に軽く触れる。そして持ち上がった前舌面と硬口蓋とのわずかな隙間を呼気が通過するときに摩擦を生ずる。似ている音ではあるが調音点が異なる。英語の / s / は金属的な鋭い音である。

/ s /

dɪˈsembə (December)　ˈmɪstə (Mr)　sɒŋ (song)　skuːl (school)
ˈsɒkə (soccer)　smɔːl (small)　ˈsʌndeɪ (Sunday)　ˈsteɪʃn (station)
seɪ (say)　ˈsɒri (sorry)　swɪm (swim)　stɔː (store)

/ z /

zəʊn (zone)　ˈzɪərəʊ (zero)　ɪgˈzæmpl (example)　dʌznt (doesn't)
ɪznt (isn't)　ˈmjuːsɪk (music)　ˈt(j)uːzdeɪ (Tuesday)　ˈwenzdeɪ (Wednesday)

2.2.3.1. 母音間における 無声の / s / と 有声になる / z /

/ s /

ˈmɪsɪz (Mrs)　ˈpleɪsɪz (places)　juː es ˈeɪ (USA)

/ z /

ˈhaʊzɪz (houses)　ˈθaʊzənd (thousand)　ˈjuːzɪŋ (using)　ˈvɪzɪt (visit)

2.2.3.2 語末における / s /, / z / （接尾辞 -s の発音）

以下の / s /, / z / の例は複数形接尾辞 -s と 3 単現の -s のものである。これらはいずれも先行する語基の最後が無声であれば接辞 -s もそれに同化されて無声になり、有声であれば、それに同化されて有声になる。例えば books / bʊks / では語基の最後 k / k / は無声であり、それに同化されて接辞 -s も無声の / s / になっている。また lives / lɪvz / では語基は ve で終わっており、語基の最後の音は / v / である。この音は有声であるので接辞 -s もそれに同化されて有声音 / z / になる。/ s /, / z / のどちらで発音するのが自然かはやってみるとわかる。[6]

/ s /

bʊks (books)   æsks (asks)   bɒks (box)   kʊks (cooks)
læmps (lamps)   laɪks (likes)   lʊks (looks)   mʌnθs (months)
θænks (thanks)   wɜːks (works)

/ z /

ɑːmz (arms)   biˈgɪnz (begins)   ˈbrʌðəz (brothers)   kænz (cans)
dɒgz (dogs)   ˈfestɪvlz (festivals)   geɪmz (geimz)   gɪvz (gives)
lɪvz (lives)   miːnz (means)   rʌnz (runs)   sɒŋz (songs)

2.2.3.3 母音に続く末尾の / s /, / z /

母音の長さは強子音 / s / の前では pre-fortis clipping によりかなり短縮され、弱子音 / z / の前では / s / の場合より長くなる。

/ s /

bʌs (bus)   ges (guess)   klæs (class)   naɪs (nice)
ˈpræktɪs (practice)   ˈtenɪs (tennis)   ʌs (us)   jes (yes)

/ z /

tʃuːz (choose)   ˈbʌsɪz (buses)   deɪz (days)   ɪnˈdʒɔɪz (enjoys)
flaʊə(ɑː)z (flowers)   ˈhɒlədeɪz (holidays)   ˈhaʊzɪz (houses)   nəʊz (nose)
pliːz (please)   kwɪz (quiz)   aɪz (eyes)   huːz (whose)

2.2.3.4. / s /, / z / の / ʃ /, / ʒ / による置き換えの誤り

日本語には / sɪ /, / zɪ / の音連続がないために / ʃ /, / ʒ / で置き換えられる場合がある。このため / siː (see) の / s / が / ʃ / で置き換えられ、/ ʃiː / (she) と混同されたり、/sɪks / (six) が */ ʃɪks / になったり、また、/ ˈvɪzɪt / (visit) が */ vɪʒɪt / になってしまう誤りは初歩的な学習段階ではよく見られる。

/ s / が / ʃ / に置き換えられてしまう可能性のある語：
  sɪks (six)   siː (see)   sɪŋ (sing)   ˈsɪstə (sister)   sɪt (sit)

/ z / が / ʒ / に置き換えられてしまう可能性のある語：
  ˈjuːzɪŋ (using)   ˈvɪzɪt (visit)   ˈmjuːzɪk (music)   mjuˈziːəm (museum)

2.2.3.5 Alveolar fricative（歯茎摩擦音）/ s /, / z / の環境別出現数と割合

表7 Alveolar Fricative / s /, / z / の環境別出現数と割合

音素＼環境	母音間	語末	その他	合計(語)
/ s /	3 (3%)	8 (9%)	79 (88%)	90
/ z /	4 (5%)	46 (63%)	23 (32%)	73
/ s /, / z / 計	11	53	99	163

2.2.4. Palato-alveolar fricative（硬口蓋・歯茎摩擦音）/ ʃ /, / ʒ /

　/ ʃ / と / ʒ / では軟口蓋が上げられ、呼気は全て口へ回される。舌先が歯茎の奥の硬口蓋の前のあたりに近接し、舌の残りの部分は / ɪ / を発音するときの位置を取る。その隙間を摩擦を伴って呼気が流れる。唇は少し丸める。/ ʃ / は強音であり、/ ʒ / は弱音である。なお / ʃ /, / ʒ / は / f /, / v / よりも大きな音であるが、/ s / よりは少し小さい。/ ʒ / の摩擦は / ʃ / よりも小さく、短い。

　　/ ʃ /
　　ʃeɪp (shape)　　ʃiː (she)　　ʃaʊt (shout)　　ʃəʊ (show)

2.2.4.1. 母音間における / ʃ / と / ʒ /

　母音間においては / ʃ / では常に無声であり、/ ʒ / では有声になる。

　　/ ʃ /
　　ˈtiːʃɜːts (T-shirt)　　veɪˈkeɪʃən (vacation)　　ˈfuːlɪʃ (foolish)
　　/ ʒ /
　　ˈjuːʒʊəli (usually)　　ˈtelɪvɪʒn (television)

2.2.4.2 母音に続く語末の / ʃ /, / ʒ /

　母音の長さは語末における強子音 / ʃ / の前では pre-fortis clipping によりかなり短縮され、弱子音 / ʒ / の前では / ʃ / の場合より長くなる。

　　/ ʃ /
　　dɪʃ (dish)　　ˈɪŋglɪʃ (English)

2.2.4.3 / ʃ / と / s /

/ ʃiː /(she) と / siː / (see) のように / ʃ / と / s / だけの違いで区別をしている語 (2.3.4 参照) では注意が必要である。/ s / では舌先が歯に近いために摩擦が / ʃ / よりも鋭く、甲高くなる。舌の位置は / ʃ / では硬口蓋の前であり、歯茎音 / s / より後ろになる。また / s / では唇は丸まらないが、/ ʃ / では唇を丸めて突き出すことが必要である。

2.2.4.4 Palato-alveolar Fricative（硬口蓋・歯茎摩擦音）/ ʃ / と / ʒ / の環境別出現数

表8 / ʃ / と / ʒ / の環境別出現数

音素 \ 環境	母音間	母音に続く語末	その他	合計(語)
/ ʃ /	3	2	4	9
/ ʒ /	2	0	0	2
/ ʃ /, / ʒ / 計	5	2	4	11

2.2.5 Glottal fricative 声門摩擦音 [h]

[h] は音素ではないため単独で発音されることはない。[h] は次にくる母音の口の構えをして、開いた声門の間を通る無声の短い息の音である。この音は日本語「ハ、ヘ、ホ」の最初の部分の音と似ている。[h] の有無で区別する語では [h] が脱落すると誤解を生じる可能性がある。[h]は語頭にも語の中間にも起こるが、語末には起こらない。なお wh- で始まる what, when, where, why, which, white などではしばしば [h] が脱落する。

2.2.5.1. 語頭における [h]

hænd (hand)	ˈhæpi (happy)	hæv (have)	həˈləʊ (hello)
help (help)	haɪ (hi)	hɪz (his)	ˈhɒlədeɪ (holiday)
həʊm (home)	hwɒt / wɒt (what)	ˈhwiːltʃeə / ˈwiːltʃeə (wheelchair)
hwen / wen (when)	hweə / weə (where)	hwaɪt / waɪt (white)	

22

2.2.5.2. Glottal fricative（声門摩擦音）［h］の出現数

表9 Glottal fricative [h] の環境別出現数

音素＼環境	語頭	語の中間	語末	合計(語)
[h]	31	0	—	31

2.3. Liquid（流音）

liquid (流音) は lateral (側音) とも呼ばれている。英語の流音には / l / と / r / がある。これらの音は呼気が口腔中央部の舌による狭窄側面をまわり込んで比較的抵抗なく流れる際に発せられる有声音である。なお軟口蓋が上げられるので呼気は鼻へ抜けず、全て口へ抜ける。

2.3.1. Alveolar liquid（歯茎流音） / l /

/ l / は舌先が歯茎につけられることによってできる口腔中央部の狭窄側面を呼気がまわり込んで流れる際に発せられる有声音である。軟口蓋が上げられるので呼気は鼻へ抜けず、全て口へ抜ける。/ l / には母音の前で発せられる clear / l / と子音の前と語末で発せられる dark / l / がある。dark / l / には syllabic (音節主音) / l / も含まれる。

2.3.1.1. clear / l /

母音の前における / l / では、舌先をしっかり歯茎に着けておいて舌の残りの部分は / ɪ / のときの位置 (front) に置かれる。母音に移っていくときに舌先は急に歯茎から離され、/ l / の音は終わる。その時まで舌を離さない。また、日本語には十分に / l / の条件を満たす音がない。舌先をしっかり歯茎に着けて発音することが必要である。また、/ l / はたいてい有声音であるが、強勢音節の始めにある / p / や / k / の直後では無声化 (devoice) されて無声音になる。

/ l / 無声音

 klæs (class) klʌb (club) pleɪn (plane) pleɪ (play) pleɪs (place)
 pliːz (please) ˈklæsruːm (classroom) ɪksˈpleɪn (explain)

/ l / 有声音

    bɪˈliːv (believe)   kəˈlekt (collect)   flaʊə (flower)   həˈləʊ (hello)
    dʒuˈlaɪ (July)   læst (last)   letə (letter)   laɪk (like)
    lʌntʃ (lunch)   lʌv (love)   lesn (lesson)

2.3.1.2 dark / l /

　子音の前と語末における / l / は、舌先をしっかり歯茎につけ、舌の残りの部分は / ʊ / や / ɔː / のときの位置 (back) に置く。舌先を着けておいて / ʊ / を発音する。日本語からの干渉により fil (fill) が「フィル」になったり、kɔːl (call) が「コール」に、ɔːl (all) が「オール」になるような誤りがよく見受けられる。舌先を歯茎に着けたまま / ʊ / を発音すると感覚がつかみやすい。

<子音の前における場合>
    belt (belt)   tʃaɪld (child)   help (help)   ˈwelkəm (welcome)   wɜːld (world)
<語末における場合>
    ɔːl (all)   ˈeɪprəl (April)   ˈbeɪsbɔːl (baseball)   ˈbjuːtəfəl (beautiful)
    kɔːl (call)   ˈfestəvəl (festival)   həʊl (hole)   mɪl (mill)
    sel (sell)   smɔːl (small)   tel (tell)   wel (well)

2.3.1.3 syllabic（音節主音）/ l /

　/ l / は末尾で音節主音としても起こる。そして通常母音によって占められる位置を占める。音節主音 / l̩ / の直前に随意的に / ə / が挿入されることもある。しかし母音の挿入により日本語からの干渉が加わり、アップル、トラブル、パズルのように発音されることを避けるため、発音指導においては母音を挿入せずに指導するのがよい。

    æpl̩ (apple)   lɪtl̩ (little)   ˈhɒspɪtl̩ (hospital)   dʒʌŋgl̩ (jungle)
    pensl̩ (pencil)   rɪdl̩ (riddle)   teɪbl̩ (table)   ʌŋkl̩ (uncle)

2.3.1.4. Alveolar liquid（歯茎流音）/ l / の出現数と割合

表10 Alveolar liquid 流音 / l / の出現数と割合

流音 / l /	合計
clear / l /	45 (63%)
dark / l /	19 (26%)
syllabic / l /	8 (11%)
/ l / 合計	72

2.3.2 Alveolar liquid（歯茎流音）/ r /

/ l / と同様に流音であり、軟口蓋が上げられ、有声の呼気が舌先と口蓋の間を摩擦を起こすことなく比較的抵抗なく流れる。舌は先端部が歯茎の後ろの硬口蓋を向き前舌は低く、後舌はやや高くなる。舌先は摩擦を起こすほど口蓋に近くない。/ r / が語頭に起こるときは両唇がかなり丸められる。この音にはバリエーションが多く、学習者がしばしば自分の母国語に置き換えてしまう音である。日本人学習者の場合には / r / は「ラ行」の最初の音に置き換えられやすい。日本語では「ラ行」の最初の音は「弾音」であり、歯茎を舌先で打つ音である。一方英語の / r / では舌が歯茎に接することはない。そして混同されがちな / l / では舌をしっかり歯茎につけたまま発音する。この音ではこの歯茎と舌との位置関係を意識することが大切である。

bred (bread)　 brɪŋ (bring)　 ˈbrʌðə (brother)　 frɒm (from)　 greɪt (great)
ˈbrekfəst (breakfast)　 ˈgrænfɑ:ðə (grandfather)　 ˈgrænmʌðə (grandmother)

2.3.2.1 語頭における / r /

舌は口の後ろの方にあり、硬口蓋の方を向けるようにそり返す。両唇は / ʊ / のように丸められる。そしてスムーズに次の母音につなげていく。

ˈræbɪt (rabbit)　　　　 ri:tʃ (reach)　　　 ri:d (read)　　　 ˈrɪəli (really)
rɪˈmembə (remember)　 rɪtʃ (rich)　　　　 ˈrɪdl (riddle)　　 raɪd (ride)
raɪt (right)　　　　　 ru:m (room)　　　　 rʌn (run)　　　　 raɪt (write)

2.3.2.2 母音間にある / r /

語頭の / r / と同じであるが、唇は丸まらない。このような / r / を含む語の練習では / r / の部分で舌先が上がって、後ろへ下がり、次の母音でまた舌先が下がって舌が前に出ることを意識することができる。

'februəri (February)　'fɔːrɪst (forest)　'ɒrɪndʒ (orange)　'sɒri (sorry)
'ɪntərəstɪŋ (interesting)　'zɪərəʊ (zero)　'dʒænjʊəri (January)

2.3.2.3 / r / rhotic と non-rhotic

RP (イギリスの容認発音) やアメリカ東部・南部の発音では / r / は母音の前でだけ起こり、子音の前では起こらない。このグループは non-rhotic と呼ばれている。一方、アメリカ中・西部、イギリス北部、スコットランド、アイルランドでは / r / は母音の前でも子音の前でも起こる。[7] このグループは rhotic と呼ばれている。アメリカ英語といっても rhotic か non-rhotic によってかなり印象は異なる。以前お世話になったアメリカ人の教授は non-rhotic であった。最初はイギリス英語かと思えたが、話を聞いているうちにアメリカ英語の特徴が見られ、聞いてみるとボストンの出身であった。

lɜː(r)n (learn)　kɑː(r)d (card)　hɜː(r) (her)　nɜː(r)s (nurse)
aʊə(r) (our)　pɑː(r)dn (pardon)　pɑː(r)k (park)　tɜː(r)n (turn)
wɜː(r)d (word)　wɜː(r)k (work)　wɜː(r)ld (world)　jɑː(r)d (yard)

2.3.2.4 Linking / r /

rhotic な英語においては母音の前でも子音の前でも起こることができ、R.P. のような non-rhotic な英語でも、語末の / r / は次の語が母音で始まる場合には次の語とつながるように発音されうる。これは linking r と呼ばれ、語と語を結びつける働きをする。例えば fɔːr ʌs (for us) では fɔːr (for) の語末の / r / は、次の語 ʌs(us) が母音で始まっているために発音され、2 つの語 for と us を結びつける。həːr ɑːmz (her arms) でも həːr (her) の / r / は、次の語 ɑːmz (arms) が母音で始まっているため発音され、her と arm を結びつける。linking r は随意的である。

fɔːr‿ʌs (for us)　　　　　　fɔːr‿ɪn ði ɑːftənuːn (four in the afternoon)
fɔːr‿ɪgzæmpl (for example)　　hɜːr‿ɪn ði ɑːftənuːn (call her in the afternoon)
hɜːr‿ɑːmz (her arms)　　　　　treɪnər‿əv dɔgz (trainer of dogs)

2.3.2.5 無声になる / p, t, k / の後の / r /

/ p, t, k / の後の / r / は無声になる。舌の位置に変化はないが、/ p, t, k / が解放されたとき、呼気は舌先と硬口蓋の間を摩擦を起こしながら通過する。

/ p / の後の / r /
ˈeɪprəl (April)　　ˈpræktɪs (practice)　　preznt (present)　　ˈprɪti (pretty)
prɪns (prince)　　prəˈtekt (protect)

/ t / の後の / r /
ˈkʌntri (country)　　ˈstrɔːbəri (strawberry)　　ˈtreɪnə (trainer)　　triː (tree)
træʃ (trash)　　ˈtrʌmpət (trumpet)　　ˈtraɪæŋgl (triangle)　　træk (track)

dr- の連続では / d / は舌先が通常の / d / よりもさらに後ろの位置を取り、有声の呼気が / r / を発音する舌先を通過する際に摩擦が起こる。

/ d / の後の / r /
drʌmə (drummer)　　drɑːmə (drama)　　driːm (dream)

2.3.2.6 Alveolar liquid（歯茎流音）/ r / の環境別出現数と割合

表11 Alveolar liquid(流音) / r / の環境別出現数と割合

環境	語頭	母音間	Linking語末	Linking他	/ p r /	/ t r /	/ d r /	/p,t,k/ + / r /	合計
出現数	12 (15%)	7 (8%)	6 (7%)	23 (28%)	6 (7%)	10 (12%)	3 (4%)	16 (19%)	83

2.4 Nasal consonants（鼻音）

鼻音は軟口蓋が下げられ、同時に口腔内で閉鎖が起こって口への空気の流れが遮断されるため全ての空気が鼻へ押し出される音である。英語には / m, n, ŋ / がある。

2.4.1. Bilabial nasal / m /, alveolar nasal / n /, velar nasal / ŋ /

　bilabial Nasal (両唇鼻音) / m / では両唇が閉じられる。alveolar nasal (歯茎鼻音) / n / では舌先が歯茎に舌側面が口蓋側面に押しつけられる。velar nasal (軟口蓋鼻音) / ŋ / では後舌が軟口蓋に押しつけられる。いずれの音も口への呼気の通路が閉鎖され、軟口蓋 (口蓋垂) が下げられているために空気は全て鼻を通って放出され、有声音である。閉鎖はこれらの子音が発せられるたびに終わる。

/ m /

meɪk (make)	mæn (man)	meɪ (May)	mi: (me)
mi:t (meet)	ˈmɑ:kɪt (market)	ˈmelən (melon)	ˈmembə (member)
mɑ:tʃ (March)	ˈmʌðə (mother)	maʊθ (mouth)	ˈmju:zɪk (music)

/ n /

ˈnəʊtbʊk (notebook)	nu:n (noon)	nəʊ (no / know)	neɪm (name)
nɔ:θ (north)	naɪn (nine)	naʊ (now)	nek (neck)
naɪnθ (ninth)	nɒt (not)	nɜ:s (nurse)	nəʊz (nose)

/ ŋ /

ʌŋkl (uncle)	ˈɪŋglɪʃ (English)	θæŋk (thank)	jʌŋ (young)
lɒŋ (long)	ˈpleɪɪŋ (playing)	sɒŋ (song)	ˈwɔ:kɪŋ (walking)
kɪŋ (king)	ˈju:zɪŋ (using)	dʒʌŋgl (jungle)	ˈi:vnɪŋ (evening)

2.4.2. 母音に続く / m /, / n / が語末の子音の前にあるとき

　/ m /, / n / と直前の母音の長さは弱子音の直前では長くなり、強子音の直前では pre-fortis clipping により短縮される。例えば send (send) では / n / は弱子音 / d / の直前にあるので、直前の母音 / e / と / n / は長くなる。一方 sent (sent) では、/ n / は強子音 / t / の直前にあり、直前の母音 / e / と / n / は短くなる。

　＜弱子音の直前にある場合＞

/ m / ˈsʌmtaɪmz (sometimes)

/ n /

| hænd (hand) | ænd (and) | end (end) | frend (friend) |
| ˈɒrɪndʒ (orange) | ˈsekənd (second) | ˈθaʊzənd (thousand) |

＜強子音の直前にある場合＞
/ m /
læmp (lamp)
/ n /

| mʌnθ (month) | ænt (aunt) | kɑːnt (can't) | fɪfˈtiːnθ (fifteenth) |
| naɪnθ (ninth) | prɪns (prince) | tenθ (tenth) | |

2.4.3 Syllabic consonant (音節主音) ṇ

ṇ は語末で音節子音としても起こる。音節は通常母音とその前後に生じる子音から構成される。しかし ṇ は母音に代わって音節の中心位置を占め、母音なしに音節を作ることができる。このような子音は音節主音と呼ばれる。例えば ɪlev-ṇ (elev-en) では音節主音 ṇ が母音なしに単独で第 2 音節を作っている。lɪs-(ə)ṇ (lis-ten) では音節主音 ṇ が母音なしに単独で第 2 音節を作っている。

また音節主音 ṇ の直前には母音が挿入されることもある。この母音は入れて発音しても、入れずに発音してもかまわないが、母音を取り去ると ṇ はその母音の分だけ長くなる。例えば ɪlev(ə)ṇ (eleven) では母音 ə を取り去ると ṇ は ə の分だけ長くなる。

ɪlev-(ə)ṇ (elev-en)　　lɪs-(ə)ṇ (lis-ten)　　ɔːf-(ə)ṇ (of-ten)

2.4.4 / t /, / d / に続く syllabic ṇ (nasal explosion)

/ n / は / t /, / d / の後では nasal explosion (鼻腔破裂) を起こす。鼻腔破裂は口の構えは通常通りであるが、閉鎖を開放する際に舌ではなく、軟口蓋 (口蓋垂) を下げることにより呼気を鼻へ解放する。舌の位置は / t /, / d /, / n / 共に同じであり、軟口蓋を下げることでそのまま / n / へ移行できる合理的な発音法である。

maʊn-tṇ (moun-tain)　　pɑːdṇ (pardon)

2.4.5 Nasal (鼻音) / m /, / n /, / ŋ / の環境別出現数と割合

表 12 Nasal / m /, / n /, / ŋ / の環境別出現数と割合

環境 音素	弱子音 の前	強子音 の前	その他	音節子音 / n /	/ t,d / +音節子音 / n /	合計 (語)
/ m /	1 (2%)	1 (2%)	61 (96%)	-	-	63
/ n /	7 (7%)	12 (13%)	71 (75%)	3 (3%)	2 (2%)	95
/ ŋ /	-	-	-	-	-	17
計	8	13	132	3	2	175

3. 英語の半母音 (Semi-vowel)

　半母音は母音的特徴と子音的特徴とを併せ持っている。母音的特徴とは、舌の位置が / ɪ / や / ʊ / と同じであること、呼気の流れの妨げが少ないこと、有声であることである。子音的特徴とは呼気の流れの妨げである摩擦を伴う点である。半母音は必ず母音を伴い、すばやくスムーズにその母音へ向かう glide (渡り音) である。O'conner J. D. 1980 ではこの観点に立って / w /, / j /, / r / を glide として分類しているが、ここでは音声指導においてより一般的に用いられている分類法に従って / w /, / j / を semi-vowel に、/ r / を liquid (流音) に分類する。

3.1. Bilabial semi-vowel (両唇半母音) / w /

　/ w / は / ʊ / または / uː / から直後の母音に至るすばやい glide (渡り音) である。両唇はしっかり丸められ、/ w / の部分は短く弱く発音される。なお / w / は語末では起こらない。

　　wɑtʃ (watch)　　wɔːtə (water)　　wiː (we)　　wiːk (week)
　　waɪt (white)　　ˈwɪntə (winter)　　wʊd (wood)　　wɜːd (word)
　　wɜːld (world)　　wɔːl (wall)　　wel (well)　　ˈwʊmən (woman)

3.1.1. 子音に続く / w /

　直前の子音が終わる前に両唇は / w / に備えて丸められる。それ以外は同じで

ある。

ˈsʌmwʌn (someone)　　swɪm (swim)

3.1.2. / t / や / k / に続く / w /
/ t / や / k / に続く場合 / w / は有声化されない。両唇は前の子音 / t / や / k / が発音されているときすでに丸められている。

twelfθ (twelfth)　　twelv (twelve)　　ˈtwenti (twenty)　　kwaɪət (quiet)

3.1.3. / hw / と / w /
R.P.（イギリスの容認発音）では which, when, where, why のような語は wɪtʃ, wen, weə, waɪ のように発音されるが、アメリカ英語やスコットランド、アイルランドの英語では有声の / w / ではなく、無声の / hw / で始めて hwɪtʃ, hwen, hweə, hwaɪ のように発音される。/ hw / にこだわる向きもあるが、この傾向は減少しつつあり、学習者は / w / でよい。[8] なお who は常に / hwu: / である。

wɒt / hwʌt (what)　　ˈwi:ltʃeə / ˈhwi:ltʃeə (wheelchair)　　wen / hwen (when)
weə / hweə (where)　　waɪt / hwaɪt (white)　　waɪ / hwaɪ (why)

3.2. Palatal semi-vowel（硬口蓋半母音）/ j /
/ j / は / ɪ / や / i: / から始まり、すばやく他の母音へ向かう glide(渡り音) である。また / j / は有声音であり、全く摩擦がない。

ˈbju:təfl (beautiful)　　ˈju:nɪfɔ:m (uniform)　　jes (yes)　　ju:z (use)
ˈju:ʒʊəli (usually)　　jɑ:d (yard)　　jɪə (year)　　ˈjeləʊ (yellow)
ˈjestədei (yesterday)　　ju: (you)　　jʊə (your)　　jʌŋ (young)

3.2.1. / p, t, k / の後に続く / j /
/ j / は閉鎖子音 / p, t, k / に続くとき無声になり、摩擦を引き起こす。そうすることで閉鎖子音 / p, t, k / が / b, d, g / と混同されるのを防いでいる。有声性に強い息が取って代わる以外は他の / j / と同じである。

ˈkjuːt (cute)　　ˈpɒpjʊlə (popular)　　ˈstjuːdənt (student)　　ˈtjuːb (tube)
ˈtjuːzdei (Tuesday)

3.2.2. 米語における / t, d, n, l, s, θ / の後の / j /

　イギリスの容認発音 (RP) では / t, d, n, l, s, θ / の後に / j / が続くとき / j / を発音するが、アメリカ人の多くは / j / を使わずに / uː / を使う。

ˈmen(j)uː (menu)　　　n(j)uː (new)　　ˈst(j)uːdənt (student)　　t(j)uːb (tube)
ˈdʒæn(j)ʊəri (January)　n(j)uːˈjɔːk (New York)　ˈt(j)uːzdei (Tuesday)

3.3. Semi-vowel（半母音）/ w /, / j / の環境別出現数と割合

表13 Semi-vowel（半母音）/ w / の環境別出現数と割合

音素＼環境	子音に続く場合	/ t, k / に続く場合	/ hw / になりうるもの (Am)	他 / w / を含むもの	合計(語)
/ w /	2 (4%)	3 (5%)	6 (10%)	47 (81%)	58

表14 Semi-vowel（半母音）/ j / の環境別出現数と割合

音素＼環境	/ p, t, k / に続く / j / (無声化)	/ t, d, n, l, s, θ / の後の / j / (RP)	他の / j /	合計(語)
/ j /	5 (19%)	7 (27%)	14 (54%)	26

4. 教科書における子音・半母音各要素の出現頻度とRPとの比較
4.1. 子音・半母音の調音法、調音点別出現頻度

● 調音法：Stop（閉鎖音）

表15 Stop（閉鎖音）の調音点別の出現数と割合

	両唇	歯茎	軟口蓋	合計
強音(無声)	/ p / 31 (10%)	/ t / 110 (33%)	/ k / 73 (22%)	214 (65%)
弱音(有声)	/ b / 34 (10%)	/ d / 65 (20%)	/ g / 18 (6%)	117 (35%)
計	65 (20%)	175 (53%)	91 (27%)	331

中学校の英語

● 調音法：Fricative（摩擦音）

表16 Fricative（摩擦音）の調音点別の出現数と割合

調音点	唇歯	歯間	歯茎	歯茎硬口蓋	声門	合計
強音(無声)	f 34 11%	θ 23 8%	s 90 30%	ʃ 9 3%	h 31 10%	187(62%)
弱音(有声)	v 15 5%	ð 20 7%	z 73 25%	ʒ 2 1%		110(38%)
計	49(16%)	43(15%)	163(55%)	11(4%)	31(10%)	297

● 調音法：Affricative（歯擦音）

表17 Affricative（歯擦音）の調音点別の出現数と割合

調音点	歯茎	歯茎硬口蓋	合計
強音(無声)	/ ts / 9 (21%)	/ tʃ / 17 (39%)	26 (60%)
弱音(有声)	/ dz / 5 (12%)	/ dʒ / 12 (28%)	17 (40%)
計	14 (33%)	29 (67%)	43

● 調音法：Liquid（流音）

表18 Liquid（流音）の調音点別の出現数と割合

調音点	歯茎		合計
弱音(有声)	/ l / 72 (46%)	/ r / 83 (54%)	155

● 調音法：Nasal（鼻音）

表19 Nasal（鼻音）の調音点別の出現数と割合

調音点	両唇	歯茎	軟口蓋	合計
弱音(有声)	/ m / 63 (36%)	/ n / 95 (54%)	/ ŋ / 17 (10%)	175

● 調音法：Semi-vowel（半母音）

表20 Semi-vowel（半母音）の調音点別の出現数と割合

調音点	両唇	硬口蓋	合計
弱音(有声)	/ w / 58 (69%)	/ j / 26 (31%)	84

● 調音法別出現数と割合

表21 調音法別出現数と割合

調音法	閉鎖音	摩擦音	破擦音	流音	鼻音	半母音	合計
強音(無声)	214	187	26	—	—	—	427(39%)
弱音(有声)	117	110	17	155	175	84	658(61%)
計	331 (31%)	297 (27%)	43 (4%)	155 (14%)	175 (16%)	84 (8%)	1085

4.2. 中学校教科書とRPとの子音各音素出現頻度の比較

Cruttenden(2001: 216-217) ではFry (1947) のRPにおける子音の出現頻度に言及しているが、今回の中学校1年生用教科書における各子音の出現頻度をこれと比較したのが表22 (p.34) である。各子音の出現頻度は必ずしも一致していないが、傾向は類似している。alveolar(歯茎)音の出現頻度が最も高い点や /ʒ/ が最も少ない点を始め、出現頻度別に次の5つのグループに分けると、そのグループの序列順は一致していることが表23 (p.35) からわかる。

Cruttenden(2001 pp.216-217) では出現頻度順の序列が多い方から表23のようにⅠからⅤの5つのグループに分けられたものを示している。

表22 RPと中学校1年生の教科書における各子音別出現頻度の比較 (%)

子音		RP	中1教科書	子音		RP	中1教科書
n	Ⅰ	7.58	8.88	b	Ⅲ	1.97	3.17
t	Ⅰ	6.42	10.28	f	Ⅳ	1.79	3.17
d	Ⅰ	5.14	6.06	p	Ⅲ	1.78	2.89
s	Ⅰ	4.81	8.41	h	Ⅳ	1.46	2.89
l	Ⅰ	3.66	6.72	ŋ	Ⅳ	1.15	1.59
ð	Ⅱ	3.56	1.86	g	Ⅳ	1.05	1.68
r	Ⅰ	3.51	7.75	ʃ	Ⅴ	0.96	0.84
m	Ⅱ	3.22	5.88	j	Ⅳ	0.88	2.43

子音		RP	中1教科書	子音		RP	中1教科書
k	Ⅱ	3.09	6.82	dʒ	Ⅴ	0.60	1.12
w	Ⅱ	2.81	5.42	tʃ	Ⅴ	0.41	1.59
z	Ⅱ	2.46	6.82	θ	Ⅴ	0.37	2.15
v	Ⅳ	2.00	1.40	ʒ	Ⅴ	0.10	0.18

　今回の中学校1年生の教科書における出現頻度を同様のグループに分けたときにも出現頻度の序列順がＲＰの場合と同じであるかどうかを各グループの出現率の平均値により比較してみると、これら5つの子音グループの出現頻度平均値はRPにおける場合も中学1年生の教科書における場合も同じ順になっていることがわかる。(表23, p. 35)

表23 RPと中学校1年生の教科書における子音グループ別出現頻度割合と序列順の比較

	RP		中1 教科書	
	出現頻度平均(%)	序列順	出現頻度平均%	序列順
グループⅠ /n,t,d,s,l,r/	5.18	1	8.01	1
グループⅡ /ð,k,m,w,z/	3.02	2	5.36	2
グループⅢ /p,b/	1.87	3	3.03	3
グループⅣ /f,v,h,j,g,ŋ/	1.26	4	2.35	4
グループⅤ /θ,ʃ,ʒ,tʃ,dʒ/	0.48	5	1.17	5

結論

　母音に関しては中学校教科書には全ての母音が出ており、本論で述べてきたO'connor J. D 1980[2]で取り上げられている子音の発音に関する説明の例が網羅されていることが確認できる。また、出現頻度上位5番目までの母音は / e, ɪ, iː, æ, eɪ / であり、下位4番目までの母音は / ʊə, ɔɪ, eə, ɪə / であった。これはFryによるRPテキストの母音の出現頻度調査と一致する。

　子音に関しては今回調査した中学校1年の教科書に全ての調音法の全ての調音

点で発音される音の例が網羅されている。(表15〜21) O'connor J.D 1980[2]で取り上げられている現象のうち今回扱っていない子音結合に関すること、語末の / f / (2.1.4.)、母音に続く語末の / ʒ /(2.4.4.)、語の中間における［h］(2.5.2.)、母音間における / dʒ /(3.2.3.)、母音に続く語末の / dʒ /(3.2.3.) を除く全ての例が調査した1年生の教科書中に出ている。また、教科書中各子音の出現頻度を Fry(1947) における RP における子音の出現頻度と比較すると、出現頻度別に5つのグループに分けた場合の出現頻度割合の序列順が一致する。(4.2 表22,23)

今後の課題として、子音に関しては調査の対象を子音結合にも広げ、2・3年用教科書からもデータを取ること、母音については重複して出てくる音素の出現数も調査に加えることにより出現頻度は Fry の調査に近づくものと思われる。

加えて weak forms (弱形) については何をどのように指導すべきか、その出現頻度はどうか、さらに suprasegmentals (超分節音素) 特にイントネーションについて中学校では何をどのように指導すればよいのかも考えていきたい。

注

1 このアイデアは SCEP 2010 (Summer Course in English Phonetics in University College London) における Toyomi Takahashi 'Contrastive phonetics and phonology of Japanese and English' (lecture) による。
2 Cruttenden (2001:148) Frequency of Occurrence of RP Vowels では Fry (1947) を基にこの点が述べられている。
3 これら二重母音の smoothing の説明は J. C. Wells 'Vowel process' lecture in SCEP 2009 による。例は中学校教科書中のものである。
4 Cruttenden(2001:148) では Fry (1947) の RP における母音の出現頻度に言及している。Fry の調査ではテキスト中の強勢音節と無強勢音節全てに出てくる母音を対象にしているが、本書での調査は主強勢音節の母音だけを対象にしたものであり、また重複して出ているものはカウントしていない。このため直接比較することはできないが、出現率の高い母音、低い母音には類似した傾向が認められる。
5 子音の出現頻度の集計は、森住衛他（編）(2011) 1年生旧教科書によるものであり、現教科書高橋貞夫他（編）(2012) では life が1年で、leaf, wife は3年で扱われている。表4において「末尾における / f / の出現数」が0となっているのはそのためである。他の教科書を含め新版教科書で全学年に渡り再調査を行うのは今後の課題である。
6 このアイデアは、田邊祐司「声に表情を持たせる音声活動」英語音声教育講座講義 (2013年8月20日) による。
7 rhotic と non-rhotic、linking-r の実情に関する情報は、J.C.Wells 'English accent' lecture in SCEP 2008 による。
8 この見解は J. C. Wells 'English accent' lecture in SCEP 2008 および、同 LONGMAN Pronunciation Dictionary (2008: 883) による。

参考文献

Ashby, M. and J. Maidment (2005) *Introducing Phonetic Science Cambridge*: Cambridge UP.
Corder, S. P. (1993) *Introducing Applied Linguistics* Middlesex: Penguin Books
Cruttenden, A. (2001⁶) *Gimson's Pronunciation of English* 6th ed, Arnold, London
Lecumberri, M. L. G. and J. A. Maidment. (2000) *English Transcription course* Arnold, London
森住 衛他（編）(2011)『NEW CROWN ENGLISH SERIES New Edition 1』(中学校英語教科書) 東京：三省堂
O'conner, J. D. (1980²) *Better English Pronunciation* Cambridge: Cambridge UP.
Roach, P. (2000³) *English Phonetics and Phonology A practical course* Cambridge: Cambridge UP.
高橋 貞夫他（編）(2012)『NEW CROWN ①, ②, ③, ENGLIS SERIES』(中学校英語教科書) 東京：三省堂
Wells, J. C. (2008³) *Pronounciation Dictionary*, Longman, London UK
―――. (2006) *English Intonation*, Cambridge: Cambridge UP.

第2章

高等学校の英語
高校（定時制）英語教育の現状と「語形成」についての研究

相原完爾

はじめに

　本論では大きく2つに分け、前半は生徒のアンケート調査に基づく高校英語教育における問題点とその解決策について4技能を通して筆者の考えを述べる。後半は、筆者が長年興味を抱いてきた語形成、特に「動作主を表す接尾辞 –er」と「名詞化」について、相原（1987）（2012）を加筆・修正し論じる。

1. 高校（定時制）英語教育の現状
1.1 英語に対する生徒の実態
1.1.1 アンケート調査とその結果

　筆者は現在、神奈川県内の定時制高校で教えている。生徒たちが英語をどのように捉え、どのようなところが分からないのか、若手の英語科同僚が作成したアンケートを若干手直しし、アンケート調査（3年2クラス（在籍者数55名、回答者数44名）を行った。データ数としては少ないが、定時制生徒の一端を窺い知ることができると考え、質問事項およびその結果をここで紹介したい。カッコ内の数字はデータの結果数を、質問（5）における①②③は当該文法項目を中学校で学習する学年（例えば①は中学1年時に学習すること）を示している。また大まかな傾向を把握するため、回答数の多い順に質問事項を並び換えた。

（1）あなたは、英語の授業を通じてどのような力を身に付けたいですか、当てはまるものに○をつけてください。その中でも特に身に付けたいものに1つあるいは2つ、○をつけてください。
　　a. 英語を読めるようになりたい。（30）
　　b. 英語を書けるようになりたい。（18）
　　c. 英語を話せるようになりたい。（12）
　　d. 英語を聞けるようになりたい。（7）

（2）上の（1）で選んだようになるにはどうすればよいと思いますか。当てはまるものに○をつけてください。いくつ○をつけてもいいです。
 a.　英単語をたくさん覚える。（21）
 b.　英語の文章を、単語の意味を調べながらじっくり読む（いわゆる「精読」）。（14）
 c.　発音練習をする。（12）
 d.　英文法を理解する。（12）
 e.　日本語を英語に書き直す練習をする。（11）
 f.　英語を話せる人とたくさん会話をする。（11）
 g.　英語の文章をたくさん読む（いわゆる「多読」）。（9）
 h.　英語のラジオや音楽をたくさん聞く。（9）
 i.　英語の文章を、声を出しながら読む（いわゆる「音読」）。（7）
 j.　英語の文章をたくさん覚える（いわゆる「暗唱」）。（5）

（3）（英語の苦手な人に聞きます）いつごろから英語が分からなくなりましたか。
 a.　中学1年の最初から。（19）
 b.　中学2年1学期の途中から。（6）
 c.　中学1年2学期の途中から。（5）
 d.　中学1年1学期の途中から。（2）
 e.　中学2年2学期の途中から。（2）
 f.　特に苦手ではない。（2）
 g.　中学1年3学期の途中から。（1）
 h.　中学3年1学期の途中から。（1）
 i.　中学2年3学期の途中から。（0）
 j.　中学3年2学期の途中から。（0）

（4）英語が分からなくなったきっかけ（原因）は何ですか。簡単に説明してください。
 a.　中学校での欠席日数が多かったから。（4）
 b.　やる気がなく、授業を聞いていなかった。（4）
 c.　勉強が難しくなったから。（3）
 d.　先生の説明が分からなかった。（3）

e. 勉強をしなかったから。（3）
　　　f. 日本人だから必要ないと考えるから。（3）
　　　g. 文法が分からなくなったから。（2）
　　　h. 覚えるのが面倒になったから。（2）
　　　i. ローマ字が分からないから。（1）
　　　j. 英語の発音が分からないから。（1）
　　　k. スペルが覚えられないから。（1）
　　　l. 英語の意味が分からないから。（1）
　　　m. 文章が始まってから。（1）
　　　n. 先生がむかつくようになったから。（1）
　　　o. 英語ができない人と言われたから。（1）
　　　p. 授業を聞いていなかったから。（1）
　　　q. 分からないままにしておいたから。（1）

次の質問（5）に入る前に中学校で学習すべき文法事項を学年ごとに挙げておく。
《1年》• be 動詞（is, am, are）（疑問文・否定文も含む）
　　　• 一般動詞（be 動詞以外の動詞）（疑問文・否定文も含む）
　　　• 疑問詞　• 命令文　• 一般動詞（三人称単数現在の -s）
　　　• 現在進行形　• 助動詞 can　• 一般動詞の過去形
　　　• 名詞の複数形　• 代名詞
《2年》• be 動詞の過去形（was, were）　• 未来（will, be going to~）
　　　• 動名詞　• 不定詞（名詞（形容詞・副詞）用法）　• 過去進行形
　　　• 助動詞 must, may 等　• 比較（原級・比較級・最上級）
　　　• there is（are）〜　• 接続詞（if, because, when, that 等）
《3年》• 現在完了（継続・経験・完了・結果）　• 受身　• 間接疑問文
　　　• 不定詞（It is+ 形容詞 +to 不定詞等）　• 分詞（現在分詞・過去分詞）
　　　• 関係代名詞（主格・目的語）　• 付加疑問文

（5）英語の文法項目の中で、特に知りたいものを5つ挙げてください。
　　　a. どういう時に play の後ろに -ed, -ing, -s を付けるのか。（17）①
　　　b. 語順（英文を作るときの単語の順番）。（15）
　　　c. 不規則な過去形の作り方（give - gave - given）。（15）①

d. 名詞、動詞、形容詞等の単語グループの区別。（14）
   e. be 動詞（is, am, are）の使い分け。（14）①
   f. どういう時に動詞 speak に -s を付けるか、付けないか。（14）①
   g. do, does, did の使い分け。（12）①
   h. when, where, who, what, how の使い分け。（12）①
   i. 疑問文・否定文をつくるときの、is, am, are と do, does, did の使い分け。（10）①
   j. I - my - me 等の使い分け。（10）①
   k. 受身「〜される」（be+ 過去分詞）の使い方。（9）③
   l. I, you, he, she, we, they の使い分け。（8）①
   m. 進行形「〜している」（be+ 〜 ing）の使い方。（8）①
   n. 完了形「ちょうど〜したところだ」（have+ 過去分詞）の使い方（7）③
   o. can, will, must, may の使い分け（6）。①②
   p. 不定詞（to+ 動詞の原形）の使い方。（6）②
   q. 比較 as〜as, -er than, -est の使い方。（6）②
   r. 関係代名詞 who, which の使い分け。（5）③

1.1.2 考察

　ここでは上記 1.1.1. のアンケートの結果を概観するとともに筆者の考えを述べたい。これだけ英会話、コミュニケーション英語と叫ばれている今日であるが、まず質問（1）に関して、(1c) の「英語を話せるようになりたい」、(1d) の「英語を聞けるようになりたい」よりも、(1a) の「英語を読めるようになりたい」、(1b) の「英語を書けるようになりたい」が上位1・2位を占め意外であったが、この結果は質問（2）と関連しているように考えられる。

　質問（2）の結果として、(2a) の「英単語をたくさん覚える」がトップに来ている。これは語彙習得が「読むこと」「書くこと」「話すこと」「聞くこと」の基本であることを生徒はある程度認知しているからではないか。すなわち単語を知らなければ「話すこと」も「読むこと」も何もできないことを自覚していると考える。

また (2b) の「英語の文章を単語の意味を調べながらじっくり読む（精読）」が2番目に来ている結果も予想外であった。しかし考えてみれば、中学校時代、英語がきちんと読めなかった、理解できなかったからこそ、しっかり読めるようになりたいという生徒の切なる願いなのかもしれない。

　これを示唆する証拠として、(2d) の「英文法を理解する」が4番目に来ている。すなわち、英語を理解するには、たくさんの単語を知っていればよいというわけではなく、生徒にとってテストではなかなか苦手な分野ではある「英文法」が英語学習の土台であることを十分認識しているからではないだろうか。

　(2c) の「発音練習」も然りである。単語が読めない、英文がスラスラ読めないのは発音を自分のものとしてしっかり習得できていないからであり、発音練習が大切であることも生徒たちは認識しているのである。

　また (2e) の「日本語を英語に書き直す練習をする」が5番目に来ているのは、英語で話すには頭の中で英文を造り出さなければならないことを知っているからではないであろうか。そう考えると、(2f) の「ネイティブとたくさん英会話をする」とか、(2h) の「英語のラジオや音楽をたくさん聞く」が中位より下位にあることは頷ける。要は基本となる語彙や英文法をある程度知っていなければ話すことも聞くこともできないことを生徒たちは知っているのである。多読と「話すこと」「聞くこと」との関係については改めて 1.2.3.2. で述べることにする。

　一方、(2i) の「大きな声を出しながら音読する」とか、(2j) の「英語の文章をたくさん覚える（暗唱）」が下位に来ているが、どちらも学習者自身の意欲と努力を要するわけで、英語はできるようになりたいという思いを抱きながらも、そのための苦労は避けたいという矛盾した一面が窺える。

　次に質問（3）の「いつごろから英語が分からなくなったのか」について考えてみたい。アンケート調査に協力してくれた生徒たちも、中学を卒業して2年を経過しているので、いつ頃から分からなくなったのか確信は持てないと思われるが、1つの傾向として捉えてもらいたい。結果から見れば、圧倒的に (3a) の「中学1年の最初」から分からなくなったという生徒が44人中19人で40%を占めており、中学1年の終わりまでに英語が分からなくなった生徒 (3a, 3c, 3d, 3g) を含めると44人中27人、何と6割の生徒がすでに英語が分からなくなっている。

　ではどうして英語が分からなくなったのか。質問（4）の結果を見てみたい。

第 1 は（4a）に見るように、調査を行った対象が定時制生徒ということで、様々な家庭環境あるいは中学校時代、病気あるいはいじめ等の理由でなかなか登校できなかった生徒が多い。よく言われる通り、語学は積み重ねで授業内容も段階的に発展していく。従って、たまに授業に出ることができたとしても授業の内容について行けず半ば諦め、途中から授業を聞かなくなってしまった可能性が考えられる（4b）。

　第 2 は、(4i)(4j)(4k) の発音に関してである。英語の綴りはアルファベットで表されるが、同じ綴りの <a> であっても f*a*ther [a:], c*a*t [æ], n*a*me [ei], y*a*cht [a], m*a*ny [e], b*a*ll [ɔ:], c*a*re [ɛə], *a*go [ə] の 8 通り、<o> も p*o*st [ou], t*o*p [a], sh*o*rt [ɔ:], m*o*nkey [ʌ], t*o*mb [u:], w*o*lf [u], *o*btain [ə] の 7 通りで不規則である。これは 1066 年のノルマン人侵入によるフランス語の大量流入と、16 世紀に始まった大母音推移により音と文字との対応がうまく行かなくなったことによる。従って単語を覚える場合には発音をしながら綴りを習得させていくことが重要である。また b と d、m と n、l と i、a と α、f と t、u と v を混同してしまっている生徒が少なからずいる。原因は分からないが、その都度、丁寧に直してあげることが肝要と考える。

　第 3 は英語教員として自戒しなければならないことであるが、(4d)(4g)(4l) の「先生の（文法と意味の）説明が分からなかった」という点である。第 1 で述べたが、語学は段階的に習得していくものであり、授業内容も徐々に難しくなってくるが、そうであっても本時の目標を意識し分かりやすく教える努力と、完結型授業（1 回の授業で学ぶべき項目を大枠で理解し、<u>本人が好奇心を持って進んで勉強するきっかけ作りとなる授業</u>）を目指す必要がある。もちろん、語学の習得は反復作業であり、学校以外での本人の不断の努力は言うまでもない。

　第 4 は（4f）の「日本人だから英語は必要ない」という考え方である。ここで思い出されるのは、1970 年代に平泉渉氏（当時、参議院議員）と渡部昇一氏（当時、上智大学教授）との間で繰り広げられた「英語教育大論争」である。平泉氏は「実用の英語」を掲げ、中学校での英語教育は中学 1 年修了程度にとどめ、外国語教育を行う高校とそうでない高校に分離させる。また外国語教育を行う高校は毎日 2 時間以上、毎年 1 か月にわたる集中訓練を実施することを主張した（山田 2005:82）。ところで大津（2013:57）によれば、赤ちゃんが 1 日 5 時間ことば

に注意を向けるとすると1年で1825時間、母語の土台が出来上がるとする3年間で5475時間ことばと触れ合う時間に対し、中高で英語を学ぶ時間は50分授業とすると833時間となり、6.5対1の割合で学校だけでは英語に触れ合う時間は圧倒的に少なく、当然の結果と考えられる。一方、渡部氏は「教養の英語」を掲げ、母語と異なった言語で書かれた文章を正確に読むことは高い知力が必要であり、ある意味、母語との格闘であると述べている。また学校で学ぶ言語運用能力は潜在力であり、言語運用能力を通常の学校授業で養成しうるのは迷信であると主張している（山田 2005:84）。

　確かに日本は他国と隣接しておらず、母語以外の他言語を使用しなければ生活できないという環境にはない。現在の日本社会（あるいは経済界）からの強い要請によるかもしれないが、暗黙の裡に「教養英語」よりも「実用英語」が求められている（鳥飼 2011:95）。しかし、筆者は外国語として英語を学習する日本人にとって、赤ちゃんと同じように英語を習得することができるのか、甚だ疑問である。大津（2013:65）も、母語の習得と外国語の学習は異なり、母語の知識（文法）は意識することもなく自然に身に付けることができるが、外国語の知識（文法）は意図的・意識的に学習する必要があると述べている。従って、外国語は母語の日本語を土台に学習した方が効果的であると考える。また大津（2013:60）は「日本語と英語は違いが大きいからこそ、ことばの分析的理解に適しており、外国語学習の重要な機能である思考力を深化させるのに好適である…」とも述べている。筆者は英語を話したり聞いたりする上でも、文法に基づく構文分析すなわち「精読」と、大量の英文を読む「多読」を並行して教え、言語運用能力の潜在力を相乗的に高めることが重要であると考える。

　質問（5）の「英語の文法項目で特に知りたいもの」について考えてみたい。(5b)の「語順（英文をつくるときの単語の順番）」と(5d)の「名詞、動詞、形容詞などの単語グループの区別」は全学年共通の知りたい文法項目と考え、これらも1年次で習得すべき文法項目に含めると18項目中13項目が生徒たちにとって知りたい文法項目であり、中学1年に圧倒的に集中している。この中でも生徒が特に理解できない点として、①be動詞と一般動詞の区別（否定文や疑問文をつくるときにbe動詞とdoを混同させてしまう）、②名詞に付加し複数形を示す-sと、動詞に付加し3人称単数現在を示す-sとの区別（主語が複数形の時、名詞に付

加する複数形の -s と混同し、一般動詞に -s を付加してしまう)、③一般動詞の否定文や疑問文を作るときに必要な do / does / did の区別 (主語の人称・数、動詞の時制が理解できていない)、④進行形と動名詞における ing 形の区別 (両者の働きと意味の相違が理解できていない)、⑤規則動詞の過去形として動詞に付加される -ed と、現在完了と受身で用いる規則動詞の過去分詞形として付加される -ed との区別、⑥ (語順も含め) 文における主語と動詞の区別 (そもそも動詞の概念と、主語の前に形容詞等の修飾句が付加したり、後ろに前置詞句や関係節が付加した場合、どの語が主語で、どこまでが主部なのか区別できない) 等が挙げられる。

1.2. これからの英語教育
1.2.1 旧学習指導要領の特徴

1.1.2 で述べた 1970 年代の「英語教育大論争」から役立つコミュニケーション英語が叫ばれてきたが、話せるようになるためにも「語彙」「文法」「読むこと」および「聞くこと」に力を入れ、基礎学力を付けるべきと考える。過去 30 年間教壇に立ってきたが、残念ながら英語力はむしろ落ちているのではないだろうか。なぜ落ちてしまったのか。その原因を考えてみたい。

第 1 は「何年、英語を勉強しても話せないのは役に立たない英文法と訳読授業をしているからだ。それよりも早期から ALT 等の外国人教師を導入し、生の英語に触れさせることが話せるようになる近道だ」ということで、文法が軽視されたことである。例えば、旧教育課程時に使用した Select Oral Communication I (三省堂) Lesson 1 の Points では、「未来表現の be going to」と「不定詞の名詞用法 want to ~」という全く異なった文法事項が指導項目として載っている。また不定詞の形容詞用法は Lesson 11 で、副詞用法は Lesson 13 で学習することになっており、文法事項を連続線としてではなく、単発的に教えるもので継はぎだらけであった。これは「4 技能を総合的に教える中で必要な文法事項を有機的に指導する」という文科省の方針であった。平成 11 年度 12 月文部省発行の「高等学校学習指導要領解説 外国語編 英語編」のオーラルコミュニケーション I によれば、「コミュニケーション活動を効果的に行うために必要な文型や文法項目を精選し、様々な活動を通して実際に使わせるような指導を行うこと」とある。しかし、「現

在完了」とは何か、「不定詞」とは何かという大まかな概念も教えず、効果的なコミュニケーション活動を行うために文法の諸事項を点として教えてもあまり身に付かないのではないかと考える。

第2はコミュニケーションばかりが重視され、旧教育課程のオーラルコミュニケーションⅠに限って言えば、英文も短い会話体ばかりで、その英文を用いて単語（語句）を入れ換えたりする言語活動が多かった。しかし、筆者はある程度複雑な、内容のある思考力を要する骨のある英文を分析的に苦労しながら読むことが重要であると考える（大津 2013:125）。

1.2.2 新学習指導要領の特徴

旧学習指導要領における外国語の目標は「情報や相手の意向などを理解したり自分の考えなどを表現したりする**実践的**コミュニケーション能力を養う」であったが、新学習指導要領では「情報や考えなどを**的確**に理解したり、**適切**に伝えたりするコミュニケーション能力を養う」と記されている。すなわち、旧学習指導要領から「実践的」という語句が削除され、「的確に」「適切に」という語句が新学習指導要領に挿入された。次の①〜⑤が新学習指導要領の特徴である。

① 「コミュニケーション英語」の中で「総合科目」として文法・リーディングを含め学習する。特にすべての文法事項の大枠を「コミュニケーション英語Ⅰ」の中で教える。
② 中学校も含め大幅に語彙が増加する。中学では 900 語から 1200 語、高校では 1300 語から 1800 語に増加、中高で合わせて 2200 語から 3000 語に増加する。しかし新学習指導要領で示されたこれらの語数は教えられるべき最低限のラインであり、上限の制限はない。
③ 文法事項は言語活動と関連づけて指導する。
④ 文は「5文型」ではなく、「文構造」として捉える。
⑤ 授業は「英語」で行うことを基本とする。

ここで①〜⑤に対する著者の考えを述べたい。①の「コミュニケーション英語」の中で4技能を総合的に教えることは支持するが、文法項目を単発的に教えるよりは、ある程度まとまった時間の中で集中的・体系的に教えた方がよいと考える。また②の語彙数の増加は意思疎通を十分行うためにもできるだけ多くの語

彙を習得していた方が「読む・書く」だけではなく、「話す・聞く」ことに関しても大きな助けになると考える。③の文法を言語活動の中で習得させることは理想的だが、ナチュラル・アプローチのような言語活動の中で文法を理解させるよりは、高校生は論理的に教えた方が効率的ではないかと考える（成田 2013:95）。④については、基本的な概念（自動詞・他動詞の区別、ネクサス（意味上の主語と動詞との）関係など）を含んだ「5 文型」を大枠理解させることは重要ではあるが、「5 文型」だけでは扱えない関係節や前置詞句等の修飾関係もまさに「文構造」として教えるべきであると考える。最後に⑤はできるだけ言語活動をさせる上で、生徒にリスニングも含め、「英語」で授業を行うことはある程度賛成ではあるが、教員の自己満足に終わるのではなく、特に文法事項の説明などは日本語も取り入れながら話すべきであろう。なぜなら授業はその時間内で生徒に学習目標を理解してもらうことが最終目的であるからである。

1.2.3　これから高校で行うべき英語教育
1.2.3.1　文法
　「従来の訳読授業、文法授業を行っても一向に英語は話せない」「大学受験で出題される文法問題は受験者を落とすための些末なものが多く役に立たない」等、経済界やマスコミ等から揶揄され、もっと「実用的な英語」を教えるべきであると英語の授業から「文法」の授業がなくなった。また現在では、一般入試に占める文法問題の割合も、国公立ではほぼ 0％、私立大学でも 1 割程度と言われている（大津 2013:97-98）。代わってオーラルコミュニケーションが平成 15 年（2003）に導入されてからかなり久しいが、最近では英文法が見直されて来ている。書店へ行くと、英文法に関するコーナーが設けられ様々な書籍が置かれている。それはなぜなのか。

　「話すこと」が大事だと言っても、思いついた単語を適当に並べて話せば、相手に通じるのであろうか。買い物なら、買いたい物を指して、適当に単語を言えば売り手はある程度推測してくれるかもしれない。しかし、自分の考えを相手に伝えようとする場合、思いついた単語を適当につなげれば、相手に理解してもらえるのか。日本語の場合なら可能かもしれない。なぜなら日本語の場合、(6a)(6b)のように語順を入れ換えても意味は通じる。これは（代）名詞（例「私たち」「電

気製品」)の語尾に助詞(「-は」「-を」)を付加すれば、主語・目的語として機能するからである。

(6) a. 昨日、私たちは秋葉原で友人の結婚祝いに電気製品を買いました。
b. 昨日、友人の結婚祝いに秋葉原で電気製品を私たちは買いました。

一方、英語の場合は(7a)のみが正しい英語として認可され、(7b)(7c)は認められない。これは現代英語の場合、日本語のように名詞の語尾に助詞に相当する屈折接尾辞が付加されていないためである。英語史からみれば、11世紀半ばに始まった無強勢母音[a,i,u,e,o]が[ə]に弱化され、さらに語末の[ə]が消失したために、性・数・格を示していた屈折接尾辞(-as, -u, -e,-a 等)が消失し、主語を示す主格と目的語を示す目的格が同形化し、区別することができなくなってしまった。この問題を解決するために動詞の前に来る名詞を主語、動詞の直後に来る名詞を目的語とし、S + V + O の語順が確立した(中尾 1979:111-2,114)。現代英語でもこの語順は変わらないため、語を適当に並べても理解できないのである。

(7) a. We bought electrical appliances for our friend's wedding celebration at Akihabara yesterday.
b. *We electrical appliances for our friend's wedding celebration at Akihabara yesterday bought.
c. *Electrical appliances for our friend's wedding celebration we bought at Akihabara yesterday.

小学生ならともかく、中学生以上の日本人が外国語として英語を学習する場合には、年齢的にも抽象的に記述された文法を論理的に学習した方が様々な文脈でも応用が利き長く定着し、何よりも4技能である「話すこと」「聞くこと」「読むこと」「書くこと」の土台となると考える。紙面の関係上、言語習得の臨界期については成田(2013:90-98)を読んでもらいたい。

では「文法」をいつ、どのように教えるべきであろうか、ここで私見を述べたい。1年次入学早々、コミュニケーション英語Ⅰ(3単位)の週3時間の1時間を使って3〜6ヶ月間の短期間、次の項目の要点だけを教え、基本文のみ暗唱させる。要は英語力の土台となる中学の総復習である(1.1.2を参照)。

（8）a. 大まかな品詞の把握（名詞、動詞、形容詞、副詞、前置詞）
　　　b. be 動詞・一般動詞の区別、および否定文・疑問文の作り方
　　　c. 語順 S（〜は）＋ V（〜する）＋ O（〜を）、および修飾句の係り方
　　　d. 代名詞の活用（特に動詞・前置詞の直後は目的格）
　　　e. 時（過去・現在・未来・現在完了）の概念
　　　f. 動詞を中心とした様々な用法（進行形、受身、現在完了、不定詞）
　　　g. 助動詞（will, can, must, may）の基本的な意味
　　　h. 関係代名詞（who, which）の基本的な考え

1.2.3.2 読むこと

「読むこと」とは英語を上手い日本語に直すことではなく、文法に基づき文構造を正確に把握し、意味内容を理解することである。「多読」も重要だが、構造も理解せずに単語の意味を適当につなげただけでは読んだことにはならない。その意味で、まず「精読」指導から考えてみることにする。部分的には「多読」指導と重複する点もある。

1. スラッシュ・リーディングを意識し、前から後ろ（すなわち左から右）方向に意味の固まりごとに読んでいき、決して後戻りさせない。
2. 常に文中における主語、動詞、目的語を意識させる。特に動詞は文の要である。動詞の左側にある名詞が主語であり、動詞のすぐ直後にある名詞が目的語であることを認識させる。
3. 修飾語（関係節、前置詞句等）がどの語を修飾しているのかを考えさせる。例えば、（9）は表面上、同一構造に見えるが、（10a）のように前置詞句が動詞 read を修飾している副詞句なのか、（10b）のように名詞 book を修飾している形容詞句なのかでは意味が異なってくる。

　（9）Kazuya read the book on the sofa.（岡田 2011:111）
　（10）a. 和也はソファーの上でその本を読んだ。
　　　　b. 和也はソファーの上にあるその本を読んだ。

4. 代名詞・指示詞が何を指すのか、考えさせながら読ませる。
5. 辞書を丹念に引かせる。大事なことは2つ。特に動詞に言えることだが、単に意味を調べるだけではなく、その後ろにどのような要素（前置詞句、

that 節、（to）不定詞句、-ing 等）が続くのか確認させる。そして例文の中で意味とこれらの要素が確かに後続していることを確認させる。
6. 常に文脈、特に（i）文と文を結ぶ「接続詞」の働き、および（ii）段落と段落との関係（結論、例1、例2、…、結論）を示す「つなぎ語」を意識させ読ませる。
7. 音読練習。"Repeat after me" と言っても、学年が上がるにつれ恥ずかしさからか、なかなかリピートしてくれない。しかしネイティブが吹き込んでいるCDを聞かせるよりも、教員が自分の声で感情をもって音読した方が効果的であると考える。もし発音に自信がなければ、松澤喜好著の『英語耳』で練習してみることをお勧めする。これにより英語の母音・子音およびイントネーション・リズムを勉強することができる。

次に「多読」について考えてみたい。

8. 生徒の心情にフィットする教材の精選。最近の副読本は易しい新聞記事や時事問題が多いが、客観的すぎてあまり心に訴えるものがないように思う。できれば易しく書き直された読者を引き込ませるミステリー物がよいと考える。筆者は高校時代、恩師に学生社の「アトム双書」を紹介され、分からないながらも少しずつ買って読んだ。ただし現在品切れになった本が多いので、筆者は再版を望むものである。
9. 分からない単語に遭遇したら、できるだけ文脈から意味を推測して読み進めるように指導する。何度も同じ未知の単語が出てきた場合、その単語はストーリーの中で重要語と考えられるので、文脈から予め意味を推測し、後で辞書を引くように指導する。
10. 多読は「聞くこと」「話すこと」「書くこと」の代用となる。なぜならば声を出さずに黙読していても頭の中で音読し、前から意味を捉えながらスラッシュ・リーディングしているからである。しかし、我々は日本語を介さずに英語は英語として読んでいるのであろうか。筆者は、頭の中で英語を発音しながらも、瞬時に日本語を介在しながら、意味を固まりごとに捉えているのではないかと考える。「多読」はまさに英語力（すなわち「聞くこと」「話すこと」「書くこと」）の根底となる。「精読」指導と並行して、週末課題として大意把握の練習をさせたり、長期休業中に副読本を課すことも有効ではないかと考える。

1.2.3.3 書くこと

「書くこと」と言っても、いきなり生徒に長い英文を書かせることは無理がある。例えば、授業の最初に1行でよいから「昨日したこと」あるいは「今やりたいこと」を書かせてみたらどうだろうか。その際、英語の基本形であるＳ＋Ｖ＋Ｏを常に意識させ、生徒に英文を作らせる必要がある。単語が分からなければ、その部分は日本語で書かかせておいてもよい。後で英辞郎等を利用して、形容詞＋名詞、動詞＋目的語等のコロケーション（連語）を確認させながら書くよう指導してもよい。また個人の使用可能語彙は限られるのでどうしても同じ単語を使う傾向になってしまう。このような場合、同義語辞典を利用して語彙を増やすことも重要である。ここでお勧めしたいのが、Barbara Ann Kipfer（2005）Roget's 21st Century Thesaurus である。調べたい単語が易しい英文でパラフレーズされており、それだけでも有益だが、そこに記載されている同義語を読むと、既知の単語を確認することもできるし、さらに知らない語彙を垣間見ることができて面白い。もちろん18歳近くになると記憶力も衰え始める時期ではあるが、文法を意識しながら英語の基本文をたくさん暗記させればそれだけ「書くこと」の基礎づくりになると考える。

ここで筆者のアイデアを2つ挙げたい。1つは英文を読んでいるときに、単に英文の構造に注意しながら意味を考えていくだけではなく、英作文を書く視点で意識的に読むと、さらに英文を分析的に読むことができる。2つ目は、読み終わった英文の一節を意味を考えながら音読し、ノートに書き写す（筆写する）ことも有効であると考える。

1.2.3.4 聞くこと

恥ずかしながら授業の中でなかなかリスニング指導ができていないのが現状であるが、これまでに行ってきた経験からリスニング指導に関する私見を提示したい。題材は7割以上が既習した語彙で、聞いているとある程度、頭の中でイメージ化できる易しいものがよいであろう。

1. （1回目）とにかく、聞き取れた単語（特に登場人物や地名等を表す名詞、登場人物の行動を表す動詞、心理状態を表す形容詞等）をどんどん書き取らせる。単語のスペリングが分からなければカタカナでもよいと指導する。

2. 聞き取った単語を頼りに、どんな内容だったか日本語で書かせてみる。
3. （2回目）もう1度ストーリーを流し、単語の聞き取りおよび大まかな内容を確認させる。
4. 英語で内容に関する質問を行う（e.g. Where did Tom live? Who broke the window? What was Lucy doing when she was seventeen?）状況によっては日本語での質問も可とする。注意すべきことは、生徒個人を指名するのではなく、全体に質問をし、自主的な答えを待つことである。
5. 英文と日本語訳が左右に印刷されたものを配布し、まず日本語で概要を確認・理解させる。
6. （3回目）何も見ずに、もう1度英文を聞かせる。
7. スキットの英文を見て、分からない単語をチェックさせる。日本語訳と対比させ、意味を確認させる。
8. （4回目）英文を見ながら、もう1度ストーリーを聞かせる。
9. （5・6回目）英文を聞きながら、音読させる。
10. （7回目）何も見ずにもう1度英文を聞かせ、頭の中でイメージ化させながらシャドーイングに挑戦させる。

いずれにしても英語を聞いて、どんなことが話されているか、知っている語彙が多ければ多いほどイメージ化しやすい。その意味で日頃から語彙力の増強、英文音読により語彙と構造を定着させ、スラッシュ・リーディングで直聴直解できるようにさせることが重要と考える（成田 2013:128）。

1.2.3.5 話すこと

「話すこと」は頭の中で高速回転させながら英作文を行っていることと同じである。よく実践されていることだが、次の方法はどうであろうか。

1. 各セクションで学習すべき文法項目の基本文の意味を理解させた上で、ペアになって暗唱文が言えるかどうかお互いにチェックさせる。
2. 次にペア（あるいはグループ）で、動作（場所、時間、人名等）が描かれたカードを見ながら、暗唱した基本文を利用して英文を作らせる。さらに<u>自分のこと</u>について相手に説明させてもよい。もちろん自己体験がなければ、空想した事柄を話してもよい。

3. プリントに書かれた「短く易しい日本語」を瞬時に英語に直させてみる。大切なことは、頭の中で主語と動詞を何にするか決めさせることである。もちろんかなり難しい練習ではあるが、何が自分に足りないのか自覚できると考える。もし電子辞書を携帯しているならば、その場で活用させることも有効であろう。

1.2.4 中学校との連携
1.2.4.1 提案

筆者は公立中学校で3年間教鞭を執った後、県内の公立高校に異動した。そこで感じたことは、高校教員は中学校の授業内容も指導方法にもそれ程関心がなく、各々の教員が自分のスタイルで指導している感があったし、現在もこの状況はあまり変わっていないのではないだろうか。せめて今の中学生はどのような教科書を使って3年間勉強してきたのか、自分も含め高校教員は理解しておくべきである。中学校との連携ということで3点提案をしたい。まず第1に勤務校と近隣中学校が積極的に連携し、授業研究を行うこと。第2に、連携校同士で使用している教科書を交換し、語彙および文法を含めた学習内容の流れを把握する。第3にお互いに授業参観をし、その後の反省会で学習指導法等に関して率直な意見交換を持つことである。

1.2.4.2 協同学習について

筆者は昨年、今年と、市内の小・中学校の授業見学をする機会を得たが、ペアワーク・グループワーク・コの字型授業など1時間の中で指導内容に合わせて授業形態を変えていく様子を目にし、大変勉強になった。特にグループワークは少人数の学び合いの中で安心して間違いや失敗ができ、友好的な人間関係を築きながら、英語の得意な生徒と苦手な生徒が共に協力し合って学びを深めていくもので有効であると考える（江利川 2012:9）。

しかし「協同学習」にもいくつか課題がある。第1にグループ作りである。ペアワークならば、並んでいる座席を基準に机の前後・左右あるいは斜め等にしてペア構成に変化を付けることも可能だが、グループワークの場合、少し問題がある。望ましい形態は男女混合4人と言われているが（江利川 2012:11）、好き

な者同士だと私語が多くなり、グループに入れない生徒も出てくる。くじ引き等によるグループ分けも変化に富むが、毎回時間がかかる。また座席を基準にその場で4人グループを作るにしても、メンバー構成によってはうまく機能しないグループも出てくる。

第2にグループ単位で辞書や参考書を活用させながら英文の意味を考えさせることが理想だが、辞書を持っていない生徒も多く「調べ作業」はなかなか困難である（クラス人数分の辞書の購入が可能ならば別問題である）。しかし、この問題も事前に単語指導をしておけば、本文の内容について考えさせる時間もその分確保することが可能となるであろう。

第3は生徒同士がペアあるいはグループで会話練習をする場合、どこまで本当に目標文を理解して練習をしているのか、ただ表面的に会話練習しているという雰囲気に生徒も教員も満足しているならば本末転倒である。例えば、「振り返りシート」等を利用して、目標文をしっかり理解できているか、生徒も教員も確認する機会が必要である。また同じ学習活動をそのままさせていると授業も単調になり私語が多くなる。現実には難しいが、飽きさせず活動にメリハリがつくように、教員は状況を見ながら適切な質問を与えていく必要があると考える。

1.3. まとめ

1. 中学・高校6年間、英語を勉強しても一向に英語が話せない。それは「文法」や「訳読」をしているからだと、経済界等から実用的な「コミュニケーション英語」が叫ばれた。90年代後半より学習指導要領の改訂等に伴い、「訳読」から「会話」へと指導内容・方法が変わり約20年が経つが、なかなかその結果は出ていない。むしろ生徒の英語力は落ちている。
2. しかしここ数年、「英文法」の必要が見直されてきた。それはなぜか。「文法」が外国語を習得する上での土台であり、近道であることを一般社会も再認識し始めたからである。
3. では私たち英語教員は生徒たちに何を教えるべきか。母語である日本語と外国語である英語との文構造の違いを気づかせること。そしてスラッシュ・リーディングでできるだけ多くの英語に触れさせ、語彙を増やすこと。このことによりリスニング力もスピーキング力も伸びるものと考える。

4. すなわち学校教育でできることは、日英語の相違から学ぶ「ことばの不思議さ」と「外国語の学び方」を教えることにより、<u>生涯にわたって自分で学び続けられる基礎学力を養う</u>ことが私たち英語教員の使命と考える（大津 2013:12; 江利川 2012:23）

2. これまでの英語研究
2.1 はじめに

　筆者は 1982 年（昭和 57 年）に大学を卒業し、その春に神奈川県内の公立中学校に赴任した。当時は第 2 次校内暴力の真っただ中で、授業の空き時間はほとんどタバコ、シンナー等の巡回指導に忙殺され、教材研究などほとんどできる状況ではなかった。

　そんな中で大修館書店より太田朗先生、梶田優先生編集による「新英文法選書(全12巻)」が発刊された。その中でも特に興味を魅かれたのは並木崇康著の『語形成（第 2 巻）』でそれ以来、特に「動作主を表す接尾辞 -er」と「名詞化に伴う項構造の継承」に興味を抱いてきた。

2.2 接尾辞 -er
2.2.1 接辞付加の特徴

　意味として独立して現れうる語（word）に独立して現れえない接辞（affix）が付加し、より大きな語を造ることを派生（derivation）と言う。語頭に付加する接辞を接頭辞（prefix）、語末に付加する接辞を接尾辞（suffix）と言う。ところで、語に接辞が付加される元の単位（1b,1c,1d の 1 番外枠）を基体（base）と言い、(1a) のように語からすべての接辞を取り除いた形を語幹（stem）と言う。ここでは語幹も基体も独立して現れうる語と考える。

（1）a. change（動詞）
　　　b. [change]-*able*　（形容詞）
　　　c. un-[[change]-*able*]　（形容詞）
　　　d. [un-[[change]-able]]-*ness*　（名詞）

　接辞付加の特徴として第 1 に、付加することにより品詞が変わる接辞と付加しても品詞が変わらない接辞がある。接頭辞の大多数は付加しても品詞を変えな

いが (1c)、接尾辞の大多数は付加すると品詞を変える能力を持っている (1b,1d)。
接辞 -er は接尾辞なので付加すると基体の品詞を変え名詞となる (2a,2b)。

(2) a. drive（動詞）→ dri*ver*（名詞）　b. foreign（形容詞）→ foreig*ner*（名詞）
　　c. London（名詞）→ London*er*（名詞）

第2に接辞が基体に付加された時、第1強勢を移動させる接辞 (3a,3b,3c) と、移動させない接辞がある。前者を第1類、後者を第2類と呼ぶことがある。

(3) a. cívilize（動詞）→ civilizátion（名詞）
　　b. emplóy（動詞）→ employée（名詞）
　　c. símilar（形容詞）→ similárity（名詞）
　　d. téach（動詞）→ téach*er*（名詞）

接尾辞 -er は (3d) のように付加しても第1強勢の位置は変わらないので、概ね第2類の接辞と言える。

第3に、接辞付加の繰り返し（recursion）が挙げられる。

(4) a. denomin-ation-al-ize　b. form-al-iz-ation　c. civil-iz-ation-al
　　　　　　1　2　3　　　　　　2　3　1　　　　　　3　1　2

これは基体と接辞との関係（階層性）というよりは、隣り合う接辞の結びつき（線状性）の強さに関係があると考えられる。これについては森田 (1985) を参照されたい。数は少ないが同じ接尾辞 -er が連続している (10b) の例が見られる。

(5) a. fruit*er*（果樹栽培者）
　　b. fruit*erer*（果物商）(Zandvoort 1957:300)

2.2.2　接尾辞 -er の特徴

接辞付加（affixation）を考える場合、①接辞がもつ下位意味と、②接辞が付加する基体の統語範疇（いわゆる品詞）の2つの観点を考慮する必要がある。観点①について、接尾辞 -er は大きく5つの下位意味を持っている。すなわちⓐ「（職業として）〜する人」、ⓑ「〜という特徴を持っている人」、ⓒ「〜という特徴を持っている物（動植物も含む）」、ⓓ「〜するための道具」、ⓔ「〜されるのに適して

いる物（人）」である。しかしⓒとⓓの意味区分は難しい。例えば、Booij（1986）は Personal Agent と Instrument の他に、Impersonal Agent という中間的範疇を設け、*rook*melder 'smoke reporter（煙探知機）' をⓒに、*brandmelder* 'fire alarm（火災報知機）' をⓓと区分している。しかし、本論ではこの区別はせず、中間的位置にあるものはすべてⓓとして分類する。次に観点②であるが、接尾辞-er は他動詞・自動詞・名詞・形容詞の4つの統語範疇に付加する。[1] 従って、5つの下位意味と4つの統語範疇で20通りの組み合わせができ、どの下位意味がどの統語範疇と結びつきやすく、逆に結びつきにくいかを以下で概観する。

資料は Lehnert（1971）の逆引辞典に基づくが、時間的制約により全部で358語の範囲内で考える。なお表（6）の「その他」は、派生語の基体の意味が辞書の意味項目から判断しにくい場合あるいは基体が他動詞・自動詞・名詞・形容詞以外の統語範疇に属している場合とした。表の＊は実例が見つからなかったことを示す。

(6) 下位意味と基体の統語範疇による接尾辞-er の名詞分類（相原 1987:55）

-erの下位意味 \ 基体の統語範疇	他動詞	自動詞	名詞	形容詞	その他	合計
ⓐ（職業として）〜する人	A 298	F 75	K *	P *	U 6	379
ⓑ 〜という特徴を持っている人	B *	G *	L 56	Q 5	V 5	66
ⓒ 〜という特徴を持っている物	C 54	H 44	M 11	R *	W 3	112
ⓓ 〜するための道具	D 162	I 14	N *	S *	X 9	185
ⓔ 〜されるのに適している物(人)	E 19	J *	O *	T *	Y *	19
合計	533	133	67	5	23	761

なおこの表（6）は並木（1987:49）を参考にした。表から分かるように、動作主を示す接尾辞-er は多義性（polysemy）を備えている。例えば、boiler は上

記 ⓐⓓⓔ の３つの下位意味を持っているのでそれぞれ別々のものとして分類した。また基体は独立して現れうる語として考えるので、例えば、動作主を示す名詞 grocer（食品雑貨商人）は、-er を取り除くと独立した語（*groce）とならないので、データ数には入れないものとした。

次に表（6）における A~Y の実例をいくつか挙げる。

（ア）他動詞に付く例

A. teacher（教師）, maker（製造人）, watcher（番人）, designer（設計者）, carrier（運搬人）, murderer（殺人者）, tracer（追跡者）, binder（製本屋）, rubber（マッサージ師）, teaser（いじめる人）, performer（演奏者）, sweeper（掃除人）[2], feeder（飼手）, polisher（磨く人）, recorder（記録者）, boiler（煮沸する人）, manager（管理者）, climber（登山者）, etc.

B. *[実例なし]

C. climber（よじ登り植物）, pecker（[鳥]キツツキ）, topper（上積み）, facer（思わぬ障害）, comber（寄せ波）, bearer（実のなる草木）, sticker（難問）, settler（決定的打撃）, sucker（吸盤）, intensifier（強意語）, etc.

D. cooler（冷却器）, recorder（録音機）, binder（ひも）, boiler（煮沸器、ボイラー）, scriber（罫書針）, ruler（定規）, shaker（撹拌器）, dicer（さいの目に切る機械）, hatcher（ふ卵器）, sharpener（鉛筆削り）, miner（採鉱機）, absorber（緩衝装置）, grinder（粉砕機）, washer（洗濯機）, wrapper（包装紙）, slicer（薄切器）, stretcher（伸張具）, extinguisher（消火器）, clarifier（浄化器）, etc.

E. feeder（飼育用家畜）, broiler（ブロイラー）, boiler（煮物用野菜）, marker（墓石）, rubber（摩擦面）, bumper（緩衝器）, smasher（大打撃）, etc.

　　上記 E の基体は他動詞と自動詞の中間的性質を備えているものが多いが、ここではすべて他動詞と考え E に入れた。

（イ）自動詞に付く例

F. comer（来る人）, goer（行く人）, worker（労働者）, walker（歩行者）, dancer（踊り子）, jumper（跳躍者）, campaigner（従軍者）, pacer（徐行者）, listener（傾聴者）, hustler（敏腕家）, tripper（軽快に歩く人）, dicer（ばくち打ち）, gossiper（おしゃべり）, etc.

G. *[実例なし]

H. racer（競走馬）, cracker（かんしゃく玉）, looper（尺取虫）, warbler（[鳥] ウグイス）, jibber（じれて暴れる馬）, stinker（悪臭を放つウミツバメ）, etc.

I. traveler（走行台）, creeper（鉄かんじき、寝台）, racer（レース用自転車）, smoker（喫煙車）, walker（歩行練習器）, glider（グライダー）, etc.

J. *[実例なし]

(ウ) 名詞につく例

K. *[実例なし]

L. officer（公務員）, kitchener（料理人）, trucker（トラック運送業者）, jeweler（宝石商、宝石細工人）, jailer（看守）, courtier（廷臣）, cocker（闘鶏家）, borderer（辺境地の住人）, phonographer（蓄音機技師）, framer（額縁細工師）, decker（甲板水夫）, highlander（高地居住者）, potter（陶工）, etc.

この中にはKと考えられるものもあるが、基体の名詞を「媒介」あるいは「手段」と考え、Lに入れた。

M. hamburger（ハンバーガー）, Limburger（リンバンガーチーズ）, etc.

N. *[実例なし]

O. *[実例なし]

(エ) 形容詞に付く例

P. *[実例なし]

Q. easterner（東部人）, commoner（平民）, foreigner（外国人）, etc.

R. *[実例なし]

S. *[実例なし]

T. *[実例なし]

(オ) その他

U. ① seamer（縫合機操者）, cooler（冷却器操者）, nailer（自動釘打機操者）, picker（開毛機操者）, smasher（粉砕機操者）

② twicer（ある事を2回する人）

V. officer（将校）, pensioner（自費生）, skipper（思慮のない若者）, finder（靴の付属品販売人）

W. jailer（自由を束縛するもの）, killer（魚釣りにおける効果的なエサ）, souther（南風）

X. washer（座金）, molder（電気原版）, recorder（リコーダ）, commander（木槌）, hopper（大型じょうご）, popper（ポップコーンを入れる器）, legger（メリヤス製品の脚部を編む機械）, kitchener（レンジ）

Y. *[実例なし]

　以上をまとめると、次のようなことが言える。接尾辞-erは圧倒的に他動詞に付きやすく（533例）、次に例はかなり少なくなるが自動詞（133例）、名詞（67例）、形容詞（5例）の順と続く。

　次に接尾辞-erは圧倒的にⓐ「（職業として）〜する人」という意味（379例）で、他動詞（298例）に最も付きやすく、自動詞と続く。2番目はⓓ「〜するための道具」という意味（185例）でやはり圧倒的に他動詞（162例）に付きやすい。3番目はⓒ「〜という特徴をもっている物」という意味（112例）で他動詞（54例）、自動詞（44例）の順で付きやすい。4番目はⓑ「〜という特徴をもっている人」という意味（66例）で名詞（56例）に最も付きやすい。最後に例はかなり少ないが、ⓔ「〜されるのに適している物・人」という意味（19例）で他動詞に付きやすい。

　ここで注目すべきことは、<u>派生語の意味決定に元の基体が深く関与していること</u>である。すなわち、ⓐの「（職業として）〜する人」は「動作」を示す他動詞に多く、ⓑの「〜という特徴をもっている人」はその人の「特徴」や「媒介」を示す名詞が多い。またⓔの「〜されるのに適している物（人）」は「受け身」の意味を含んでいるので目的語をとる他動詞に多い。従って、接尾辞-erは下位意味として（7）の階層を持つものと考えられる。

(7) ⓐ〜する人＞ⓓ〜するための道具＞ⓑ〜という特徴をもっている人＞ⓒ〜という特徴をもっている物＞ⓔ〜されるのに適している物（人）

すなわち、ⓐ「〜する人」（動作主）が中心的な意味であり、右へ行くほど周辺的な意味になり、新造性（productivity）が低くなるということができる。このことはBooij（1986:551-552）の言語習得の事実からも支持され、子供は「道具」よりも「動作主」の意味を先に習得すると言われている。

2.2.3 結論

　接尾辞 -er は基体である４つの統語範疇（副詞も含めば５つ）に付加し、５つの下位意味を持つので、非常に新造性の高い接尾辞ということができる。最後に接辞は語より大きな単位である複合語・句・文には付加しないと言われているが、(8) に見るように、接尾辞 -er は (8 a-d) の句（phrase）や (8 e-f) の複合語（compound）にも付加するので、さらに新造性の高い接尾辞ということができる。

(8)　a. out-of-towner (← [out of town]-er)「よそ者」
　　　b. back-to-schooler (← [back to school]-er)「新学期を迎える生徒」
　　　c. do-it-yourselfer (← [do it yourself]-er)「日曜大工」(Booij 2005:189)
　　　d. do-gooder (← [do good]-er)「空想的社会改良家」
　　　e. time-worker (← [time-work]-er)「時間労働者」
　　　f. clock watcher (← [clock watch]-er)「やる気のない勤め人」

2.3. 名詞化
2.3.1 はじめに

　名詞化（Nominalization）は、主に動詞の語幹に接尾辞 -ion, -ment, -ance, -al 等を付加して名詞形にするものである。例えば、(1a) の動詞 destroy の語幹に接尾辞 -ion が付加して、(1b) の派生名詞 destruction になる。その際、元の動詞が本来備えている文法的要素（主語・目的語等）も引き継がれるのが通常である。名詞化は「語の文法（形態論（morphology））」と「文の文法（統語論（syntax））」との接点にあり、とても興味深い現象である。本論ではまず名詞化に関する４つの論文 Randall (1988), Grimshaw (1990), Rappaport & Levin (1992), Alexiadou & Grimshaw (2008) を概観する。次に Smith (1972) が述べている動詞の起源がアングロサクソン語かラテン語かに着目し、名詞化を考察した場合、Grimshaw が提案している３つのタイプの派生名詞の特徴を示す診断基準は正しいのかを現代英語をデータに考察し、最後にいくつか課題を提示する。

(1)　a. The enemy destroyed the city. (Chomsky 1970:43)
　　　b. The enemy's **destruction** of the city. The **destruction** of the city by the enemy.

2.3.2 Randall（1998）

　Randall は、動詞に接尾辞（suffix）が付加して品詞が変わっても、元の動詞が固有にもつ義務的要素、項（argument）を保持することを「継承（inheritance）」と呼んでいる。例えば、動作主をつくる接尾辞 -er が動詞に付加する時、(2a,b) は最大で1つの項（主に直接目的語）だけを継承し、(3) の斜体字に見られる直接目的語以外の項や、(4) に（ ）で示された随意的要素、付加詞（adjunct）は継承しないと述べている。例文の先頭に付いている＊は非文を示す。

（2）　a. a flier of rockets
　　　b. a healer of the sick （Randall 1988:132）
（3）　a. *America is a putter of men *on the moon*.
　　　b. *A zoologist is more than just a comparer of African elephants *with Indian elephants*.
　　　c. *A surgical nurse is more than just a hander of scalpels *to surgeons*.
　　　　　　　　　　　　　　　　　　　　　　　　（Randall 1988:134）
（4）　a. He is a learner of poems (**by heart*). （Randall 1988:145）
　　　b. the flyer of the plane (**to Paris*) （Randall 1988:137）
　　　c. the teller of stories (**to the children*) （Roy,I. & Soare, E. 2012:11）

　(2) では動作主を示す -er 名詞が直接目的語だけを継承している。しかし (3) が非文なのは、本来 put, compare, hand は動詞句内で義務的に2つの項を取る動詞だが、-er 名詞になっても直接目的語以外にもう1つの項（(3a) *on the moon*、(3b) *with Indian elephants*、(3c) *to surgeons*）を継承しているからである。また (4) が非文なのは項である直接目的語の後ろにさらに付加詞が続いているからである。

　一方、過程（process）の行為名詞（action nouns）を造る接尾辞 -ing は、(5) で動詞句内のすべての項を、(6) で付加詞もすべてそのまま継承している。

（5）　a. the putting of men on the moon.
　　　b. the comparing of African elephants with Indian elephants.
　　　c. the handing of scalpels to surgeons. （Randall 1988:132）
（6）　a. the learning of poems (by heart)

62

b. the removing of nuts (from sticky bolts)

c. the driving of semis (around corners) (Randall 1988:135)

　注目すべきことは、同じ接尾辞 -ing でも結果名詞（result nouns）を造る -ing は（7a-c）で付加詞だけではなく、直接目的語も継承しないことである。

（7）a. The cooking (*of Indian food) was starchy.「料理」

　　　b. The typing (*of the manuscript) is on the desk.「タイプしたもの」

　　　c. Their finding (*of the fossils) appeared in Science.「発見したもの」

(Randall 1988:134)

　また -ing 以外で行為名詞をつくる接尾辞 -ion, -ment, -al 等は、(8) の直接目的語を示す of 句は継承するが付加詞の by 句は継承しないので、接尾辞 -ion, -ment, -al は、「過程」を示す -ing と「結果」を示す -ing の中間に位置するものと考えられる。この点については第3節でさらに検討する。

（8）a. the direct*-**ion** / -ing of traffic *by policemen.

　　　b. the replace*-**ment** / -ing of footlights *by nonunion electricians.

　　　c. the apprais*-**al** / -ing of antiques *by experts. (Randall 1988:136)

Randall (1988:138-9) は (9)「主題階層」と (10)「主題継承原則」を提案した。

(9)「主題階層（θ-Hierarchy）」　cf. Grimshaw (1990:24)

　　Theme（主題）

　　Agent（動作主）

　　Instrument（道具）, Source（起点）, Goal（目標）, Path（経路）, Location（場所）…

(10)「主題継承原則 (Thematic Inheritance Principle)」

「統語範疇（すなわち品詞）を変え、ある意味役割（θ-roles）の付与を阻止する (block) 操作は、主題階層上で（その意味役割よりも）低いすべての意味役割を阻止する」

　すなわち、(11a) の「過程」を示す -ing は Theme 以下すべての意味役割を継承する (inherit)。(11b) の接尾辞 -er,-ment,-ion は Theme は継承するが、Agent

以下すべての意味役割を阻止する。また（11c）の「結果」を示す -ing は Theme 以下すべての意味役割を阻止すると説明している。

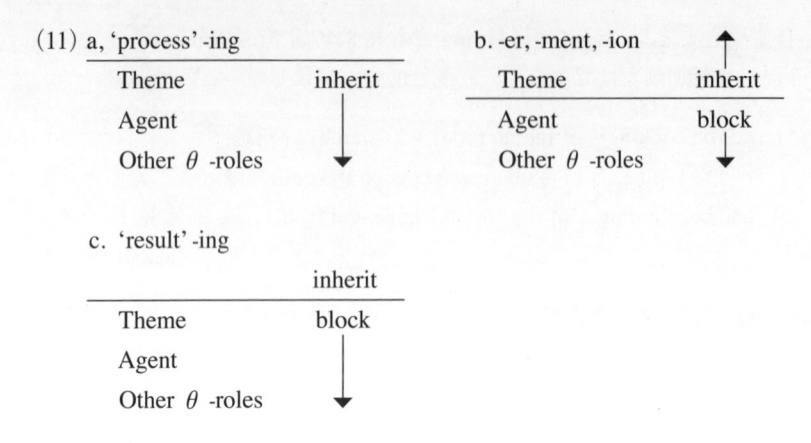

(11) a. 'process' -ing

Theme	inherit
Agent	
Other θ -roles	↓

b. -er, -ment, -ion

Theme	inherit ↑
Agent	block
Other θ -roles	↓

c. 'result' -ing

	inherit
Theme	block
Agent	
Other θ -roles	↓

2.3.3 Grimshaw（1990）

　派生名詞 examination は動詞 examine に接尾辞 -ation を付加して造られたものであるが、Grimshaw（1990）は、派生名詞は意味が多義的（ambiguous）であるとし（12a-c）の3つに分類している。

(12)　a. John's **examination** of the patients took a long time.
　　　　（ジョンは患者を**診察**したが時間がかかった）
　　　b. The **examination** lasted for hours.
　　　　（その**試験**は何時間にもわたった）
　　　c. John's **examination** was very long.
　　　　（ジョンが作った（受けた、持っている）**試験問題**はとても長かった）

　Grimshaw は派生名詞を、項構造（argument structure）を持っている名詞、すなわち「複雑事象名詞（complex event nominals（以後 CENs）（12a））」と、項構造を持っていない名詞、「結果名詞（result nominals（以後 RNs）（12c））」の大きく2つに分けた。項構造は動詞が固有に備える義務的要素である項の数と、その項が示す意味役割を表すものであるが、Grimshaw はさらに相（aspect）を示す「事象構造（event structure）」も考慮している。詳細については Grimshaw の第2章を参照してもらいたい。ところで（12a）の examination は CEN で、所有格

の John's が「診察」という行為をし、目的語の of the patients に働きかけ、結果的に患者は診察を受けたことを示している。(12c)の examination は RN で、「試験」に関わる具体物としての「試験問題」を示している。そして Grimshaw は CENs と RNs を区別する診断基準として表（13）を挙げている。

(13) 名詞化（CENs / RNs）に関する診断基準　　（Grimshaw 1990:49-59）。

診断基準	CENs	RNs(SENs)
① of句を取る(14a)	OK	*
② 頻度の形容詞frequent, constantとの共起(14a)	OK	*/OK
③ 動作主指向の形容詞intentionalとの共起(14b)	OK	*
④ 「目的」を示す不定詞句との共起(14c)	OK	*
⑤ 「相」を示す修飾語との共起(14d)	OK	*
⑥ Be動詞で結ばれる(14e)	*	OK
⑦ 複数化(14f)	*	OK
⑧ 不定決定詞との共起(14g)	*	OK

下記（14a-g）に CENs の例を挙げる。

(14) a. The *frequent* collection *of mushrooms*
　　 b. The instructor's *intentional* examination of the student
　　 c. The consumption of drugs *to go to sleep*
　　 d. The destruction of Rome *in a day* (*for two days)
　　 e. *That *was* the assignment of the problem
　　 f. *John's constant **examinations** of the students
　　 g. ***An** / ***one** / ***that** assignment of the problem

また Grimshaw は後者の「項構造をもっていない名詞」をさらに2つに分け、(12b) を「単純事象名詞（simple event nominals（以下 SENs））」と名付けている。すなわち、(12b) の SEN は事象 (event) のみを表している。しかし、-ing 以外の派生名詞が上記の RNs, SENs, CENs のうちのいずれの解釈を持つかは個人的に揺れがあり、判断することが難しい。まさに Grimshaw が指摘するように、<u>派生名詞があいまいさ (ambiguity) を備えている</u>所以である（伊藤・杉岡

2002:79)。 Grimshaw は event という用語を用いて派生名詞を3つに分けているが、派生名詞と「時制」「相」等との関連性、および事象構造自体を詳細に明らかにしていない。しかし上記（12a-c）を事象構造で示すと（15a-c）になると考えられる。　　　　　　　　　　　　(Grimshaw 1990:26-7; Engelhardt 2000:76)

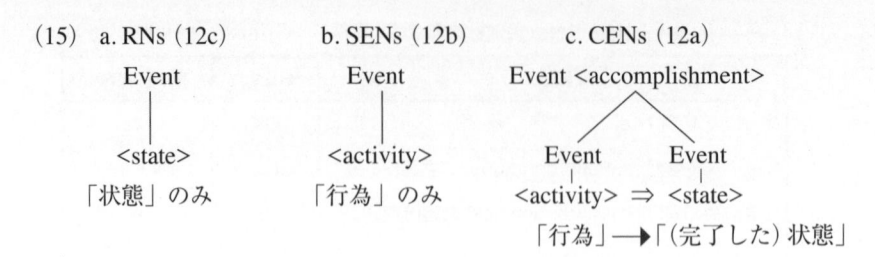

(15)　　a. RNs (12c)　　　　b. SENs (12b)　　　c. CENs (12a)
　　　　　　Event　　　　　　　　Event　　　　　Event <accomplishment>
　　　　　　　|　　　　　　　　　　|　　　　　　　／　　＼
　　　　　　<state>　　　　　　<activity>　　　Event　　　Event
　　　　　「状態」のみ　　　　「行為」のみ　　　　|　　　　　|
　　　　　　　　　　　　　　　　　　　　　　<activity> ⇒ <state>
　　　　　　　　　　　　　　　　　　　　　　「行為」──▶「(完了した)状態」

2.3.4 Rappaport & Levin（1992）

2.3.2 で動作主名詞を表す -er 名詞は Theme を示す項1つのみを継承すると述べたが、Rappaport & Levin（1992）も -er 名詞は基体である動詞の項構造を継承するものと考えている（ibid:127）。次の（16）を見てほしい。

(16)　a. *frequent* riders of MBTA's Red and Orange Lines (T-Rider 3:8, 1988)．
　　　 b. *constant* defenders of the government's policies.

注目すべきことは（16a）（16b）は、CENs の判断基準となる頻度を表す *frequent, constant* が -er 名詞に前置する一方、RNs の証拠となる複数形になっていることである。-er 名詞は果たして CENs なのか、RNs なのであろうか。

Grimshaw（1990:103）は、-er 名詞自体を抽象的な事象ではなく、文における単なる「外項（すなわち「主語」に相当するもの）」と考えている。これを支持するものとして（17）が挙げられる。

(17)　a. Anger is a great *diffuser* of pent-up emotions.
　　　　　（怒りは様々なうっ積した感情を和らげるものである）
　　　 b. Education is a *leveler* of class differences.
　　　　　（教育は様々な階級の違いを平等にするものである）

すなわち、(17a, b) の -er 名詞は非動作主的 (nonagentive) な抽象物を表している (Levin, B. and Rappaport,M.1988:1068)。

ところで Rappaport & Levin（1992）は、項構造を継承する場合としない場合では意味に相違が出てくると考えている。次の (18)(19)(20) の例を見てほしい。

(18)　a. lifesaver（職としての救助者）
　　　b. a saver of lives（これまでに実際、人命を救ったことがある救助者）
(19)　a. the destroyer（「戦艦」のように破壊するもの）
　　　b. the destroyer of the city（町を破壊することに実際に参加した人）
(20)　a. coffee grinder（コーヒーを挽く人（機械））
　　　b. a grinder of imported coffees（輸入コーヒーを実際に挽いた人）

すなわち、-er 名詞が後ろに項（特に of 句）を継承するならば、その事象が実際に起こった event 解釈になるが、後ろに項を継承しない複合語ならば、実際に事象が起こらなくてもよい nonevent 解釈になる。

従って (21) のように、「職業」を表す複合語は CENs の時に現れる修飾語 frequent を取らない (Rappaport & Levin1992:138-9)。

(21)　a. *frequent lifesaver (cf. frequent saver of lives)
　　　b. *frequent fire-fighter (cf. frequent fighter of fires)

また (22a) のような単なる -er 名詞は「動作主」と「道具」の両方の意味にとれるが、(22b) のように後ろに of 句を取ると、event 解釈の「動作主」の意味だけで「道具」の意味にはならない。

(22)　a. a wiper「拭く人／拭く道具」(Rappaport & Levin 1992:131)
　　　b. a wiper *of* windshields
　　　　「フロントガラスを拭いたことがある人／*フロントガラスを拭く道具」
　　　c. a wiper *for* windshields「フロントガラスを拭く道具」

しかし、ここで1つの疑問が生じる。2.3.2. で、-er 名詞は最大で目的語を表す theme までしか継承しないと述べたが、その他の項あるいは付加詞を継承する事例はないのだろうか。

McIntyre (2011) は、目的語以外の項あるいは付加詞を継承している例として (23) を挙げている。

(23)　a. a giver of presents *to journalists*
　　　b. a driver of trucks *to Zambia*
　　　c. the largest importer of goods *into the U.S.*（McIntyre, A. 2011:7）

そこで Corpus of Contemporary American English（COCA（1990-2011））から 3 項動詞の -er / -or 名詞を調べたところ、(24) に見るように、(主語を除く) 目的語以外の項も継承する -er / -or 名詞が発見された。例えば、(23/100) は目的語以外の項も継承する例が 100 例中 23 例あったこと、* が付いた -er 名詞は目的語以外の項を継承している例がなかったことを示す。ただし、多数ヒットした -er 名詞については最初の 300 例のみを調査した。代表例を (25) に挙げる。

(24)　supplier (73/300), provider (48/300), contributor (15/58), deliver (4/21), presenter (1/34), translator (8/87), protector (5/300), distributor (5/100), sender (1/17), feeder (3/10), divider (1/4), classifier (1/5),
　　　*giver, *remainder, *inhibitor, reliever, *accuser, *loader. *charger, *sharer, *spender, *informer, *robber, *putter, *curer, *filler

(25)　a. Venezuela has been the third largest **supplier** of petroleum *to the U.S.* (2005 MAG USAToday)
　　　b. Community colleges have historically and appropriately been the primary **provider** of educational services *to prison inmates*. (2009 ACAD CommCollegeR)
　　　c. … science teachers are expected to be a school's sole or even primary **deliverer** of engineering and technology content *to students*. (2012 ACAD TechEngineerTeacher)
　　　d. China has become the largest **contributor** of military observers, peacekeepers, and police *to UN operations around the world*. (2007 ACAD ForeignAffairs)
　　　e. Shabtai…is known in Israel as a **translator** of Greek drama and poetry *into Hebrew*,… (2007 SPOK PBS-Newshour)

f. The giant **distributor** of pharmaceuticals *to drugstores and hospitals* has been mapping… (2004 NEWS USAToday)

2.3.2 で Randall（1988）は各接尾辞に関する項の継承を「主題階層」を用いて説明したが、なぜ目的語以外の項も継承できるのか、今後の研究課題としたい。

2.3.5 Alexiadou & Grimshaw（以後 A&G（2008））

Chomsky（1970）は、同形で他動詞にも自動詞にもなることができる使役動詞（causative verbs）の中には、接尾辞 -th が付加して派生名詞になると、(26a) の自動詞的派生名詞にはなるが、(26b) のような of 句を取る他動詞的派生名詞にはならないと述べている。

(26) a. The corn's growth. *cf.* The corn grows.（Chomsky 1970, pp.25-6）
b.*The farmer's growth *of the corn*. *cf.* The farmer grows the corn.

しかし Smith（1972, p.137）によれば、ラテン語を起源とする使役動詞（例 alter, rotate, terminate, submerge, escalate, conclude 等）はラテン語を起源とする接尾辞（例 -ion, -ment, -al）を取り、(27) のような自動詞的・他動詞的派生名詞の両方を造ることができる。

(27) Robert's **conversion**. / The priest's **conversion** *of Robert*.

一方、アングロサクソン語を起源とする動詞（例 end, fall, laugh, stop 等）はラテン語を起源とする接尾辞を取らずにそのまま名詞になることができる（これを「転換（conversion）」あるいは「ゼロ派生（zero-derivation）」と呼ぶ）が、(28) のように目的語を取らずに自動詞的派生名詞しか造らないと述べている。

(28) a. the train's unscheduled **stop**. / *the guards' unscheduled **stop** *of the train*
b. the race's **end**. / *the judge's **end** *of the race*

2.3.6 考察

ここでは、英語の本来語であるアングロサクソン語を起源とするゼロ派生名詞と、1066 年にノルマン人がイギリスに侵入したこと（Norman Conquest）により、大量に使用されるようになったラテン語を起源とする借入語（loan word）を比

較して、次の①②③について調べてみたい。

　① Grimshaw（1990）が述べている（13）の診断基準はすべて正しいのか。2.3.5 で Smith（1972）は使役動詞にしか言及していないが、ラテン語起源の動詞にラテン語起源の接尾辞 -ion, -ment が付加して他動詞的派生名詞を造るならば、項構造をもつ CENs となり複数形にはならないはずであるが、果たして複数形の例は見つからないのだろうか？

　②一方、アングロサクソン語を起源とする動詞が接尾辞を取らずにゼロ派生名詞になるとき、(28) の自動詞用法以外に目的語の of 句を取る他動詞用法はないのであろうか。

　③上記①②で述べた反例が見つかるならば、どのように説明すればよいのであろうか。

　調査対象は使役動詞に固定せず、ラテン語起源の派生名詞については接尾辞 -ion, -ment を付加した alteration（<F alterer）, destruction（<OF destruire）, distribution（<L distribut-）, examination（<L examinare）, achievement（<F achever）, assignment（<OF assign）, punishment（<F puniss-）を、アングロサクソン語起源のゼロ派生名詞については turn（<OE tyrnan, turnian）, climb（<OE climban）, throw（<OE Þrawan）, end（<OE endian）, ring（<OE hringan）, drop（<OE dropian）を、COCA（1990-2011）からデータとして収集した。なお上記の（　）内は OED で、元の動詞がどこから来たか起源を示している。

　ただし、2.3.5 でゼロ派生名詞はアングロサクソン語から由来すると述べたが、中には OF から由来しているゼロ派生名詞 *increase, change, use* も存在する。

　まず Smith（1972）が述べるように、-ion, -ment, -al を接尾辞として取るラテン語起源の派生名詞は of 句を取り、CENs になっている例が多数見られた。

(29)　a. ...that *Maitake* may help prevent HIV's **destruction** *of the body's T-Cells*.
　　　　（1995 MAG *TotalHealth*）

　　　b. Richard Kinder's **examination** *of the energy sources* of the U.S. present and future... （2009 NEWS Houston）

　　　c. He participates in his church's **distribution** *of food* to needy families,...（1994 MAG Ebony）

　　　d. Parents played a key role in New York's **development** *of an infrastructure*

for the coordination of community services and supports for children with SED.（2000 ACAD EmotBehavDis）
e. Heizo Takenaka…has forced the nation's banks to accelerate their **disposal** *of nonperforming loans*…（Time Sept.22,2003, P.24）

また、ゼロ派生名詞は（30）で見るようにof句を取らずに自動詞的用法が多く見られた。

(30) a. He believes Tiffany's recent sales **drop** is due to commodification…（2007 MAG *Fortune*）
b. …, you must learn the hour of the tide's **turn**.（2010 FIC *FantasySciFi*）
c. …our atmosphere will hold nearly 1,000 parts per million CO2 by century's **end**.（2011 MAG *ChristCentury*）

伊藤・杉岡（2002:75-6）によれば、SENsは事象を「モノ」としてとらえているので、複数回の事象があれば複数形になることができる。一方、CENsは動詞の項構造をそのまま継承しevent解釈を引き起こすので、複数形というモノ的な視点は関与せず、不可算名詞すなわち単数形で表されると述べている。

しかし、①の実例として（31）でCENsであっても複数形になっている例が見つかった。これは（13）の診断基準に反することになる。

(31) a. They're going to begin their **distributions** of food supplies and other medical needs and blankets for people.（2006 SPOK *CNN-King*）
b. …, we examine their efficiency of *various* **assignments** of liability between landlord and tenant.（1995 ACAD *EmvirAffair*）
c. Aldur's **alterations** of my mind and my personality had made me more adventurous than Beldaran anyway,（1999 FIC *Bk:PolgaraSorceress*）

では（31）の反例をどのように説明すればよいのであろうか。Roodenburg（2006）は、ロマンス言語であるフランス語は（32a）のようにCENsであっても複数化になることができる。一方、ゲルマン言語である英語のCENs（32b）は通常、複数化できないが、形容詞frequentが加わると（32c）のように複数化できると述べている。

(32) a. les frequentes **destructions** *des quartiers populaores*
'the frequent destructions of popular quartes'
b. *the **destructions** of the city by the soldiers
(Alexiadou, Iordachioaia, Soare 2010:1)
b'. the **destruction** of the city by the soldiers
c. the *frequent* **destructions** of the city of Carthage by the Romans

　(32b)の複数形が非文なのは、特定の兵士たちがその町を破壊した行為が1回限りと考えられるからである。一方、(32c)は長い歴史の中でローマ人によるカルタゴへの破壊行為が頻繁に行われたので、複数形が認められると考えられる。(31a-c)の複数形も同様の考え方である。

　ところで(33a)は行為の終点(end-point)がないので行為の未完了(atelic)を示しており、Johnは荷馬車を押し始めても終点に到着したかどうかは分からない。しかし(33b)は行為の終点を示すto New Yorkがあることにより、行為の事象が完了(telic)したこと、さらに複数形によりその事象がこれまでに複数回行われたことを表している。すなわち、完了(telic)を示す事象は行為の始点と終点があり、行為の範囲が定められて([+bounded])いるので可算名詞(count nouns)で表すことができる。従って、その事象が複数回生じれば複数化(pluralization)することが可能であると考える(Alexiadou, A. Iordăchioaia,G. and Soare, E. (2010), Alexiadou, A. Iordăchioaia,G. and Schäfer, F. (2011:9), Roy, I. and Soare, E. (2012))。(33c)はゼロ派生名詞の例だが、同様の考え方である。

(33) a. the pushing (*s) of the cart by John (Mourelatos 1978)
b. There were at least three **pushings** of the cart *to New York* by John. (Borer 2005)
c. Prime Minister Junichiro Koizumi's **visits** *to the Yasukuni Shrine*. (Time, Nov.29.2004)

　また②の実例として、(34)でゼロ派生名詞であっても目的語を示すof句を取る他動詞用法が少なからず見られた。(34a-d)は元の動詞が他動詞にも自動詞にもなれる使役動詞の例である。

(34) a. I kept thinking about the driver's **turn** *of the wheel*,...
 (2008 FIC*ContempFic*)
 b. The **return** *of Hong Kong* to China is half achieved.
 (*Time*, June 18, 2007)
 c. Bridgetown residents were treated to the sound of St.Michael's **ring** *of eight bells* every holy day. (2007 ACA *ChurchHistory*)
 d. He grabbed the sponge from the kitchen sink and touched it to Alyoshka's **drop** *of vodka*, ... (2002 FIC *LiteraryRev*)

しかし、ゼロ派生名詞がなぜ of 句を取ることが可能なのかについては現段階では説明できない。

CENs は基本的に直接目的語を示す項（直接項）を of 句で表すことが多いが、(35) は of 以外の前置詞で直接項を示している例である。

(35) a. the soldier's **entry** *into* / **of* the city
 b. the refugee's **flight** *from* / **of* the city
 （Rappaport 1983, 伊藤・杉岡 2002:79）
 b'. Obama's most dramatic **departure** *from* the recent past
 (*Time*, May 4, 2009)
 c. President George W. Bush's **approach** *to* nuclear-security issues
 (*Time*, Nov.3, 2003)
 d. ... retaining the LDP's **hold** *on* power in the parliamentary elections.
 (*Time*, Sept.22, 2003)
 e. President Obama's **push** *for* a clean-energy economy
 (*Time*, Aug. 24, 2009)

最後に同じ of 句を取ってゼロ派生名詞と -ion 名詞が共起している大変興味深い例を挙げておく。

(36) Japan's **arrest** and **deportation** *of 14 Chinese activists* who days earlier had also sailed to the island-known as Senkaku in Japan and Diaoyu in China. (*Time*, Sept. 3, 2012)

2.4 結論

第1節では個々の接尾辞により「項構造の継承」の度合いが異なること，すなわち「過程」を示す -ing が項の継承に関して一番透明（transparent）であり、「結果」を表す -ing は透明度がかなり低いこと、そして -ion, -ment, -al, -er 等はその中間にあることを見た。

第2節では派生名詞は意味が多義的で、項構造を持つか持たないかで意味の違いおよび (13) の統語的特徴の相違が生じることを見た。

第3節では、Grimshaw (1990) の診断基準とは異なり、ラテン語起源の CENs でも行為の完了を示すならば複数化が可能であること、一方、アングロサクソン語起源の使役動詞のゼロ派生名詞でも目的語を取る他動詞用法がかなりあることを見た。

今後の課題を3点挙げたい。第1はゼロ派生名詞がなぜ目的語を示す of 句を取るのか、第2は派生名詞と相（aspect）との関連性はどうなっているのか、第3は、「名詞化」のような文法的操作あるいは文体論的操作が加わった「文法的メタファー」の使用度が急激に増加したのは、科学技術が発展した 17 世紀末ごろの散文に見られると安井（2012:275）は言及している。そこで今後は 17 世紀末以降の派生名詞および項の継承について調べてみたい。

名詞化は単に文を名詞句に直す書き換え問題のレベルではなく、「語の文法（形態論）」と「文の文法（統語論）」との接点にあり、文構造も複雑で抽象性が高く、かなりの思考力を要求する構文なので、英文法の中でも非常に興味深い分野である。本論が少しでも英語教育に資するものと期待する。

注

1 接辞付加をせずに語の品詞を変えることを転換（conversion）というが、接辞（特に接尾辞）が付加する元の基体の品詞を考えるときに共時的観点から判断した。例えば、動詞の paint（ペンキを塗る）の意味は名詞の paint（ペンキ）から簡単に定義できるが、その逆は定義しにくいので名詞から動詞への転換の例と考える（並木 1985:57-58）。また O.E.D. などを参考に通時（歴史）的観点からも判断できそうだが、最も古いと考えられる文献年数にどれだけ信頼性がもてるのか甚だ疑問である（cf. Adams 1973:38-40）。

2 動作主を示す「掃除夫」は sweeper の他に sweep でも表すことができる。同様の例として gossiper ~ gossip, teaser ~ tease 等がある。ここで問題になるのが「阻止 (blocking) 現象」である。「阻止」とは（同義の）語が既に存在しているために別の語が存在しえな

くなることを言う。(9) は glory や fury のような名詞に接尾辞 -(i)ous を付加して形容詞を造ることはできるが、-ity を付加してさらに名詞を造ることはできないことを示している。(10)は名詞にあたる語が存在しないときは、形容詞に -iosity を付加して名詞を造ることができることを示している（並木 1985:136）。

(9)	名詞	名詞 + -ious	名詞 + -iosity
	glory	glor*ious*	*glor*iosity*
	fury	fur*ious*	*fur*iosity*
(10)	名詞	名詞 + -ious	名詞 + -iosity
	×	cur*ious*	cur*iosity*
	×	spec*ious*	spec*iosity*

　上記の「阻止現象」からすると、動作主を示す sweeper が存在すれば、sweep は存在しないはずである。なぜ sweeper と sweep の両方が存在できるのか。これらの生成方法は (11) で見るように、①動詞の sweep をそのまま名詞に「転換」させる方法、②動詞に接尾辞 -er を付加して派生語 sweeper を造る方法、③派生語 sweeper から接尾辞 -er を削除し、元の動詞と同形の名詞 sweep を造る「逆形成 (back-formation)」の3通りが考えられる。現在のところ、この理由は分からないが、Nagano (2008:195-196, 224-226) に1つの示唆がある。すなわち、「語彙化 (lexicalization)」されて意味に相違が生じれば共起しうるということである。これについては複合語と逆形成との関係も含め、今後の課題としたい。（　）内の数字は O.E.D. で調べた初出年代である。

```
                          ┌──────── ①転換 ────────┐
                          │                              ▼
(11) 動詞 ──────▶ ②派生 ──────▶ 動詞 + -er ──────▶ ③逆形成 ──────▶ 名詞
sweep (1300)「掃除する」 sweeper(1530)「掃除人」 > (1657)「掃除夫」 sweep (1812)◀┐
                         chimney-sweeper (1500)「煙突掃除夫」 ─────────────┤
tease (1627)「からかう」 teaser (1659)「からかう人」                tease (1976)◀┤
                         cock-teaser (1891)「性的に思わせぶりをする人」 ──────┘
```

謝　辞

　この章を執筆するにあたり、これまで多くの先生方にお世話になった。大学時代の恩師、川上雅弘先生には英語学に対する基本的な考え方および英語の勉強方法についていろいろ教えて頂いた。並木崇康先生（茨城大学）には語形成に興味を持つきっかけを作って下さり、形態論に関する資料を送って頂いた。島村礼子先生（津田塾大学）には形態論研究会に約3年間出させて頂き、形態論および統語論に関する勉強の機会を与えて頂いた。また児馬修先生（立正大学）には現在も英語史に関する勉強会に出させて頂き、怠惰になりがちな小生を温かく御指導を頂きながら、何とか英語に対する興味を失わずにいられる次第である。これらの先生方にあらためて御礼申し上げたい。

参考文献

Adams, V. (1973) *An introduction to modern English word-formation*. London, Longman.
相原完爾 (1987)「接尾辞 -er について」『英語教育研究』第 23 号 54-57.
———. (2012) 実践・研究ノート「名詞化について」 *ELTama Newsletter* vol.01 3-6. 玉川大学英語教育研究会.
Alexiadou, A. Iordăchioaia, G. and Schäfer, F. (2011) "Scaling the variation in Romance and Germanic Nominalizations," *Variation and change in the Romance and Germanic noun phrase*, ed. by Harry Perridon and Petra Sleeman. Amsterdam, John Benjamins.
Alexiadou, A. Iordăchioaia, G. and Soare, E. (2010) "Plural Marking in Argument Supporting Nominalizations," *Layers of Aspect*, ed. by Patricia Cabredo-Hofherr & Brenda Laca,1-22, CSLI Publications.
Alexiadou, A. and Grimshaw, J. (2008) "*Verbs, nouns and affixation*." Working papers of the SFB 732, *Incremental Specification in Context* ed. by Schäfer, F.1-16, available from http://www.uni-stuttgart.de/linguistic/sfb732/.
Booij, G. (1986) "Form and meaning in morphology: the case of Dutch 'agent nouns'," *Linguistics* 24,503-517.
———. (2005) *The Grammar of Words*. Oxford: Oxford University Press.
Borer, H. (2005) *Structuring Sense: The Normal Course of Events*. Oxford: Oxford University Press.
Chomsky, N. (1970) "Remarks on Nominalization," *Readings in English Transformational Grammar*, ed, by Roderick Jacobs and Peter Rosenbaum, 184-221. Waltham, MA: Ginn and Company.
Dixon, R. M. W. (2005) *A Semantic Approach to English Grammar*. Oxford : Oxford University Press.
Engelhardt, M. (2000) "The Projection of Argument-taking Nominals," *Natural Language and Linguistic Theory* 18, 41-88.
江利川春雄 (2012)『共同学習を取り入れた英語授業のすすめ』東京:大修館書店.
Grimshaw, J. (1990) *Argument Structure*. Cambridge: MIT Press.
伊藤たかね・杉岡洋子 (2002)『語の仕組みと語形成』(英語学モノグラフシリーズ 16) 東京:研究社.
Kipfer, B. A. (2005) *Roget's 21st Thesaurus*.3rd ed. New York. Bantam Dell.
Kitade, R., et al. (北出亮他) (2007)『SELECT Oral Communication I』(高校英語教科書) 東京:三省堂
小松達也 (2012)『英語で話すヒント―通訳者が教える上達法』岩波新書. 東京:岩波書店.
Levin, B. and Rappaport, M. (1988) 'Nonevent -er nominals: a probe into argument structure.' *Linguistics* 26:1067-1083.
Lehnert, M. 1971. *Reverse Dictionary of Present-Day English*. Leipzig: VEB Verlag Enzyklopädie.
松澤喜好 (2004)『英語耳』東京:株式会社アスキー.
McIntyre, A. (2011) "Agentive nominal and argument structure," available from http://www3.unine.ch/files/content/sites/andrew.mcintyre/files/shared/ mcintyre/handout.er.nominals.

barcelona.pdf
森田順也（1985）「語形成―その階層性と線状性」『英語教育』第 14 巻 第 4 号（7 月号）東京：大修館書店．
Nagano, A. (2008) *Conversion and Back-Formation in English : Toward a Theory of Morpheme-Based Morphology.* Tokyo: Kaitakusya.
中尾俊夫（1979）『英語発達史』東京：篠崎書林．
並木崇康（1985）『語形成』新英文法選書 2．東京：大修館書店．
―――．(1987)「接尾辞 –able」『茨城大学教育学部紀要（人文・社会科学・芸術）』第 36 号．47-64．
成田　一（2013）『日本人に相応しい英語教育』東京：松柏社．
岡田伸夫（2012）「学習英文法の内容と指導法―語と文法と談話」（大津由紀雄編『学習英文法を見直したい』268-277, 東京：研究社．
大津由紀雄・江利川春雄・斎藤兆史・鳥飼玖美子（2013）『英語教育、迫り来る破綻』東京：ひつじ書房．
Randall, J. (1988) "Inheritance," Wendy Wilkins (ed.) *Syntax and Semantics* 21. 129-146, New York : Academic Press.
Rappaport, M. H. and Levin, B. (1992) "-ER Nominals: Implications for the Theory of Argument Structure," Tim Stowell and Eric Wehrli (eds.) *Syntax and Semantics* 26. 127-153, New York : Academic Press.
Roodenburg, J. (2006) "The Role of Number within Nominal Arguments: the Case of French Pluralized Event Nominalizations." Paper presented at the 36th *Linguistic Symposium of Romance Languages*, Rutgers University, April 2006.
Roy, I. and Soare, E. (2012) "*Event related nominalizations.*", available from http://www.hal.archives-ouvertes.fr/docs/00/72/36/54/PDF/Nom_event_.pdf.
島村礼子（1990）『英語の語形成とその生産性』東京：リーベル出版．
Smith, Carlotta. (1972) "On causative verbs and derived nominals in English," *Linguistic Inquiry* 3, 36-38.
鳥飼玖美子（2011）『国際共通語としての英語』講談社現代新書．東京：講談社．
山田雄一郎（2005）『日本の英語教育』岩波新書．東京：岩波書店．
安井　稔（2012）「学習英文法への期待」（大津由紀雄編『学習英文法を見直したい』268-277, 東京：研究社．
Zandvoort, R. W. (1969) *A Handbook of English Grammar*.7th.ed. Tokyo: Maruzen.

第3章

高等専門学校の英語
―高専英語教育の概観と私の授業実践

久保田佳克

1. 高専における英語教育と研究
1.1 高専という学校種

　高等専門学校（以下、高専）は中学校卒業者を入学対象とし、「実践的技術者」の育成を使命とする、大学・短大と同じ高等教育機関に位置づけられる学校種である。学生（高専では生徒ではなく学生と呼ばれる）は、本科（準学士課程）で5年間（商船学科の場合は5年半）の一貫教育を受ける。1～2年生では高等学校で学ぶような一般科目が多く、3年生以上になるとそれぞれの学科に応じ、実験・実習を重視した専門科目が増える、いわゆる「楔形」の教育体系となっている。専門分野は機械・材料系、電気・電子・制御系、情報系、化学・生物系、建設・建築系等が主であるが、ビジネス系、商船系もある。現在、全国には国立高専が51校、公立高専が3校、私立高専が3校ある。国立高専については平成16年度に発足した独立行政法人国立高等専門学校機構（以下、高専機構）のもとに設置・運営されるという形をとっている。

　全ての国立高専には学生寮があり、遠方からの学生も受け入れられる体制になっている。また、高等学校・大学と同じように各種運動部・文化部もあり、高校や大学の様々な大会やコンテストに参加している。また、高専体育大会、ロボットコンテスト、プログラミングコンテスト、デザインコンテスト、英語プレゼンテーションコンテストなど、高専が独自で行っている大会やコンテストもある。

　歴史をたどってみると、同年代の生徒・学生を抱える高等学校や短大・大学とは違い、高専はかなり明確な社会的役割を期待されて創設されたことが分かる。昭和36（1961）年に学校教育法の一部改正で高専の制度ができ、翌昭和37（1962）年4月に第一期校が開校された。当時、高度経済成長期にあった我が国では産業界から実践的技術者養成の要望が高まり、それに応える形で、高専が創設されたのである。平成3（1991）年には制度が改正され、卒業後に準学士号が与えられ

ることになり、またその後、各高専には専攻科が設置され、専攻科修了者には大学評価・学位授与機構の審査を経て学士号が授与されることとなった。平成21（2009）年10月には全国4地区（宮城・富山・香川・熊本）にあった電波高専3校や商船高専1校がそれぞれ工業高専4校と統合され、4校の新たな「スーパー高専」が誕生した。平成24（2012）年には高専制度創設50周年を迎え、同年と翌年に第一期校・第二期校では様々な記念行事が実施されている。

　高専の制度と歴史の説明から始めたのは、高専が全国で国公私立合わせても57校しかなく、本書に登場する学校種の中では最も数が少ないがゆえに知名度も低いと思われたからである。筆者自身は私立短大の英文科で6年間勤務した後に、高専に移ってきた。しかし、高校までを過ごした地元に高専がなかったこともあり、高校とも大学とも違う高専というのが、どのような学校なのか、移る前はあまり理解できていなかった。NHKで放映される「ロボコン」は知っていたものの、5年間一貫教育であること以外はほとんど知らずにいた。短大での同僚でも、専修学校と混同した人が多く、「専門学校に移るの？」と聞かれることも多かった。しかし、いざ高専で教え始めてみると、教員の質はもちろん、学生の質も高く、また就職率がほぼ100％であることを見てもわかるように、社会的評価も非常に高いことがわかった。もともと、真面目で能力のある学生が多く、教員も研究はもちろんのことだが、授業や担任としての学級経営、あるいは部活動や学寮業務を通して、教育にも力を入れている。高専の学生は5年間の一貫教育、あるいはプラス2年間の専攻科での教育を通して、学業面のみならず人間面も大きく成長しているのは間違いない。また、研究に関しても、大学2年生にあたる5年生の時に卒業研究、さらに専攻科で専攻研究を行うことで、国内の学会だけでなく、国際学会で発表するレベルに達する学生も数多くいる。

　平成25（2013）年5月に行われた政府の経済財政諮問会議の中で、麻生太郎副総理兼財務大臣が、「戦後の文部省が作った中では高専が最も成功した制度」とし、ジェネラリストだけでなく「専門家を育てることが必要」と述べた。高専教育に携わる者としてはうれしい言葉であった。とはいえ、15歳人口の減少に伴い、入学志願者減、学力低下といった高校や大学と同じ問題は高専にも起こってきており、また、専門学科のミスマッチや、学年制と過密な「詰め込み教育」を原因とした留年や退学といった高専に特有の問題、また障害をもった学生に対する特

別支援や小中学生の理科離れ等、高専が対応しなければならない問題も数多く存在するのも事実である。そして、何よりもグローバル社会への適応ということがすべての高専に課せられた大きな課題となってきている。

1.2 高専生に求められる英語力と実態

　上で述べたように、高専の卒業生は社会的にも高い評価を得てきている。しかし、英語力という点においては、いささか物足りないとされることが多い。高専機構は各高専の同窓会等を通して、高専卒業生に対するアンケートを行い、1,572人から回答を得た。それを卒業年次別に「卒後31年以上」「卒後21年以上30年以内」「卒後11年以上20年以内」「卒後6年以上10年以内」「卒後5年以内」の5群に分けて分析している。その結果を見ると、大学出身者と比較した自己評価では、「専門科目の基礎力」や「専門科目の基本技術」においては全体で50%超が「優れている」あるいは「やや優れている」と回答しているのに対し、「英語力」においては「優れている」「やや優れている」は4.7%に過ぎず、「やや劣っている」「劣っている」は62.0%となっている。また、本科（1～5年生）での教育についても全体で「英語」の授業に対する満足度は「大変満足している」あるいは「やや満足している」は16.8%と低く、「あまり満足していない」あるいは「満足していない」は56.6%と高い。「卒業生が教育内容の充実を図るべきと考えるもの」という質問項目では、卒後5年以内から卒後31年以上の5群すべてにおいて、20%前後の回答者が第1位に「英語力」を挙げている。高専の卒業生全体から見れば、回答者数は多いとは言えないが、特に意識の高い卒業生が回答を寄せていると考えれば、高専の英語教員にとっては、このアンケート結果は残念であるとともに、非常に厳しいものと言える。

　一方、高専卒業生を受け入れている企業や大学は高専卒業生の英語力をどのように見ているのであろうか。高専の英語教員有志で構成する「高専英語教育に関する調査研究委員会」が、平成13(2001)年度と平成20(2008)年度の2回にわたって、高専卒業生の英語力について就職先の企業や編入先の大学にアンケート調査を行った。高専卒社員の入社時の英語力については、平成13年度で72%、平成20年度で79%の企業が「何とも言えない」と答えており、それぞれの企業は高専卒社員の入社時の英語力を把握しているとは言えないものの、13年度の調査

では「おおむね満足」と答えた企業はわずか3%、20年度も7%であった。それに対し、「不満」あるいは「やや不満」と回答した企業は、13年度で25%、20年度で14%である。7年間で幾分の改善は見られるものの、まだまだ高専卒社員の英語力には不満を持つ企業の方が多いことがわかる。企業以上に、高専卒業生の英語力に厳しい評価をしているのが編入先の大学である。高専での5年間を終えて大学の2年次、3年次に編入する学生はかなりの数に上る。高専から編入する大学は長岡、豊橋の両技術科学大学を含め国立大学が大半である。大学入試センター試験、各大学で行われる二次試験を経験し、さらに大学で2年間の英語教育を受けている高等学校卒業生と比較されるために、評価が厳しくなるのは致し方ないと言えるが、高専からの編入学生を他の学生と比べると、英語力が「劣っている」あるいは「やや劣っている」としている大学教員は、13年度で56%、20年度で53%であった。特に単語力、文法力、読解力といった「読む」力、そして「書く」力が劣っているという意見が多い。これらの調査の間の7年間には、以下に述べるような動きがあり、高専の英語教育そのものはかなり改善されているはずである。それでも、これらのアンケート結果にはその効果があまり反映されておらず、高専卒業生の英語力に対する評価は厳しい。

　では、高専の英語教育でどのような改善が行われてきたのであろうか。ここではまず、日本技術者教育認定機構JABEE（Japan Accreditation Board for Engineering Education）と高専との関わりを取り上げたい。JABEEは国際的に通用する技術者の育成を目的として設立され、高等教育機関で実施されている技術者を育成する教育プログラムを認定・審査する機関である。高専も技術者を養成する高等教育機関であることから、平成14（2002）年度以降、ほとんどの高専で、大学の学士課程に相当する専攻科を中心とした教育プログラムがJABEEの認定・審査を受けている。JABEEの認定を受けるためには、具体的な基準が設けられている。例えば、多くの高専が認定・審査を受けた際の旧基準の中に「日本語による論理的な記述力、口頭発表力、討議等のコミュニケーション能力および国際的に通用するコミュニケーション基礎能力」という項目がある。平成24（2012）年度からの新基準では「論理的な記述力、口頭発表力、討議等のコミュニケーション能力」となったが、JABEE認定を受けた高専は旧基準に対応する必要があった。とりわけ「国際的に通用するコミュニケーション基礎能力」は、「必ずしも英語

でなくてもよい」とされながらも、「通常、英語によるコミュニケーション能力である」とも解説され、さらに具体化した学習・教育目標を設定することが求められた。そのために、専攻科のシラバスや修了要件に数値目標を入れる必要があると判断され、しかも、内部評価ではなく、客観的な外部評価を入れることが求められた。そのため、外部評価の一つとして、合格・不合格しかない実用英検や工業英検ではなく、細かいスコアの明確な TOEIC® を導入する高専が多かった。TOEIC® は英語によるコミュニケーション能力を評価する試験としては、世界各国で行われており、また日本国内でも社会人・大学生を中心に受験者が増加していた。卒業後すぐに約半分の学生が社会へ出ていく高専としては、実用英検や工業英検と比較しても必然的な選択であったかも知れない。大谷（2009）によれば、平成 21（2009）年度時点で全高専の 90％が何らかの形で TOEIC® を実施・活用していた。しかし、最新の「TOEIC® プログラム DATA & ANALYSIS 2012」によれば、高専生の公開テストの平均スコアは 440 点、団体特別受験制度（以下、IP テスト）の平均スコアは 347 点である。同年代の高校生・大学生の公開テストの平均スコアはそれぞれ 518 点、555 点であり、IP テストはそれぞれ 403 点、433 点である。高専生のほとんどが工学系、情報系の学生であり、文系・理系が入り混じった高校生や大学生と単純に比較することはできない。しかし、IP テストの大学専攻別のスコアで、理・工・農学系の平均スコアは 402 点、情報科学系は 393 点であることを考えると、やはり高専生は英語力が物足りないという高専卒業生たち自身、あるいは企業や大学の見方は、少なくとも TOEIC® スコアについては当てはまると言える。

　こうした JABEE への対応、TOEIC® の導入の他、E ラーニングや英語多読の導入、「全国高等専門学校英語プレゼンテーションコンテスト」の開催、海外での企業インターンシップ、海外の協定校との交流など、高専生の英語学習の意欲を高めるような様々な試みが行われるようになった。これらについては、後の項で詳しく見ていくことにする。

1.3 高専生の英語力の物足りなさの原因

　高専生の英語力の低さの原因の一つとして、制度上の問題が挙げられる。上記の高専英語教員グループの調査によれば、高等学校から大学に進学した同年齢

層の学生と比較して、高専生が履修する英語授業の単位数は少ない。普通科の高等学校が3年間で約18単位、大学では1、2年生で6～8単位が必修とされているのに対し、高専では1～3年で平均15～16単位、4、5年生では必修が平均5単位、選択を合わせても平均6.7単位である。筆者の勤務する仙台高専広瀬キャンパスでも、現カリキュラムにおいては1～3年生で15単位（各学年5単位）、4年生で選択3単位、5年生で選択2単位の合計20単位である。特に5年生においては、TOEIC®、英検、工業英検で単位を読み替えることができるために、授業を履修しない学生も見られる。

　これに加えて、高専生には大学受験というプレッシャーがない。学生たちにとっては、それが高専進学の一つの動機にはなっているのだが、結果として英語のような一般科目に対する学習意欲の低さ、学習時間の短さにつながっているのも事実であろう。高専生の英語学習への意欲について、いくつかの研究を見てみよう。畠山（2012）は高専の3年生79名と、学力的にほぼ同じ層の普通科高校の3年生78名を対象に質問紙を使った調査を行った。「英語に対する意識」「英語学習の目的」「英語学習の楽しさ」「英語学習に対する適性・自信」「英語学習に対する姿勢」「英語学習への普段の取り組み」「テスト勉強に関して」「一日の学習時間」の8カテゴリーについて53項目の質問を5段階法で行った。その結果、「英語学習に対する適性・自信」においては、高専生が上回ったものの、それ以外のカテゴリーについては全て高校生が上回ったとしている。特に「英語学習に対する姿勢」と「英語学習への普段の取り組み」においては、高専生の値が極めて低く、結果として、学習時間についても高校3年生は一日平均95.8分に対し、高専3年生は一日平均21.3分と大きな差がついている。畠山はこの調査結果から「高専生は、自分自身と英語に対して肯定的な意識を持っているが、英語学習を楽しいと思わないため勉強していない」と考察している。石川（2012）も高専3年生41名を対象に英語学習情意、英語学習内容・取り組み方、英語学習動機・意欲についての調査を行った。学習情意においては、高専生は英語学習の初期段階で「嫌い」な学生の割合が多く、畠山（2012）と同様に学習時間が非常に少なく、30分未満が90％という結果であった。特に授業以外の学習内容は、「宿題」「試験前」の割合が極めて高く、日常的に学校で使用する教材以外に取り組んだりするということはないようである。このことから、石川は高専生にとっては「勉強

しないことが学習集団として日常になっている可能性がある」と指摘している。渡辺（2011）は、高校生と比較して「バランスの取れた学生生活という点では、高専のほうに分があるように思える」とする一方、「厳格な環境の下、勉学を通して自らを最大限に伸ばし、自己実現能力を高めたいと考えるなら高校が優勢であろう」としている。そして、高専生には「教員側からの「仕掛け」は不可欠である」としている。

1.4 高専における英語教員の役割

　こうした制度上の問題、学生の英語学習に対する意欲の問題に対して、「仕掛け」る側の高専の英語教員はどのように対処すべきであろうか。筆者が高専に勤務を始めてすぐに、すでに退職されていた大先輩とお会いする機会があった。その際に言われた言葉は、「高専の教員はスーパーマンでなければならない」ということであった。教育はもちろん、研究もせねばならず、部活動等の課外活動の指導もある、ということがその理由であった。授業や課外活動は高等学校並みに、研究は大学並みに、ということが高専教員には求められているということである。それから十数年が経ったが、現在ではさらに、地域貢献、国際交流なども高専の重要な仕事の一部になっている。もちろん、本書に執筆されている中学校、高等学校、短期大学、大学の先生方と比較して、高専教員の方が忙しいということを言うつもりはない。中学校、高等学校の先生方も大学院に進学したり、各種勉強会に参加したり、学会で発表を行ったりと、授業や部活動指導、生徒指導に忙しい中、研究に取り組んでいる方々も多い。大学教員も研究だけをしていればいいという時代はとうの昔に終わっており、学生の学力を向上させるべく、様々な授業の工夫をしたり、お互いの授業を見せ合ったりするということが、普通に見られるようになっている。また、高等学校でも大学でも、公開講座や出前講座、社会人のリカレント教育を通した地域貢献や、様々な国際交流活動は盛んになっているだろう。その意味では、一概に高専の教員が忙しいということは言えない。しかし、一つ一つの高専は規模が小さく、いわゆるマンパワーが不足しているというのも否めない事実である。高専機構や各高専では教員の負担を減らし、研究活動に従事する時間を増やす工夫を重ねているものの、学寮の日直・宿直業務、放課後・休日の部活動指導などは、教員の身体的・精神的負担になっていること

は事実であろう。

　また、中学校を卒業したばかりの1年生を教えるのは、すでに英語を6年間学んできた大学1年生を教えるのとは違った工夫が必要であるし、その一方で、年々削減されていく運営交付金を補うために科研費等の外部資金を確保するように求められるため、大学教員と競い合うような高度な研究もしていく必要もある。専門学科の先生方には、海外の大学で学位を取ってきていたり、海外の学会で英語で発表したり、という方々もたくさんいる。そうした先生方から、学生の英語力が不足していると言われれば、授業のさらなる工夫も必要になるし、専攻科生に海外の学会で発表させたいと言われれば、原稿の英語チェックから発表の練習まで手伝わないわけにもいかない。大学に編入したいという学生の組織的な指導があるわけでもないので、個々の教員がそれぞれに時間を割いて、編入学試験のための指導をすることもある。高等学校で勤務経験のある先生方は、高校と比べれば高専は研究する時間が取れるというが、筆者のように短大から移ってきた人間にとっては、低学年の担任の仕事などは今でも負担が大きいと感じることが多い。

　しかし、その反面、英語教育を研究テーマとする場合、高専生は宝の山であるとも感じる。ほとんどの高専生はもともと学力的に高い能力を持っている。高校3年間で学ぶ数学を2年間でこなし、大学2年生の年齢である5年生の時点で卒業研究に取り組む力を持っている。英語についても、苦手と感じる学生は多いと言え、ほとんどの学生は授業には真面目に取り組んでいるし、課題を出しても提出状況は悪くない。TOEIC®、工業英検等の外部試験を目指し、こつこつと勉強する学生もいる。教員の工夫と努力次第では、授業の改善によって授業数の少なさをカバーし、高専生の英語学習に対する意欲を高めることも可能であろうと思われる。TOEIC®や工業英検、大学編入学試験に向けての勉強は、英語知識をインプットするためには絶好のチャンスであるし、英語プレゼンテーションコンテストや国際学会での発表などはアウトプットのまたとない機会である。また、近年盛んになっている海外インターンシップなどの海外交流活動で学んだ英語を活かすこともできる。こうした様々な機会をとらえて、高専生の英語力を伸ばすことが高専の英語教員には求められている。

1.5 高専における英語教育研究と実践

先に述べたように、高専は全国に国公私立合わせて 57 校しかない。英語の選任教員数も各校に 4～5 人とすれば 300 人に満たない数である。各高専でどのような英語教育や研究がなされているかは、高専機構編集の『論文集「高専教育」』や全国高等専門学校英語教育学会編集の『研究論集』、あるいは各高専の紀要で知ることができる。ここからは、これらの論文集で公表された高専における英語教育で特徴的なトピックについて、いくつかの論文を取り上げながら、教員個人による取り組み、あるいは各高専や地域の連携など組織的な取り組みを紹介していくことにする。

1.5.1 語彙指導と E ラーニング

外国語の習得には文法の学習とともに語彙の学習が不可欠である。しかし、実際の学校の授業においては、語彙の学習はどちらかと言えば学習者に委ねられることが多く、教員は文法指導等に多くの時間を割きがちである。Coady (1997) は、文法と語彙の教授・学習のバランスについての教授者と学習者の意識のミスマッチを指摘している。彼によれば、外国語学習者は語彙の習得が重要であると考えているのに対し、教員は文法こそが大切で、語彙の指導は低レベルで十分に注意を向ける価値のない活動であり、語彙はリーディングの中で自然と学ぶべきだと考えているというのである。一方、Ellis (2002) は、学習者が十分な量の語彙を身につけ、メッセージの伝達を中心とした活動ができるようになった段階での文法指導の導入を提案している。

では、「語彙知識」を持っているとはどのような状態であろうか。これは量と質の点から考えることができる。つまり、「多くの語を知っている」とともに、個々の語の発音・スペリング・意味・用法等を「深く知っている」ということである。さらに、「受容語彙」と「産出語彙」という考え方もできる。

ネイティブ・スピーカーは、どのくらいの語彙を知っているのであろうか。Goulden et al. (1990) は平均的な教養のある成人母国語話者で約 17,200 語の「基本語 (base words)」を持つとしている。これは基本語換算であり、派生形を含めれば、もっと多いことになる。それに対し、日本人英語学習者はどうであろうか。現行の「中学校学習指導要領」によれば、中学校 3 年間で学ぶ語数は「1,200 語程度」である。「高等学校指導要領」では、「コミュニケーション英語 I 」で 400

語程度、「コミュニケーション英語Ⅱ」で700語程度、「コミュニケーション英語Ⅲ」でも700語程度とされており、これらを合わせると高校3年生終了時点で3,000語という数字になる。筆者がこれまで担当してきた学生たちは旧学習指導要領のもとで学んできているので、中学校で900語程度、「英語Ⅰ」で400語程度、「英語Ⅱ」で500語程度、「リーディング」で400語程度、あわせて高専3年生終了時点で2,200語程度を学ぶことになる。

　それでは、高専生は実際にどの程度の語彙を身につけているであろうか。須田（2006）はNation（2001）の語彙テストの1,000語レベルを利用し、高専1年生39名、2年生38名および5年生22名の語彙サイズを比較している。その結果、1年生で64％、2年生で84％が1,000語レベルに達した語彙力を持っているとしている。筆者も平成19（2007）年度から22（2010）年度の4年間、そして24（2012）年度入学の新入生を担当し、入学直後に望月（2003）の英語語彙サイズテスト（以下、VST）の2,000語レベルを使って語彙サイズを測定してきた。その結果、個人差はかなりあるものの、筆者が担当した5年間の新入生663名の入学直後の平均語彙サイズは1,346語であった。1,000語レベルでの正答率は約90％、2,000語レベルでは45％であった。茅野（2005）、茅野他（2007）、大湊他（2008）もVSTの6,000語レベルまでを用いて、高専1～3年生の語彙サイズを調査している。年度によって差はあるものの、1年生で2,000語前後、2年生で2,600語程度、3年生で3,000語程度との結果が出ている。行ったテストあるいはそのレベルは異なるものの、これらの結果から、高専生は入学時には中学校の教科書で学んだ語については、かなりの程度までマスターしてきており、さらに2年次、もしくは3年次までは語彙サイズを増やしているということが言える。しかし、問題はその後で、須田（2006）の調査では5年生の語彙サイズが1年生とさほど変わらなかった。調査対象の数が少ないので、高専生全体に対して一般化することはできないのであるが、おそらくこの結果は高専英語教員にとっては驚くことではないであろう。「楔形教育」の高専では学年が上がるにつれて、英語の授業時間そのものが減る。また、大学受験がないために、英語を学ぶこと、語彙を増やすことへの動機付けも弱い。その結果、2年生ないしは3年生が語彙力も含めた英語力のピークになっているということは十分にあり得ることである。

　いくつかの高専では、単語集を使ったり、また英単語コンテストなどを行っ

たりして、学生の英単語学習への動機付けを高めようとする努力がなされている。その中でも目につくのが、高専生がコンピュータを使った学習を苦にしないという特性を生かしたＥラーニングによる単語学習である。独自に英単語学習プログラムを開発した例としては、松田他（2003、2008）や上杉他（2010）が挙げられる。松田他（2003）は、ゲーム形式で英単語の綴りを学習するプログラムを開発した。さらに松田他（2008）では音声機能を追加することによって、学生の興味を喚起し、かつ視覚情報のみの場合よりも、学生が問題を難しいと感じる率が低くなったとしている。上杉他（2010）も語彙力を高めるための英単語学習支援システムを開発した。これは、英単語と日本語訳を見て覚えた後で、和訳四択、和訳入力でテストするというものである。その出題形式として、「単純ランダム型」「過去復習型」「正答率型」の３タイプを設定し、定着の度合いを比較し、その結果、「過去復習型」の効果が一番高かったとしている。その理由としては、過去復習型は既出の単語を定期的に復習し、かつ学習時の正解数が９割を超えないとやり直しをすることとなっており、語彙学習に必須の「繰り返し」が行われているためとしている。

　こうした語彙の「繰り返し」学習ができるWeb教材として開発され、多くの高専で利用されたのが、「理工系学生のための必修英単語COCET3300」である。この教材は「高専生のための英単語リスト作成委員会」によって選定された英単語3,300語をWeb教材化したもので、2005年度から独立行政法人メディア教育開発センター、2010年度からは放送大学学園によって提供されていた。教材は3,300語を20語ずつ165のユニットに分け、「見る・聞く」、「確認する」、「テストする」の３つのステップで学習することになっている。「確認する」と「テストする」では「和訳４択」、「リスニング」、「スペリング」の３種類のテストがある。ユニットをクリアすると、それぞれ１点、２点、３点と得点が与えられ、165ユニットすべての３種類のテストをクリアすると990点となる。青山（2009）は「COCET3300」の機能について、単語カードによる語彙学習の有用性の観点から評価し、単語の記憶に重要な「検索」の訓練が行われること、様々な形で「繰り返し」が行われること、自律学習を支援する機能があること等を挙げ、「効率的で効果的な語彙学習のメカニズムが実現されている」とする。西野（2008）は「COCET3300」を３年生のCALL教室での授業で活用し、学生の反応を調査した。

7割を超える学生が肯定的な見方をしており、3人に1人の学生は授業外でも自宅等で教材を活用していた。継続しての利用についての質問には、11％の学生が「ぜひ利用したい」、56％の学生が「利用してもよい」と答えた。竹田他（2009）は1〜4年生に夏休みの課題として「COCET3300」で50ポイント獲得することを課した。COCET3300のレベルが難しすぎでも易しすぎでもなく、ITを使った学習スタイルが自分に合っていると感じている学生は得点をどんどん伸ばしているとしている。

　2012年度末で放送大学学園提供の「COCET3300」は使えなくなってしまったが、2012年4月からは「理工系学生のための必修英単語2600」として書籍版に準拠したWeb学習システム（以下、COCET2600）を利用することができる。COCET3300では「和訳四択」、「リスニング」、「スペリング」といった単語レベルでの学習が中心であったが、COCET2600は「単語の意味」の選択、例文の「空所補充」、「ディクテーション」、そして「単語並べ替え」といった文レベルの課題が設定されている。この教材をどのように使い、どのような効果があったか、あるいは学生の反応はどうであったかということについての調査・研究はまだなされていない。COCET3300と比較して、より深い処理が必要とされるこのWeb教材の効果については、書籍版『COCET2600』（2012）の使い方とともに、今後の研究が必要であろう。

1.5.2 多読

　5年間の一貫教育という高専のシステムがうまく利用できれば、大きな効果が得られるということは、高専卒業生が就職先や進学先で専門科目の基礎力・基本技術を高く評価されているということからもわかる。この一貫教育の利点を英語教育にも活かせれば、効果が上がる可能性がある。それを実証したのが、豊田高専をはじめとして数校の高専が取り入れている「多読・多聴」である。

　英語力を伸ばすための多読については、古くは夏目漱石から新渡戸稲造、斎藤秀三郎といったいわゆる「英語の達人」たちも行っていた（齋藤2000、2003）。現在、主流となっている英語多読の方法としては、酒井邦秀氏（電気通信大学）の提唱する「SSS (Start with Simple Stories)」方式が挙げられる。これは、多読三原則「辞書は引かない」、「わからないところは飛ばす」、「つまらなければやめる」に沿っ

て「100万語多読」を目指すというものである。

　多読の授業は、学習指導要領にしばられず、また大学受験を意識する必要のない高専のカリキュラムに取り入れやすい。竹村（2005、2006）は函館高専で1年生の英語購読の授業で週30分の英語多読を図書館で行った。前期末と学年末にアンケート調査を行ったところ、学生たちは「多読を楽しい活動として受け入れ、英文を読む楽しさを実感できた」としている。竹山他（2009、2010）は、呉高専で「机上で学んだ知識を実践する場としての多読」と「多読と文法および精読授業との共存」を目指し、1年生の後期から2年生の学年末までの1年半にわたって、週10〜25分程度の英語多読をマルチメディア教室のリスニング授業の一部として行った。その結果、年間1万語から2万語程度の多読活動でも、読書スピードまたは理解度、あるいはその両方に向上が見られたとしている。また、読んで、理解するという「作業」のような1年目の活動から、2年目は理解度が上がって、読むことの楽しさを感じ始めているとしている。その反面、学生が授業外では多読を自主的に行っておらず、また、2年目になると多読を好きとする学生の割合が減るという問題点を指摘している。多読の好き嫌いは英語への興味と相関が強いとし、多読が好きな学生は英語への興味も高く、反対に多読が好きでない学生は英語への興味も低い傾向にあるとしている。

　多読の効果に早くから注目し、全国の高専に先駆けてSSS方式の英語の多読を授業に取り入れたのは豊田高専であった。まず2002年度に電気・電子システム工学科の教員が専門科目の中で取り入れた（西澤他 2007）。そして、2002年度の卒業生アンケートの結果から英語能力向上の必要性にせまられた同校は、2003年度から英語科教員も加わっての英語教育改善の実践の一つとして英語多読授業を導入した。2004年度には図書館に大量の多読用英文図書を購入し、多読の授業も図書館で行うようになった。また、公開講座や英語多読体験会等を通して、地域住民への英語多読の紹介も行い、図書館の学外利用者も増えたとのことである（西澤他 2008）。高専の地域貢献の一つの形として、ユニークな試みであると言える。学生に対する効果としては、ACEやTOEIC等の外部試験のスコアの上昇が挙げられている。豊田高専（2011）によれば、読書量が10万語近くになると、ACEの低得点学生数が減り、得点分布全体が高得点側にシフトする。そして、20〜30万語程度の読書量でACEやTOEICなどのスコアに反映される

ようになるとしている（深田他 2008）。

　2004 年 4 月に新設された沖縄高専でも SSS 英語学習法に基づき、3 年次までの 100 万語読書達成を目指し、初年度から多読・多聴を授業に取り入れた（新川 2005）。年 3 単位分の「英語」の授業を多読のみで行い、かつ 2 単位分の「実用英語（TOEIC）」は CALL 教室で ALC NetAcademy の Power Words による単語学習と音声教材による多聴を行った。新川（2006）は 1 年後の学生による授業評価は概ね肯定的であったが、多読用教材をもとにした読解問題と Cloze Test からなる定期試験に対しては、アンケートでは肯定的回答が若干低かったと報告している。多読は授業で行っても、評価はしないという考え方がある。しかし、授業の中心に多読を据えた場合、成績評価をどうするかという問題は避けては通れない。沖縄高専は定期試験をうまく工夫しているが、学生にその評価方法をどのように納得させるかという課題が残ったと言えよう。外部試験に現れた成果としては、初年度は 1 年生学年末に行われた TOEIC Bridge IP テストでは平均 111.7 点で全国高専 1 年生の平均点 113.0 点を若干下回った。140 点以上の高得点者が少なく、約 2 割の学生が 100 点以下であったとしている。和訳や文法などを授業で行わずにあげたこのスコアを新川らはよしとしているが、多読の成果は 1 年では目に見える形で現れないということであろう。新川（2012）では沖縄高専開校 8 年目に 1 期生から 7 期生までの英語教育を振り返っている。多読・多聴を中心に据え、1～4 年生まで多読、1～5 年生までは多聴を継続しているものの、やはり大学編入試験や TOEIC 対策としては、文法や単語、あるいは精読が不十分であるとして、文法や編入学対策の精読も授業に取り入れるようになった。結果として、2 年次・3 年次の TOEIC Bridge では全国高専平均を上回り、また 4 年次から専攻科 1 年次に行う TOEIC IP でも全国高専平均を上回っているとしている。多読・多聴の効果については、「少なくとも英語嫌いの学生を増やさないという側面は大きく評価したい」とし、期待以上の成果があるとしながら、マンネリ化に陥る危険性も指摘している。沖縄高専は他高専と比較して、英語の必修単位数が多い。多読・多聴を中心にしているが、それにとらわれず、文法や精読の授業を取り入れている。それが沖縄高専の英語教育の成功の秘訣であろう。

1.5.3 プレゼンテーション

　高専生の英語表現力の向上を目指す教育が、近年活発になってきている。これは高専の社会的役割の変化によるところが大きい。先に述べたように、実践的技術者の養成がもともとの高専の設立目的であった。しかし、今や卒業生の半数あるいはそれ以上が専攻科や大学に進学し、国際会議や海外企業でのインターンシップに参加したりする機会も増えている。また、卒業生が就職先の企業で海外に派遣される機会も増えてきている。そのような中で、高専での研究・教育の成果を英語で発表できるようにするとの要請が高まってきている。

　教員個人の試みとしては、臼田（2010）が1年次の「英語コミュニケーションI」および2年次の「英語表現」の授業で継続な取り組みとして行ったプレゼンテーション指導とその効果について報告している。初年度当初に行ったアンケート調査では46.4%の学生がスピーキングを苦手分野として挙げ、その一方で67.1%の学生がスピーキングのスキルを伸ばしたいと回答した。そこで臼田は、リスニングとペアワークによるインタラクションを授業の中心として、前期にはShow & Tellを、後期には"My Dream"というテーマでスピーチを行わせた。この授業で49.1%の学生が、スピーキング力がついたと回答している。次年度は検定教科書を使用し、4つのレッスンに絞って、4～5名のグループによる8～10分のプレゼンテーション、最低150語2分程度のスピーチ、4～5人グループでのディスカッション、120語程度の個人あるいはグループによるプレゼンテーションを行わせた。最後に行ったアンケートでは最後のプレゼンテーションが「役立った」「まあまあ役立った」が合わせて75%となっており、「役立たなかった」「あまり役立たなかった」の6%を大きく上回っている。スピーチについても64%が「役立った」「まあまあ役立った」としている。スピーチにしても、プレゼンテーションにしても、原稿の作成、推敲、練習、発表と様々なプロセスを経るため、学生の負担は大きくなるが、アンケートの結果や自由記述の感想を見ても、学生にとっては有益であったと臼田は報告している。

　こうした英語プレゼンテーション能力の向上を目指した試みを組織的に行っている高専もある。上垣（2012）によると、神戸高専では昭和57（1982）年度から平成7（1995）年度にスピーチコンテスト、平成8（1996）年度から平成13（2001）年度は低学年対象のレシテーションコンテスト、平成14（2002）年度以

降は 5 年生、専攻科生対象のプレゼンテーションコンテストを行ってきた。これはクラス内で予選を行い、選ばれた 5 年生各クラス 1 名、専攻科生 6 名で、校内コンテストを行うという形式である。平成 22 (2010) 年度からは、それまで一人で行っていたプレゼンテーションを 3 人のチームで行う方式に変更した。これは、この後で述べる「全国高等専門学校英語プレゼンテーションコンテスト」の方式に合わせたものである。両年度の予選後に行われた専攻科生対象のアンケートによると、3 人で行う場合、「他専攻の学生と話すことができた」、「助け合えたので負担が減る」等のメリットはあるものの、「3 人全員が集まれる時間の設定と確保」という問題があり、全体的な評価は下がったようである。高専の専攻科生は授業の他に専攻研究があったり、就職活動や大学院進学に向けての勉強があったりと忙しい。授業以外の時間をどのように活用し、授業の効率をいかに上げるかが、今後の課題であると思われる。

　同じ地区にある大学に協力を仰ぎ、高専生の英語プレゼンテーション能力を向上させようというのが、朴他（2013）の試みである。仙台高専広瀬キャンパスにおける専攻科の英語の授業では、グローバルなビジネス環境に適応できるような英語スキルを養成するため、東北大学大学院の外国人留学生の協力の下で、地球環境や経済問題等をテーマに少人数でのディスカッションやプレゼンテーションを英語で行った。学生たちは 2 年間で 4 回の英語プレゼンテーションを行い、内容、話し方、プレゼン用視覚資料、質疑応答について外国人英語教員が評価をした。内容については、発表回数を重ねるごとに改善がなされ、論点の明瞭化、論理構築の向上が見られた。話し方については声の大きさや自信については大きく向上し、視覚資料の作成についても順調な向上が見られたが、ボディランゲージによる表現能力は向上したものの不十分であるとしている。英語による質疑応答については、2 回目から 3 回目にかけては向上が見られ、リスニング能力の向上がその理由として挙げられている。しかし、3 回目から 4 回目にかけては頭打ちになっており、英語による表現力が理解している科学的知識に到達したと見られると分析している。

　このように授業にプレゼンテーションを取り入れる工夫以外に、コンテスト形式をとって他高専の学生と切磋琢磨しようという動きもみられる。一部の地区では、年に一度「英語弁論大会」を開催してきた。九州地区では 40 年以上、四

国・中国・関東信越地区では 20 年以上、こうした試みが行われてきた。しかし、穴井他（2009）によれば、地区大会のみでは、より高い目標が存在しない、そして、「弁論大会」では「実践的な英語表現力」を磨くには不十分であるという「二つの限界」がある。そこで、高専英語教員有志 5 名による「全国高等専門学校英語弁論大会（仮称）調査・準備世話人会」が平成 15（2003）年に発足し、実態調査アンケート、校長会、高専機構への働きかけを経て、平成 19（2007）年 1 月に「第 1 回全国高等専門学校英語プレゼンテーションコンテスト（プレコン）」が開催された。このコンテストは、スピーチ部門とプレゼンテーション部門の 2 部門から成り、プレゼンテーションの方は 1 チーム 3 人構成で行う。スピーチ部門には全国 8 地区の予選上位入賞者各 2 名が出場、プレゼンテーション部門はビデオ審査での上位 10 チームが出場することになった。以後、それまで弁論大会が行われていなかった地区でも「英語スピーチコンテスト」等が行われるようになり、プレコンもおなじみのロボコンなどとならび、高専の四大コンテストの一つとして認められるようになった。筆者もプレコンに見学者として、あるいは引率者として参加したことがあるが、特にプレゼンテーション部門のレベルの高さには驚かされた。高専生は日頃の授業や学会での発表等を通して、PowerPoint などのプレゼンテーションソフトの使用や日本語によるプレゼンテーションの仕方には習熟している。それを下地として、英語教員や専門学科の教員の手助けにより、かなり高度な英語プレゼンテーションを行うことは可能である。なお、このコンテストのビデオは全国高等専門学校英語教育学会（COCET）の Web サイトで見ることができる。

1.5.4. 国際交流

日本企業のグローバル化が進む現在、高専にも国際化の波が訪れている。従来からの発展途上国からの正規留学生だけでなく、東南アジア・ヨーロッパ圏の大学からの短期・長期研修生の受け入れ、あるいは高専生の海外語学研修、研修旅行、短期留学等、国際的な視野を持つエンジニアを養成するために、様々な形で海外の大学・短大との交流がなされている。また、高専機構とシンガポールのポリテクニークが共催の International Symposium on Advances in Technology Education（ISATE）、同機構と海外包括交流協定校が共催の International Symposium on

Technology for Sustainability（ISTS）の2つの国際シンポジウムがあり、全国の高専と海外包括交流協定校の学生、教員が数多く参加している。この項では、高専で行われている国際交流について、いくつかの事例を見てみることとする。

　全国の高専で行われている行事に工場見学あるいは見学旅行・研修旅行というものがある。これは高専で行っている勉強が社会に出た時にどのように活きるのかを確認させて、高専での勉学のモチベーションを高めるための行事である。従来は、卒業生を多く受け入れている国内企業の見学に行くことがほとんどであったが、近年は海外へ出る例も増えてきている。この場合、海外の企業だけでなく、交流協定を結んだ高等教育機関を訪問することも多い。明石高専の電気情報工学科では平成17（2005）年度から5年生の海外見学旅行を行うようになり、平成18（2006）年度と平成19（2007）年度には台湾の企業と大学を訪問した。特に大学訪問では、学生たちは現地の学生との交流を通して、異文化理解や英語力向上に関して刺激を受けたようである（上他 2009）。仙台高専広瀬キャンパスも平成19（2007）年度から4年生の希望者を対象とした海外研修旅行を行っており、タイ王国の企業や大学を訪問している。仙台高専は平成18（2006）年3月にタイのキングモンクット工科大学ラカバン校（KMITL）と学術交流協定を締結し、お互いに学生を短期・長期で派遣し合うこととなった。海外研修旅行はその一環であり、毎年、20名を超える学生が参加し、KMITL訪問やタイの学生とのグループ研修、日系企業見学等を行っている。日系企業訪問では、日本人が外国で現地の人々と一緒に働く姿を見て、学生たちは大いに刺激を受けてくるようである（久保田他 2012）。

　一方、学生の海外派遣は費用負担の問題もあり、参加人数が限られてくる。そこで、いわゆる「内なる国際化」を目指し、海外から短期・長期の研修生を受け入れることで、より多くの学生に国際交流の機会を与える試みもある。上記のKMITLは高専機構とも学術交流協定を結んでおり、仙台高専以外の高専にも学生を派遣している。齋藤他（2013）は、KMITLから学生を3週間受け入れ、教員とティーチング・アシスタント（TA）としての専攻科生が連携して、研修生の実験指導を行ったことを報告している。専攻科生にとって、英語で実験の指導をするということが英語の重要性の再認識と学習意欲の向上へつながったようである。矢澤他（2009、2012）は、同じくKMITLの学生の受入について、専門科

目ではなく、英語や国語といった一般科目の教員がどのように関わったかを報告している。日本語・日本文化ワークショップとして、50分の週2~3回の授業を行い、その中では下級生の授業で百人一首を行ったり、4年生の海外研修旅行参加予定学生との交流を行ったりしている。

　こうした各高専の国際交流の試みを拡大し、質の向上を図っていくために、地区の高専が協力し合うというプログラムを行っている例を紹介しよう。中国地区では8高専が協力して、フィリピンや中国へ学生を派遣したり、海外協定校の学生を日本に招いたりして、合同研究集会を行い、英語で研究発表や交流活動を行った。特に課題を与えて市内オリエンテーリングを行った回は学生の満足度も高く、英語学習への意欲も高まったとしている（田辺他 2013）。東北地区では仙台高専が中心となって、文科省の補助金を得て、タイ王国のKMITL、フィンランドのヘルシンキメトロポリア応用科学大学（HMUAS）とトゥルク応用科学大学（TUAS）、フランスのリールA技術短期大学との間で学生の派遣・受入を行った。このプログラムは、派遣・受入ともに3～5カ月と比較的長期にわたることが特徴である。学生たちは、それぞれの受入先で実験・実習を重視したプロジェクト型の研修を行う。専門の授業を英語で行うにはマンパワーが不足している高専でも、無理のない受入が可能なプログラムであり、また海外協定校に派遣された日本人学生たちも、先方の指導教員の指導を受けながら、一つのプロジェクトを完成させてくることができる。このプログラムの実施により、東北地区6高専とフィンランドの2大学およびフランスの技術短期大学（IUT）数校の包括協定が実現することとなった（仙台高専 2011）。

　高専では、留学先の言語を事前に学ぶ環境が整っているわけではない。従って、学生たちは、その国の言語をほとんど知らない状態で留学することになる。多くの高専の海外提携校は、非英語圏の大学・短大である。その国の言語を知らない学生たちは、必然的に共通の外国語としての英語でコミュニケーションをとらざるを得ないことになる。指導教員との研究の打ち合わせ、地元の大学生だけでなく他国からの留学生たちとの日常的な会話といった場面で学生たちは英語をインプットするだけでなく、アウトプットする機会も多く持つ。特にヨーロッパ圏ではエラスムス計画により、他国の留学生を多く受け入れているため、様々な国々の学生たちと交流する機会が多い（Kinginger 2009）。仙台高専広瀬キャンパス

から海外に留学した学生たちは、帰国後の研究発表を英語で行ったり、国際学会で発表したり、またTOEICのスコアが大幅に伸びたりと、非英語圏に留学しても、日常生活で英語を使ってコミュニケーションを図ることで英語力が伸びるという結果を出している。平成22（2010）年は大学教育GPの一環として、留学が英語のアウトプット力をどの程度伸ばすかを客観的に測定するために、12人の学生にTOEICスピーキングテストを留学前と留学後に受けさせた。TOEICスピーキングテストでは、スコアは0～200点、Proficiencyは1～8、PronunciationとIntonation and Stressは1～3で評価される。2回のテスト結果を比較すると、表1に見られるように、大きな伸びが見られた。このスコアは、例えば大学2年生の公開テストの結果105.2点（2009年）と比較して、決して高いとは言えない。しかし、英語力は弱いと言われる高専生であっても、非英語圏とはいえ、日常的に英語を使用する環境で留学生活を送ることで、英語によるコミュニケーション能力を伸ばすことができるということを示す結果であった。

表1 留学前と留学後のTOEICスピーキングテストの結果（平均値）

	Speaking Score	Proficiency	Pronunciation	Intonation / Stress
留学前	60.0	2.7	1.2	1.2
留学後	98.3	4.3	1.8	1.8

非英語圏での留学でも、英語のアウトプット力を伸ばすことが可能であるのは、英語が国際共通語としての役割を持つからであろう。特に工学の世界においては、自らのもつ技術を英語でどんどんアピールしていく必要がある。その意味で、非英語圏で様々な国々の人々と英語でコミュニケーションをとることにより、英語力を高めることを可能にする学術交流協定をもとにした留学は、今後の高専の国際化を進める上で、一つのモデルケースとなっていくであろう。英語力の向上を目指すのであれば、英語圏の大学等との交流が望ましいであろうし、また、学生からもそうした声は多い。いくつかの高専ではアメリカやニュージーランド等の大学との交流を行っている例もある。しかし、高専の国際交流は専門学科の教員が中心になっていることも多く、そうした教員は英語力の向上のみではなく、専門の研究能力プラスアルファとしての英語力と考えることが多い。そうした点では、英米の大学よりも、アジア圏、あるいはヨーロッパでも実学系の大学で教

員・学生と交流し、共同で研究を行うとともに、お互いに外国語としての英語をツールとして使うことによってコミュニケーションをとるかたちの方が高専には適していると思われる。

1.5.5 コアカリキュラム

　高専の英語教育の現状として、最後に「コアカリキュラム」に少し触れておく。近年、「教育の質の保証」という言葉が教育界のキーワードの一つとなっている。高専は「学習指導要領」に類するものがなく、教育の内容については各高専の独自のカリキュラムに任されていた。しかし、工学分野の技術者の養成機関としての高専が国際的にも認められていくためには、学習到達目標の設定というものが求められるようになっている。そこで、高専機構では「モデルコアカリキュラム（試案）」を策定し、平成 26 (2014) 年度以降、各高専がこれを導入するように動いている。工学系の専門科目はもとより、英語を含む一般科目でも到達目標が準学士課程（本科）と専攻科のそれぞれで示された。「教育領域の到達目標」としては、以下の 2 点が挙げられている。

- 相手と英語でコミュニケーションを図ろうとする態度を身に付け、自分や身近なことについて、ある程度の的確さ、流暢さ、即応性をもって理解したり伝えたりする初歩的な英語運用能力を養う。
- 専攻科においては、本科で修得した英語コミュニケーション能力を発展させ、身近な事柄及び自分の専門に関する基本的な情報や考えを理解したり伝えたりする基礎的な英語運用能力を養う。

　具体的な学習内容としては「英語運用能力の基礎固め」として「英語の発音」、「語彙」、「文法事項及び構文」、そして「英語運用能力向上のための学習」として「オーラルコミュニケーション」、「読み書きを通して行うコミュニケーション」という項目が設けられ、さらに数値も入れた具体的な到達目標が提示されている。例えば、「語彙」については、中学既習語 1,200 語の定着に加え、新たに修得するのは 2,600 語程度であるとされている。「オーラルコミュニケーション」では、毎分 100 語程度の速度の英語を聞き取り、話す、「読み書きを通して行うコミュニケーション」では毎分 100 語程度で読み概要を把握できる、自分や身近なこ

とについて 100 語程度の簡単な文章を書ける等となっている。こうした数値については、今後、実際に授業を行いながら、実践的にも理論的にも妥当性があるかどうかを探っていく必要はあろう。多くの高専が1〜3年生の授業では高等学校の検定教科書を使っているが、その教科書が基づいている「学習指導要領」にはないこれらの数値的目標をどのように日々の授業に落とし込んでいくかということが、早急に解決しなければならない問題である。

2. 私の研究と授業実践

ここまでは高専で行われている英語教育の実践および研究について、いくつかの事例を紹介しながら、その特色についてまとめてきた。絶対的な授業時間数の不足という問題を抱えながらも、個々の教員や各高専、あるいは高専機構は物足りないと言われる高専生の英語力の向上を図ろうとしている。そして、多くの高専では、学習意欲の高い学生は授業内外でEラーニングや多読を行ったり、TOEIC®などの外部試験、プレゼンテーションや国際交流を目標として勉強したりする環境が出来上がってきている。そのような学生たちが社会に出て活躍することによって、高専卒業生の英語力が低いという自己評価あるいは他者からの評価を変えていく可能性はある。

その一方で、当然のことではあるが、英語が苦手であると感じたり、英語を学ぶ必要性を感じていなかったりする多くの高専生たちに、学ぶ意欲を持たせながら、英語力をつけていくという仕事は、結局、個々の教員の日々の授業にかかってくる。ほとんどの高専では、1〜3年生の授業には高等学校と同じように文科省の検定教科書を使用し、4、5年生と専攻科生に対しては大学生用の教科書を使っている。これらの教科書を使った日々の授業をいかに工夫し、効果的なものにしていくかということに結局は収斂していくだろう。ここからは、著者自身が行った授業実践研究を紹介することとする。

2.1 英語学習法としての音読と筆写
2.1.1 はじめに
「音読」と「筆写」は日本人が古くから行ってきた英語学習法であるが、近年になって、脳科学の分野でその有効性が実証されたり、また歴史的観点からそれ

らが日本人に合った学習法であるとされたり、その効果が見直されてきている。確かに、多くの英語学習者が音読や筆写を学習法として取り入れ、成功してきている。とはいえ、これらの活動を効果的な英語学習法として推奨しても、なかなか学生たちは実行に移してくれない。また、学校での授業時間は内容理解や文法説明などに多くの時間が費やされ、音読や筆写という活動を授業時間内で十分に行うことは難しい。しかし、音読や筆写の効果を学生に認識させ家庭での学習に結びつけるためには、やはり授業時間内でこれらの活動をできる限り多く取り入れていくことが重要であろう。

　筆者は、担当する下級生の英語の授業に様々な音読活動を取り入れ、教科書の各パートについては授業中に7～10回程度の音読をさせてきた。しかし、この音読作業がどの程度まで学生の英語力の向上に結びついているかについての検証は行ってこなかった。そこで、筆者は平成19（2007）年度に音読と筆写が英語表現の定着活動として、どの程度の効果を持つかを実験した。ここでは、その結果を紹介する。

2.1.2　先行研究

　小林（2006）はパイロット・スタディと本実験の2回の実験を通して、音読・暗唱・筆写の効果を比較した。まず、パイロット・スタディでは、公立高校3年生3クラスを被験者にし、それぞれ統制群・音読群・暗唱群として、以下のような課題を与えた。

　　　Aクラス（統制群）15名：1日10分程度の筆写を含む宿題を5日間
　　　Bクラス（実験群）27名：1日10分音読を5日間
　　　Cクラス（実験群）17名：1日10分音読5日間＋暗唱テスト

　これらの課題終了後に、対象とした英文から語彙・熟語・構文を中心とした事後テストを行った。語彙については、Cクラス（暗唱）＞Aクラス（筆写）＞Bクラス（音読）の順で点数が高く、Cクラス（暗唱）とBクラス（音読）に有意差があった。熟語は、Cクラス（暗唱）＞Aクラス（筆写）＞Bクラス（音読）の順だがAクラス（筆写）とBクラス（音読）にはほとんど差がなく、統計的にも有意差はなかった。構文では、Cクラス（暗唱）＞Bクラス（音読）＞Aクラス（筆写）の順で、統計的な有意差はなかったものの、「音読の方が宿題（筆写）

よりも文章全体を把握する点では優れていると言えそうである」と小林は指摘している。3ヵ月後の試験でこの内容の問題を出題して比較したところ、Cクラス（暗唱）＞Bクラス（音読）＞Aクラス（筆写）と、音読のクラスと筆写のクラスの順が入れ替わった。この点から小林は「長期的視野」での比較では音読と筆写に効果の違いがある可能性を指摘している。

パイロット・スタディの結果をもとに、小林は本実験を行った。被験者として県立高校2年生6クラスを以下のようなグループ分けをし、課題を与えた。

　　暗唱グループ　45名：1日10分音読10日間＋暗唱
　　音読グループ　39名：1日10分音読10日間＋1分30秒以内での課題文
　　　　　　　　　　　　の音読
　　筆写グループ　53名：1日10分程度の筆写作業10日間

課題終了後に事後テストとして、発音・語彙・熟語・構文（英文作成）・クローズタイプのテストを行い、結果を比較したところ、総点では暗唱＞筆写＞音読の順となったものの、統計的有意差は見られなかった。熟語については有意差ありで、暗唱＞音読、筆写＞音読となった。また、クローズタイプのテストでは暗唱＞筆写＞音読となり、暗唱と音読の間には有意差が見られた。3週間後に同様の問題を出題して比較したところ、クローズタイプのテストは総点、クローズタイプのテスト、語彙、熟語で暗唱＞音読＞筆写の順となった。統計的有意差が見られたのは、クローズタイプのテストの暗唱と筆写の間である。パイロット・スタディと同様に、この時も音読が筆写を逆転する結果となっている。

小林はこれらの2回の実験と外部テストの結果から、暗唱は全体的に英語力を上げるのに効果があり、音読は聴解力・語彙力、筆写は構文・熟語の力を伸ばすのに効果が見られたとしている。ただし、筆写での記憶の持続性については疑問を呈している。

2.1.3 筆者の行った実験

小林（2006）の実験は、暗唱・筆写・音読の3つの学習方法を比較したものであったが、筆者の行った実験では筆写と音読のみを取り上げることにした。先にも書いたように、筆者は積極的に授業に音読を取り入れてきたが、同時に筆写も行わせたいと考えていた。しかし、時間的な制約から両方の活動を行わせること

は困難であり、やりやすい活動であるという理由で音読を授業中に行い、筆写は効果的な家庭学習方法として推奨するにとどめていた。

　この実験のリサーチ・クエスチョンは以下の2点である。

1. 等しい学習時間内で行う音読と筆写では、どちらの活動が表現の定着に効果があるのか。
2. 学習者の習熟度によって、それぞれの活動の効果に差があるのか。

　英語表現の定着活動として音読と筆写の両方の活動を行うことは難しい。そこで、限られた授業時間内に行う活動としては、どちらが効果的かを探ることにした。また、これらの活動に対する取り組み方には当然、個人差が見られよう。そこで、今回は学校の定期試験の成績の高い方を英語の習熟度が上であると仮定して、上位群と下位群を抽出し、それぞれの活動の効果を比較した。

　実験の被験者は、筆者の勤務校の1年生2クラス各41名である。筆者は平成19（2007）年度に1年生4クラスを担当したが、その中から授業の進度から見て比較的時間の余裕があり、前期中間試験の成績が統計的に有意差のない2クラスを選んだ。そして、それぞれのクラスに「音読」と「筆写」を授業中の活動として割り当てた。さらに、それぞれのクラスを前期中間試験の成績で70点以上の上位群と60点未満の下位群に分け、「音読上位（以下、「音上」］）」「音読下位（音下）」「筆写上位（筆上）」「筆写下位（筆下）」の4グループを作り、比較することにした。表2にそれぞれの被験者群の人数と前期中間試験の平均点・標準偏差を示す。

表2　各被験者群の平均点・標準偏差

	音上	筆上	音下	筆下
人数	16	17	13	13
平均点	81.1	80.4	52.2	52.2
標準偏差	6.19	7.34	4.86	5.37

　材料としては、英語A（3単位）で授業の教科書として使用している『MAINSTREAM ENGLISH COURSE Ⅰ』（増進堂）の Lesson 3 "Moving Mountains" Part 3 を用いた。

　実験は、授業時間を3時間使って行った。1時間目と2時間目の前半、3時間

目は共通で、2時間目の後半の10分程度のみ異なった活動を行わせた。1時間目は通常行っている授業そのままである。予習として、ノートに本文を書き写し、新出語句を辞書で調べ、日本語訳を作ってくるということにしてある。実際に予習を行ってくる学生は、半数程度である。それ以外は本文のみ書き写してくる者、本文を書き写し新出語彙までは調べてある者、全く何もしてこない者と様々である。授業は予習を前提としてはいるが、新出語句の発音・日本語訳や本文の日本語訳・文法事項の解説などは、授業中に一通り教員が行い、学生には必要箇所をメモするようにさせていた。2時間目を前半と後半に分け、前半は2クラス共通の作業を行い、後半で別々の作業を行わせた。まず、前時に学習した新出語14語と既出語1語の計15語を対象に、日本語訳を書かせるだけの事前テストを3分間で行った。その後、授業の前半は通常の授業と同じ手順で進めた。まず、フレーズごとに区切った録音を聞かせながら、教科書本文にスラッシュを入れさせる。次にペアを作り、一人がフレーズごとに英文を読み上げ、相手が日本語訳をつけていくという方法で訳を確認させる。次に新出語にアンダーラインを引かせる。これは音読活動を行う時に、新出語を目立たせることで定着を促すためである。そして、教員の音読に続けてのフレーズ読みを2回、センテンス読みを1回行う。普段はこの後、数種類の音読活動を行うのだが、今回は筆写クラスでは音読を行わず、フレーズごとに頭に入れながら筆写するという活動を行った。筆写を行わせた時間と、音読クラスで音読活動に使った時間は両方ともおよそ10分間である。繰り返しの回数だが、音読の方は10分間で8回音読を行っている。一方、筆写の方は個人差があり、多い学生で2回超、少ない学生で1回半程度の書き取り回数となった。その後、どの程度聞き取れるようになったかを主観的に判断するリスニング・チェックを入れて、事後テストを行った。内容は、事前テストの順序を入れ替えた「単語の日本語訳」、本文をそのまま使った「並べ替え」と、同じく本文をそのまま使った単語の「穴埋め」である。点数は1問1点で、日本語訳が15点、並べ替えが5点、穴埋めが10点の最高30点である。時間は15分とった。最後に、2時間目の授業から一週間後の3時間目の授業で、遅延テストとして事後テストと全く同じテストを行った。

2.1.4 結果と考察

2時間目の事前テスト（単語15個の日本語訳のみ）の結果は表3のように、音読上位が最も高く、続いて筆写上位、筆写下位、一番低いのが音読下位となった。

表3　事前テストの各被験者群の平均点・標準偏差

	音上	筆上	音下	筆下
平均点	9.1	8.5	5.8	7.2
標準偏差	3.57	3.36	1.91	1.92

表4に示すように、事後テストでは日本語訳では筆写上位が音読上位をわずかに上回ったが、総点・並べ替え・穴埋めにおいては、音読上位＞筆写上位＞筆写下位＞音読下位となった。事前テストで行った日本語訳で最も平均点の低かった音読下位は、事後テストでも一番低いものの、筆写下位との差は小さくなっている。

表4　事後テストの各被験者群の平均点

	音上	筆上	音下	筆下
総点	23.8	22.6	16.2	17.3
日本語訳	11.6	11.8	9.1	9.5
並べ替え	3.3	3.1	1.5	1.6
穴埋め	8.9	7.7	5.7	6.2

表5に示すように、一週間後に行った遅延テストでは音読クラスは総点平均が19.6点（標準偏差6.59）、筆写クラスは18.1点（標準偏差5.93）であった。上位群・下位群の比較では、総点・日本語訳・並べ替え・穴埋めの全てで音読上位＞筆写上位＞筆写下位＞音読下位となった。

表5　遅延テストの各被験者群の平均点

	音上	筆上	音下	筆下
総点	23.5	20.1	14.2	16.0
日本語訳	11.6	10.7	8.1	9.3
並べ替え	3.6	2.9	1.4	1.7
穴埋め	8.4	6.5	4.7	5.0

事後テストと遅延テストの得点を比較してみると、総点では音読上位と筆写下位の得点の下がり方は比較的小さく、筆写上位と音読下位の下がり方が大きい。特に筆写上位では、事後テストの平均点と遅延テストの平均点に統計的有意差が見られた（t = 4.49, **p<0.01）。総点を見る限り、上位群にとっては筆写よりも音読の方が教科書本文を定着させるには有効であったと考えられる。下位群については、反対に筆写の方がいくぶん有効であったようである。日本語訳では、事前テストで最も低かった音読下位が、事後テストで筆写下位に近い得点を挙げた。しかし、遅延テストでは筆写下位はほとんど得点が変わらなかったのに対し、音読下位は大きく落ちている。最も大きな点数の下降が見られたのは筆写上位で、統計的に有意差がある（t = 3.81, **p<0.01）。音読上位は事後テストも遅延テストも平均点に変わりはなかった。日本語訳は、学生が予習をしてきて、授業では教員が確認を行うことにしているが、それを定着させる活動はしていない。この定着度の違いがどこから来るのかは今後の課題である。並べ替えは、音読上位と筆写下位で事後テストと遅延テストの得点がわずかに逆転するということが起きた。筆写上位と音読下位は平均点がわずかに下がった。5点満点ということで大きな得点の差は出なかったが、逆転が起こっているのは、並べ替えが記憶のみに頼ったものではないということを示唆しているのかも知れない。穴埋めでは、全てのグループに得点の下降が見られるが、音読上位の下げ幅が一番小さく、続いて音読下位が来て、筆写上位と筆写下位は同じ下げ幅である。統計的には、筆写上位（t = 2.78, **p<0.01）と音読下位（t = 2.02, *p<0.05）に有意な差が見られる。穴埋めはかなり記憶に依存する部分が大きいので、この結果からは上位群にとっては筆写よりも音読の方が有効であったが、下位群にとっては筆写の方がいくぶん有効であったということが言えるであろう。

　以上の結果から、この実験では英語習熟度の上位群には音読の方が筆写よりも効果的であったということが言える。これは上位群の方が、きちんと音読に取り組む姿勢ができていたために、繰り返しの効果が現れたからではないだろうか。反対に、英語力下位群では音読の効果があまり認められなかった。これは下位群では、音読がきちんとできていなかったために、繰り返しの効果が出なかったためと考えられる。この点は、安木（2001）でも同様の指摘がなされている。

2.1.5 研究の限界と授業実践への示唆

この研究は被験者の数が少なく、また実験時間も 10 分間という極めて短い時間であったために、その結果から筆写と音読のどちらがより効果的かについての結論を導き出すことは難しい。また、英語習熟度の判定も定期試験を使ったために、客観性に欠ける部分がある。効果を測るテストの形式も、授業ということで、日頃行っている試験の形式に近く、妥当性があるかどうかはわからない。

しかし、ある程度、授業実践への示唆は得られた。第一点としては、音読も筆写も教科書本文の定着には効果があるが、限られた時間内に行う活動としては、繰り返し回数の多さから、音読の方が効果的であるということである。第二点として、英語の習熟度の高い学習者には音読は効果的だが、低い学習者には音読の効果はあまり見られないということである。習熟度に応じて定着のための課題を変えることも必要であると思われる。第三に、習熟度の低い学習者には、より丁寧な音読指導を行う必要があるということである。個々の単語の発音・文中の意味の区切りなどをきちんと押さえさせて空読みにならないようにさせること、音読の意義をしっかり理解させることが重要である。

2.2 音読筆写と多読を中心とした授業展開とその効果

筆者は勤務校では 1、2 年生といった低学年を担当することが多く、この時期の基礎固めをどうすべきか試行錯誤を重ねてきた。中学校では英語が得意というほどではないにしても、それなりに点数を取ってきたはずの高専入学者が、英語が苦手になり、嫌いになっていくのを目の当たりにして、授業の工夫だけではなく、英語の学習法そのものを教えていく必要があると感じるようになった。それは定期試験前になるとよく学生から「（検定教科書を使った）英語の勉強の仕方が分からない」と相談を受けたからである。

上記の実験で行った「音読筆写」は英語学習法としては決して目新しいものではないが、地道に積み重ねていくことで英語力の土台が作られていく確実な方法であることに間違いはない。筆者は縁あって、千田潤一氏の講演会を聞く機会が数回あり、勤務校でも三度にわたって、学生向けに講演を行っていただくという幸運に恵まれた。その都度、氏の提唱するこの学習方法の効果を確信して、自分でも実行し、学生にも効果的な学習法として勧めてきた。反面、この方法は厳

しい訓練であり、一人で続けていくことはなかなか困難でもある。実行に移そうとする学生はほとんどいなかった。そこで、平成 21（2009）年度からは音読筆写を授業に取り入れて、授業内で行ったり、試験前や長期休業中の課題としたりすることで、この学習方法を身に付けさせようと試みた。定期試験についても、教科書本文の穴埋め、並べ替え等を多くすることで、必然的に本文を頭に入れなければならないように工夫した。筆者が高専で教え始めたころは、試験前になると「英語の勉強の仕方が分からない」という学生の声を聞くことが多かったが、授業に音読筆写を取り入れてからはそうした声はほとんどなくなった。

　筆者が「英語多読」に出会ったのは平成 15（2003）年であった。まず自分で「100万語多読」を試してみたが、多読用図書を揃えるのに費用がかかることもあり、授業に取り入れるのは難しいだろうと考えていた。その後、学校の図書委員会に所属することとなったのを機に、学生向けの推薦図書やブックハンティング等の機会をとらえては学校の図書館に多読用の Graded Readers を増やしていった。平成 20（2008）年以降は毎年、学内の教育研究活性化経費で Leveled Readers と Graded Readers を少しずつ増やし、現在はあわせて 2,000 冊ほどになっている。平成 22（2010）年度からは週 1 回 20 分ほどであるが、授業の一部に多読の時間を組み込んだ。次に、これらの学習法を授業の核とした授業実践とその成果を報告する。

2.2.1　はじめに

　英文を音読すること、書き写すこと、易しめの英語で書かれた本を数多く読むこと等は英語力を高める方法として古くから知られている。しかし、これらの活動を効果的に授業に取り入れるには時間やクラスサイズなど様々な制約がある。平成 22（2010）年度と平成 23（2011）年度に担当した学年では、教室での音読練習、家庭での音読筆写、語学演習室での多読を授業の核に据え、授業中の教科書本文の内容理解・文法的説明にかける時間を極力抑えた。この 2 年間の実践の効果を、外部試験の結果をもとに考察することとする。

2.2.2　音読筆写と多読を中心とした授業展開

　筆者の勤務する仙台高専広瀬キャンパスの 1・2 年生の英語の授業は、検定教

科書を使用して四技能を高めることをねらいとした英語 IA・IIA が各学年 3 単位、文法を中心とした英語 IB・IIB が各学年 2 単位となっている。筆者は英語 IA・IIA で同じ学生たちを 2 年間担当し、週 3 時間のうち 2 時間は教室で、1 時間は語学演習室で授業を行った。

使用した教科書は『Power On English Course』（東京書籍）で、副教材として『Power On English Course Workbook』（東京書籍）を購入させた。予習として、Workbook を用いて、新出語句と重要な文の和訳を行わせた。授業では、新出語句の確認、教科書の Q&A（英問英答）、日本語訳を介した内容理解、教科書・付属 CD・ハンドアウトを利用した音読練習 8 ～ 12 回、および本文の筆写を行った。音読練習は単調にならないように、シャドーイング、リピーティング、オーバーラッピング、四方読みなどを取り入れた。家庭での復習としては、最低 3 回の音読筆写を課した。

本校の語学演習室は LL 設備を備え、インターネットにも接続できる。また、多読用の英語書籍として Graded Readers（英語学習者用の段階別読み物）と Leveled Readers（英語母語話者向けの学習絵本）を 1,000 冊ほど備えてある。これらの本を用いた多読と、放送大学のオンライン学習教材「COCET3300」と書籍版『COCET3300』（成美堂）を用いた語彙学習を、授業時間（50 分）の半分ずつ取り組ませた。

多読については、他高専の実践と同様に SSS 方式を取り、Oxford Reading Tree シリーズ等の簡単な絵本から始めさせて、少しずつレベルを上げるように指示した。Graded Readers は、Leveled Readers を読みこなせるようになってから取り組むようにさせた。Graded Readers の中で最も易しい部類に入る Penguin Readers Easystarts のシリーズでも 1 冊 900 語程度の語数がある。これは学生が使っている教科書で言えば、2 ～ 3 課分の語数にあたる。使用されている単語が易しいとはいえ、直読直解に慣れていない学生たちにとっては、一冊読み終えるのは大変である。それよりも、まず一冊読み終えるという感覚を身につける方が大事と考え、語数が少なく、挿絵の豊富な Leveled Readers を数多く読ませることとした。

オンライン学習教材の「COCET3300」については先に紹介したが、インターネット環境があれば、どこでも学習できる。しかし、寮生が多い高専では、家庭学習とさせることも難しい。そこで、授業時間で行わせた上、週に 2 日、放課

後に語学演習室を開放して、自由に学習できる環境を整えた。個人のペースに任せると相当進度に差が出てくるので、ペースメーカーとして範囲を決めて小テストを行った。

定期試験は教科書本文の定着を見るために、穴埋めや不必要な語を探す等、本文をそのままの形で利用する問題を多くした。長期休業の課題は、新しい教材を使うのではなく、教科書の英文表現を定着させるために、春季・夏季・冬季ともに教科書本文の音読筆写を行わせ、休業明けの最初の授業で課題の範囲の穴埋めテストを行った。外部試験は日本英語検定協会の英語能力判定テスト（TEST C）を利用した。

2.2.3 授業の効果の測定

本キャンパスでは、入学直後の1年生に実力試験として、「コンピュータ診断テストC」（東京書籍）を行っている。これは入学前に学習習慣をつけるために課題を課し、その学習成果を測るためのものである。まず、平成22年4月に行ったテスト結果に基づき、習熟度別に上位・中位・下位の3群に分けた（表6）。

表6　事前テストによるグループ分け

	人数	平均点	標準偏差
上位	33	68.2	4.89
中位	34	55.0	3.69
下位	36	40.4	5.32

2年間の授業の効果を測るためには、1年次2月と2年次1月に実施した2回の「英語能力判定テスト（TEST C）」の結果を使用した。このテストは筆記50問（35分）、リスニング30問（20分）の合計80問（55分）で構成され、英検準2級・3級・4級レベルの学習者に適したものである。テスト問題は「語彙・熟語・文法問題（以下、語彙）」が30題、「英文構成（以下、構成）」として並べ替え問題が5題、「読解」として会話文の空所補充が5題、長文の内容一致選択が10題、「リスニング」は会話の内容一致選択15題、文の内容一致選択15題となっている。満点スコアは570点で、それぞれの分野のスコアは正答率で表される。表7は平成23（2011）年1月実施のテストの結果である。

表7 英語能力判定テスト結果 2011年1月実施（1年次）

	総点	語彙	構成	読解	リスニング
上位	427.8	79.4	63.0	89.5	80.3
中位	386.0	73.0	38.8	83.3	71.7
下位	352.6	68.4	29.4	75.0	58.5

平成24（2012）年1月実施のテストの結果は表8の通りである。

表8 英語能力判定テスト結果 2012年1月実施（2年次）

	総点	語彙	構成	読解	リスニング
上位	440.0	82.5	73.9	90.3	81.2
中位	407.1	76.7	64.1	84.1	75.5
下位	363.8	68.6	40.6	73.3	66.2

　3群ともに総点は伸びており、最も伸びたのは中位群で21.1点、続いて上位群が12.2点、下位群が11.2点の伸びとなっている。分野別で最も伸びが見られたのは、英文構成（並べ替え）で中位群が25.3ポイント、上位群・下位群はそれぞれ10.9ポイント、11.2ポイント増加している。次に伸びが見られるのは、リスニングで下位群が7.7ポイント、中位群が3.8ポイント、上位群が0.9ポイントの増加となっている。あまり伸びが見られなかったのは語彙と読解である。語彙分野では、中位群が3.7ポイント、上位群が3.1ポイント伸びたものの、下位群は0.2ポイントの増加にとどまった。読解分野は、上位群・中位群ともに0.8ポイントにとどまり、下位群は1.7ポイント低下した。

　語彙力については、この「英語能力判定テスト」と別に、望月（2003）の「英語語彙サイズテスト」の3,000語レベルまでを使用して、入学直後、1年次と2年次の終わりごろと、2年間に3回のテストを行い、語彙力の伸びを測定した。各群の推定語彙サイズは表9の通りである。

表9 英語語彙サイズテスト

	1年次4月	1年次2月	2年次1月	増加
上位	1,705	2,025	2,223	518
中位	1,515	1,858	2,095	580
下位	1,491	1,761	1,937	446

「英語能力判定テスト」では、語彙分野のスコアの伸びがあまり見られなかったが、3回の「英語語彙サイズテスト」の結果を比較すると、高専入学時には1,500〜1,700語程度だった語彙数が2年間で450〜600語程度伸びたことがわかる。3群を比較すると「英語能力判定テスト」の語彙分野の結果と同様に、中位群で最も増加し、下位群は伸びているものの3群の中では最も増加数が少ないことがわかる。

2.2.3 考察と今後の課題

　2回の「英語能力判定テスト」、3回の「英語語彙サイズテスト」の結果を比較してみると、授業の効果は習熟度と技能・分野によって異なることが分かった。文法を中心とした英語IB・IIBの授業は他教員が担当しており、これらのテスト結果には当然、その授業の効果も反映されてくる。従って、著者の行った音読筆写と多読を中心とした授業がどれだけ学生の英語力の伸長に貢献しているかを厳密に区別することはできない。しかし、音読、筆写、多読といった「繰り返し」を通じて英語の知識を定着させる授業と文法の授業の組み合わせでは、英文構成やリスニングの伸びが比較的大きかったが、反面、語彙や読解についてはそれほど効果が上がらなかったということは確かである。語彙については、教科書2冊で700語以上の新語を学んでおり、かつ「COCET3300」を使用させて、2年間学習させてきただけに、語彙サイズの伸びが最大でも600語程度に過ぎなかったことは残念であった。また、読解についても2年間の多読の継続で3〜7万語程度は読んでいただけに、もう少し伸びがあってもよかったのではないかと思われるが、一方で、この結果は易しい英語を多く読むということだけでは、読解テストで求められるような「深い」読みができるようにはならないということを示しているのかも知れない。

　習熟度別では、中位群が最も伸びた。教員は授業をする際に、中ほどの学生に合わせて進度や説明の難易度を調整することが多いことを考えれば、こうした結果は当然とも言える。しかし、筆者の授業では極力、説明を少なくし、学生が実際に英語を音読したり、黙読したりする時間を増やしてきた。それでも授業の効果は中位群において最も大きかった。上位群や下位群の英語力を伸ばすためにはどうすべきか、特に語彙力と読解力を伸ばすためにはどうすべきなのかという点が今度の課題として残った。

3. 今後の高専の英語教育

　設立の経緯からもわかるように、高専の在り方は日本経済の動向に大きく左右される。特にグローバル人材の育成が今の高専には求められており、それに対応できない場合は高専そのものの存在価値自体が問われる可能性もある。その意味では、海外インターンシップや海外教育機関との交流は今後、ますます盛んになっていくものと思われる。また、そうした場で活かされる英語によるプレゼンテーションも授業や地区別・全国コンテストを通して、高専の英語教育に浸透しつつある。教員個人や各高専の努力だけでなく、高専機構主導でそうした仕組みが出来上がってきたことは、英語が得意で意欲のある学生にとってはチャンスが広がってきたことを意味する。

　その一方で、少子化、理科離れに伴う高専入学者の学力低下、学習意欲の低下は日々の授業を行う教員にとっては切実な問題である。どの教育機関でもそうであろうが、学力が低かったり、学習意欲に欠けたりする生徒・学生たちをどのように導いていくかは大きな課題である。高専機構の示した「モデルコアカリキュラム」が高専教育のミニマムスタンダードとして機能し、高専教育の質を保証していけるかどうかは、こうした学生たちに5年間できちんと力をつけて卒業させるための体制づくりにかかっている。

　高学年になってからの海外交流の機会を活かそうとする意識を啓発するためには、低学年のうちから海外からの研修生との交流などを通して「内なる国際化」を進めていくことが大事である。そのためには英語教員だけでなく、クラス担任となる教員が積極的にホームルームの時間などを利用して海外からの研修生と学生の交流の時間を作るという姿勢を持つ必要もある。また、検定教科書を使用する英語の授業は、高等学校と同じようにオール・イングリッシュで行われるようになるのは当然として、さらに大学と同様、専門科目を英語で教えることも求められ始めている。英語で専門科目の授業をできる教員の育成というものが、高専の今後の大きな課題の一つである。

　概して高専に入学してくる学生たちのほとんどは真面目であり、目標に達するまでの道筋を示してやれば、そこに向かって努力することができる力を持っている。また、一つ一つの高専は大きくはないが、それゆえに学生一人一人に教員の目が行き届く。また、一般科目の教員と専門学科の教員の距離も近く、教育に

も研究にも協力し合える。そうした意味から言えば、高専の持つ教育のポテンシャルは非常に高い。「モデルコアカリキュラム」で示されている到達目標を学生に周知し、英語の効率的な学習方法を低学年のうちに定着させ、高学年で用意されたグローバル人材となるための様々なプログラムを活かすように仕向けていければ、高専生の英語力は物足りないという評価は払拭されるであろう。

参考文献

穴井孝義・亀山太一・服部真弓・森和憲 (2009)「高専生の英語表現力向上を目指した「全国高専英語プレゼンテーションコンテスト」の開催」『論文集「高専教育」』32, 969-974. 独立行政法人国立高等専門学校機構.

青山晶子 (2009)「Web 教材「理工系の学生のための必修英単語 COCET3300」を評価する」『研究論集』28, 125-134. 全国高等専門学校英語教育学会.

新川智清 (2005)「高専における英語教育の現状と沖縄高専の取り組み」『論文集「高専教育」』28, 101-106. 独立行政法人国立高等専門学校機構.

―――. (2012)「多読・多聴を導入した沖縄高専の英語教育－1 期生から 7 期生まで－」『沖縄工業高等専門学校紀要』6, 27-37.

新川智清・青木久美・ジョンソン・キャティー (2006)「沖縄高専における英語多読・多読授業の 1 年目を終えて」『論文集「高専教育」』29, 207-212. 独立行政法人国立高等専門学校機構.

茅野潤一郎 (2005)「長岡高専生の受容語彙サイズの測定とその特徴」『長岡工業高等専門学校研究紀要』41-2, 9-18.

茅野潤一郎・大湊佳宏 (2007)「日本人 EFL 学習者の語彙サイズ」『長岡工業高等専門学校研究紀要』43-1, 1-10.

Coady, J. (1997) "L2 vocabulary acquisition: A synthesis of the research." In J. Coady and T. Huckin (eds.), *Second Language Vocabulary Acquisition*. (pp. 273-290) Cambridge: Cambridge UP.

独立行政法人国立高等専門学校機構 (2012)『平成 23 年度国立高等専門学校卒業生アンケート調査調査結果の概要』<http://www.kosen-k.go.jp/pdf/enquete_kekka.pdf> (2013/07/31 アクセス).

―――. (2012)『モデルコアカリキュラム（試案）』

Ellis, R. (2002) "The place of grammar instruction in the second / foreign language curriculum." In E. Hinkel and S. Fotos (eds.) *New Perspectives on Grammar Teaching in Second Language Classrooms*. (pp. 17-34) Mahwah: Lawrence Erlbaum Associates.

深田桃代・西澤一・長岡美晴・吉岡貴芳 (2008)「高専生英語力向上への道：英文多読指導の効果」『研究論集』27, 1-8. 全国高等専門学校英語教育学会.

Goulden, R., Nation, I. S. P. and Read, J. (1990) "How large can a receptive vocabulary be?" *Applied Linguistics* 11, 341-363.

畠山喜彦 (2012)「高校生と高専生の英語学習に対する意識と取り組み－第 3 学年における比較を通して－」『研究論集』31, 1-10. 全国高等専門学校英語教育学会.

石川希美 (2012)「英語学習状況に関する調査－高専生の英語嫌いと学習意欲」『研究論集』31，41-50．全国高等専門学校英語教育学会．
亀山太一監修 (2007)『COCET 3300 理工系学生のための必修英単語 3300』東京：成美堂．
―――. (2012)『COCET 3300 理工系学生のための必修英単語 2600』東京：成美堂．
Kinginger, C. (2009) *Language Learning and Study Abroad*. Hampshire: Palgrave Macmillan.
小林潤子 (2006)「英語学習方法の考察：音読、暗唱、筆写」『STEP BULLETIN』18，30-49．日本英語検定協会．
高専英語教育に関する調査研究委員会 (2009)『高等専門学校における英語教育の現状と課題 (2)』(平成 20 年度科学研究費補助金　基盤研究 (B) 課題番号 (19329993))．
久保田佳克 (2008)「英語学習法としての音読と筆写」『研究論集』27，137-146．全国高等専門学校英語教育学会．
―――. (2013)「音読筆写と多読を中心とした授業展開とその効果」『平成 25 年度全国高専教育フォーラム 教育研究活動発表概要集』73-74．
久保田佳克・矢澤睦・小松京嗣・千葉慎二・海野啓明・高橋薫 (2012)「国際交流を中心とした海外研修旅行が学生にもたらす効果」『論文集「高専教育」』35，389-394．独立行政法人国立高等専門学校機構．
松田奏保・小山直子・尾田智彦・山口和美 (2003)「パソコンを利用した英単語学習用ゲームソフトの開発とその利用」『論文集「高専教育」』26，261-266．独立行政法人国立高等専門学校機構．
松田奏保・山口和美・尾田智彦 (2008)「ゲーム形式での英単語学習ソフトへの音声機能の追加とその効果」『論文集「高専教育」』31，217-222．独立行政法人国立高等専門学校機構．
望月正道・相澤一美・投野由紀夫 (2003)『英語語彙の指導マニュアル』東京：大修館書店．
村田年 (2002)「新指導要領の語彙制限がもたらすもの」『英語教育』50-12，20-22．大修館書店．
Nation, I. S. P. (2001) *Learning Vocabulary in Another Language*. Cambridge: Cambridge UP
西野達雄 (2008)「オンライン教材 COCET3300 を利用した英単語学習」『大阪府立高専研究紀要』42，77-82．
西澤一・吉岡貴方・伊藤和晃 (2007)「苦手意識を自信に変える、英語多読授業の効果」『論文集「高専教育」』30，439-444．独立行政法人国立高等専門学校機構．
―――. (2008)「英語多読を通じた図書館の授業支援と地域貢献」『論文集「高専教育」』31，809-814．独立行政法人国立高等専門学校機構．
大湊佳宏・茅野潤一郎 (2008)「長岡高専生の英語語彙サイズ調査と英語 3 技能」リスニング、リーディング、ライティング）との関係」『長岡工業高等専門学校研究紀要』44-1，1-8．
大谷浩 (2009)「高専と TOEIC」『文部科学教育通信』227，22-23．
朴権英・ワーナー ピータージョン・鳴原敦子・関成之 (2013)「実用的言語教育に関するカリキュラムの改善およびその教育効果」『論文集「高専教育」』36，193-198．独立行政法人国立高等専門学校機構．
齋藤康之・栗本育三郎・大枝真一・白木厚司・関口昌由 (2013)「タイ短期留学生受け入れにおける情報工学教育プログラムの実施」『論文集「高専教育」』36，697-702．独立行政法人国立高等専門学校機構．

斎藤兆史 (2000)『英語達人列伝』東京：中央公論新社.

―――. (2003)『英語達人塾』東京：中央公論新社.

酒井邦秀 (2002)『快読100万語！ペーパーバックへの道』東京：筑摩書房.

仙台高等専門学校 (2011)『学生国際交流事業における教育の質の保証－学生の主体的・能動的な学びを引き出す双方向型国際研修プログラム－ 成果報告書（平成21 ～ 23年度）』平成21年度選定 文部科学省大学改革推進等補助金（大学改革推進事業）大学教育・学生支援推進事業【テーマA】大学教育推進プログラム.

須田孝司 (2006)「学生の語彙レベルに関する一考察－群馬高専との比較と課題－」『仙台電波工業高等専門学校研究紀要』36, 59-62.

竹田恒美・村井三千男・相澤俊行・堀智子・関根紳太郎・John Gates・松岡浩史 (2009)「オンライン版COCET3300による語彙学習の有効性について」『研究論集』28, 55-64. 全国高等専門学校英語教育学会.

竹村雅史 (2005)「函館高専に於ける英語多読指導の試み－中間報告－」『函館工業高等専門学校紀要』40, 83-88.

―――. (2006)「函館高専に於ける英語多読指導の試み－最終報告－」『函館工業高等専門学校紀要』41, 113-117.

竹山友子・江口誠・西原貴之・栗原武士・川尻武信 (2010)「短時間多読授業の継続実践による学生の意識変化―1年目と2年目の比較―」『論文集「高専教育」』33, 151-156. 独立行政法人国立高等専門学校機構.

―――. (2009)「英語多読授業の実践－2年目を終えて」『呉工業高等専門学校研究報告』71, 67-75.

田辺茂・香川律・パトリシア マロー・桑田明広・光井周平・原隆・吉田政司・杉本昌弘 (2013)「中国地区高専の国際交流活性化と国際的技術者の育成プロジェクト活動とその成果」『論文集「高専教育」』36, 691-696. 独立行政法人国立高等専門学校機構.

種村俊介 (2010)「英語多読の実践と英語多読が学習者の語彙サイズに及ぼした影響について」『研究論集』29, 49-57. 全国高等専門学校英語教育学会.

豊田工業高等専門学校 (2011)『「多読・多聴による英語教育改善の全学展開」報告書』H20年度 質の高い大学教育推進プログラム選定事業.

上泰・大向雅人・宮本行庸・藤野達士 (2009)「海外見学旅行における高等教育機関訪問の効用」『論文集「高専教育」』32, 877-880. 独立行政法人国立高等専門学校機構.

上垣宗明 (2012)「チームでの英語プレゼンテーション実施に向けた取り組み」『研究論集』31, 109-117. 全国高等専門学校英語教育学会.

上杉鉛一・仲岡俊祐・田中康仁・河合和久 (2010)「出題方法の違いによる英単語定着度の調査－よりよい英単語学習支援システムの構築を目指して－」『研究論集』29, 25-34. 全国高等専門学校英語教育学会.

臼田悦之 (2010)「プレゼンテーション重視の英語授業の研究－コミュニケーション能力を高めるために－」『論文集「高専教育」』33, 1-6. 独立行政法人国立高等専門学校機構.

渡辺眞一 (2011)「高専と高校の違いとは－新米高専教員の視点から－」『研究論集』30, 9-14. 全国高等専門学校英語教育学会.

安木真一 (2001)「フレーズ音読を用いた授業の効果と問題点」『STEP BULLETIN』13, 84-93. 日本英語検定協会.

矢澤睦・伊勢英明・久保田佳克 (2009)「タイ研修生受け入れ事業における日本語・日本文化ワークショップへの取り組み」『論文集「高専教育」』32, 927-932. 独立行政法人国立高等専門学校機構.

―――. (2012)「タイ研修生受け入れ事業における日本語・日本文化ワークショップへの取り組みⅡ」『論文集「高専教育」』35, 695-700. 独立行政法人国立高等専門学校機構.

第4章

短期大学の英語
―教育・研究・学務―

市﨑一章

はじめに

　執筆を始めるに際して、まず短期大学への進学者はどのような状況となっているのか、その推移を記しておく必要があろう。短大への進学率は、昭和49年に10%の大台に乗り、その後は（丙午年生まれの少子化により途中2年間のみ11%を切ったものの）平成2年に至る16年間は11%台を維持し、平成6年には13.2%とピークを迎えた。しかし、それを最後に、数値は一気に下降線をたどり、平成12年にはついに10%を切り、その後も右肩下がりで、平成25年には5.3%というピーク時の4割の値となってしまった。ただこれはあくまでも進学率であって、進学者数ではない。短大の在学者数の推移を紹介すると、昭和37年に10.7万人、わずか5年後の42年には23.5万人と2倍以上になり、同48年には30万人の大台に乗り（31万人）、その14年後の平成62年には40万人の大台に（43.8万人）、そしてそのわずか4年後の平成3年にはついに50万人を突破した（50.4万人）。ただ、平成5年の53万人をピークに、やはり右肩下がりとなり、平成25年にはピーク時のわずか1/4（13.8万人）という数値に至っている。

　進学率や在学者数は、世の中の景気や18歳人口によって大きく左右されてきた。筆者が九州の中規模私立短大に就職したのは平成元年で、ちょうど第二次ベビーブーム生まれの者が高校を卒業し始める頃であった。更に、日本はバブル景気を迎えており、思い起こせば短大が最も華やいだ時期であった。

　平成元年は、全国で計584の短大が存在し、そのうち私学が490（84%）で、男女比は1：9で圧倒的に女子学生の進学先として人気があった。短大に設置された学科の95%は文系であり、とある高校の進路指導担当者が、当時は大学・短大の文系に進学する者の過半数が英語関連学部・学科だった印象があるとおっしゃっていたのを思い出す。今にして思えば異常とも言える英語ブームを迎えて

おり、大学・短大は、英語関連学部・学科さえ設置すれば必ずそれなりの志願者を迎えることができた時代であった。

　修業年限が概して2年の短大は、昔は軽んじられていた女子教育が女性の社会進出と共に尊重され始め、日本の経済成長も後押しするかたちで、将来は結婚して家庭に入るとしても高校卒業では…、何とか学費を工面してせめてうちの娘にも高等教育をという、保護者の願望の受け皿として成長してきた。短大に入学してくる子供は子供で、四年制大学（以下、単に「大学」と記す）にやってもらうまでの負担は親にはかけたくないという意識が強く、2年の修業年限の間に取れる免許・資格はできるだけ取り、大学に進学する者より2年早く社会に出て活躍したい・親に迷惑をかけずに独立したいという意識が高い者が多いという点は、昔から変わっていないように思える。

　その需要に呼応するかたちで、短大の方も人気のある学科を設置し、取得可能な免許・資格を揃え、学生募集を行ってきた。進学説明で高校を訪問した際には、よく「入口・中身・出口」という用語を使って「入試・教育・就職」の説明をしていたが、年月の経過と共に、「入口・中身」の説明は単純化し、「出口」の説明にのみ重点を置かざるを得ない状況になった。定員割れから、受験生全入時代の到来である。急激な少子化とバブル景気の終焉による不景気の到来によって、学科名と出口の職業名が直結しない学科（英語・英文や国語・国文といった教養系学科）や、いわゆる贅沢学科（音楽科やデザイン学科や観光学科）離れが加速化した。そういった学科を看板にしていた短大にとってこれは大打撃となった。この四半世紀に、短大の在学者数が激減したのに対して、大学の在学者数は微増し、専門学校の在学者数は緩やかに減少している。少子化による18歳人口の減少はさておき、女子高生の大学・短大への進学率が上昇している（例えば平成元年の36.7％から平成25年の55.6％）ことから推測して、昔は短大に進学していた層が、大学や専門学校に流れているのであろう。短大では改組転換が盛んになり、学科名の変更、コース制の導入、定員のカット、専攻科の設置、そしてついには共学化を実施したところもある。それでも間に合わなければ、志願者が集まらない学科は募集停止にしてスリム化が図られた。また、大学と短大が併設されている組織では、前者が後者を吸収したり、とうとう後者を閉学とするところが急増した。参考までに、短大の数は平成8年のピーク時の598から、平成25年には359と、

ちょうど6割にまで急減している。

　無論、短大の凋落はそこに勤務する教職員にも跳ね返ってくる。平成4年にピークであった短大の本務教員数は 21,179 名であったが、平成 25 年には 8,633 名と、4割にまで急減した。新たに採用される常勤教員の数は減ると共に、昔の契約時には定年が 70 歳を超えていたが、年を追うにつれてその年齢はどんどん下がり始めた。今や短大によってはもはやすべて任期付の契約採用しかしないところも少なくない。複数年契約ならまだしも、経営サイドの都合が悪くなればいつでも解雇できるよう、わずか1年の非常勤講師が増えている状況である。また志願者確保のために、（言葉は悪いが）学生募集で即効性のある特効薬として、地元の高校の校長退職者がどんどん採用されるようになった。ただ、契約期間は概ねその即効性の消える5年以内である。昔は皆で祝っていた永年勤続表彰は、いつの間にか早期退職勧奨制度に取って代わられた。残った常勤組も、本給は頭打ちとなり、賞与は減額が続き、無論その他の各種手当は無くなってしまうばかりか、昔の契約時は不文律であろうと信じていた定年までが短縮され始めた。安くあがる若手の契約教員ばかりで生き残るので、高くつくベテランには1年でも早く去っていただけないかというリクエストである。まさにお先真っ暗な状態であるが、短大の運営費の概ね8割以上は人件費に充てられているため、生き残りを賭けて短大が存続するにはいずれもやむを得ない措置であろう。

1. 教育

　ごく単純に記せば、短大のカリキュラムは大学の約半分となっている。短大設置基準によって、履修科目は一般教育科目と専門教育科目に大別され、卒業要件単位数は、前者が 16 単位以上、後者が 46 単位以上で、計 62 単位以上というのが現在の規定となっている。一般教育科目は、外国語科目と体育を除けば、人文・社会・自然の3分野に下位区分され、昔は卒業するには各分野から取得するべき最低単位数が設けられていたが、今はある分野に単位が偏っても差し支えなくなった。また短大の個性を尊重する方針が打ち出され、各短大がオリジナルの科目を設置できるよう「総合科目」という下位区分も設けられている。大学と比べると修業年限が短いため、開講期間は、通年科目より半期完結の科目が圧倒的に多いのが特徴である。1年間の履修登録単位数の上限は、短大によって異なる

が、一般的には 44-50 単位程度である。授業の種類は、講義、演習、実験・実習／実技に分れており、これも全く大学と同様である。

　大学と決定的に異なるのは、学生の「忙しさ」であろう。中には何ら免許・資格を取得せず卒業する者がいるが、その場合は二年次にウィークデーが 1-2 日休日になろう。ただ、上記のように、短大生は、限られた修業年限でより多くの免許・資格を取ろうとする傾向が強い。その関連分野は、言語・経理・事務・秘書・マルチメディア・情報処理・パソコン・建築・医療・福祉・食品・料理・ファッション・ペット・園芸・文化等々、多岐にわたるが、求められる単位数から言っても、圧倒的に大変なのが保育士免許と教員免許（幼稚園・小学校・中学校）であることは間違いない。保育士免許や小学校教諭免許は保育学科や初等教育学科のゴールであるため別として、例えば、教養系学科に入学した者が任意で中学校教諭免許（2種）を取得しようとすると、教職関連科目だけで実習を含み計 25 単位以上が求められるため、丸二年間、ウィークデーは授業で終日埋まるばかりか、長期休暇期間中にも、教育実習を含め、いくつもの集中講義等が入る。大学生と比べると、その多忙さは半端ではなく、わずか二年間で卒業時の総取得単位数が 100 を超える者も珍しくない。

　なお、「学生の教育」とは、狭義では「学習教育」を指すものとして本項で扱うが、広義で含まれるであろう「生活指導」、「就職支援」、「クラブ・サークル活動の指導」等は、学務との関わりが大きいため、後続項の 3.「学務」で言及することにする。

1.1 英語教育

　ではいよいよ話題を英語教育に向けてみよう。筆者が二十余年間勤務した九州の中規模短大を例にしてみる。日本の他短大の英語関連学科の状況と大きな相違はないはずである。

　筆者が勤務した短大は昭和 61 年（1986 年）に英語科が設立され、その名称は 17 年間続いたものの、志願者減を食い止めようと改組転換で他学科と共にコースとなった。ただ、結局志願者減に歯止めは効かず、平成 24 年（2012 年）にはとうとう募集停止となり、26 年間の歴史に幕を下ろすに至った。ある意味では一時代の要請に応えその役割をまっとうしたのかもしれない。ここでは、そういった時代の流れと共に、英語科のカリキュラムがいかなる変遷を辿ってきたか、設置後 20 年間の主たる変化に焦点を当て、その経緯と妥当性に言及してみたい。

1.1.1 短大の設置基準と短大教師のジレンマ

　短大も大学同様、学校教育法に基づいて設置された大学であり、短大設置基準第4章第5条2（教育課程の編集方針）には「短期大学は、学科に係る専門の学芸を教授し、職業又は実際生活に必要な能力を育成するとともに、幅広く深い教養及び総合的な判断力を培い、豊かな人間性を涵養するよう適切に配慮しなければならない」とある。いわば学究的指導と実学的指導の奨励ということになろうが、短大は大学と比較すると、より早く社会に出るため、実学的指導に比重を置くのが自然であろう。ただ専門知識を有する教師側には、潜在的にその知識をなるだけ深く学生に教授したい欲求があるのは否めないのではなかろうか。短大生は、2年次にはもう就職活動で少なからず公認欠席をすることになる。無論、各種免許資格の取得や就職を目指して彼女らが学習・体験することは、専攻分野の学習とは異なった角度から、彼女らの知識を深め、成長させることにつながっていようが、短大教師がそれを当然と受け入れ、自ら担当する科目の専門的な指導を量的にかつ質的に抑制するには、それなりの時間と経験、そして一種の大胆な踏ん切りが必要となる。

1.1.2 カリキュラムの変遷

　筆者が籍を置いていた英語科の創設時は、開講科目は一般教育科目と専門教育科目に大別され[1]、後者に下位区分は設けられていなかったが、7年後より、英語学・英米文学・英語コミュニケーション・比較文化という下位区分が設けられた。そしてその13年後には、人間関係・情報処理操作・ビジネス理解・言語コミュニケーション・創作表現・文化理解・国際理解という7つの下位区分に多様化した。英語に限らず言語を学習する際には、「読む、書く、聴く、話す」という基本4技能がよく引き合いに出されるが、これはいわゆる「コミュニケーション」に直結する実学的技能である。短大／大学といった高等教育機関では、学生はこういった基本技能に加えて専門的な教養の分野を学習することになるが、英語科の場合、伝統的分類では、それらは「文学」と「語学」ということになる。20年間のカリキュラムを比較する上で、本項では専門科目を「語学」、「文学」、「コミュニケーション」、「英語関連基礎科目」[2]、「その他」の5分野に分類して、専門科目数に占めるその割合の変遷を、ほぼ7年おきに4等分して図示し、辿ってみる。

1986年から2000年までは、その構成比に大きな変化は認められない。英語関連基礎科目の減少と共に、ややコミュニケーション科目が増加した様子が窺える。高等教育機関の3本の柱となるべき「語学」「文学」「コミュニケーション」の分野が、ほぼ均等に配分されている。紙幅の関係で科目の詳細まで挙げるには至らないが、その他の分野が増加した背景には、パソコンの普及に伴った新たな情報関係科目と、情報関連企業やホテル等に就職の窓口を拡げるべく、国際観光や国際交流といった、いくつかの科目が新設されたという経緯がある。この時期が、ちょうど日本経済のバブル膨張期に相当することは興味深い。先述のように、勤務先英語科は2003年に改組転換という大改革を迎え、当時最も人気の高い名称であった「英語コミュニケーション」コースとなった（2006年の図が2003年の改革時を表すものとみなして差し支えない）が、2000年には36%であったその他の分野が一気に59%へと増えている。また、2000年には取得可能な免許資格が、2種類（中学校教諭と秘書士）しかなかったのに対し、2006年には、それらに加えて、プレゼンテーション実務士、ビジネス実務士、情報処理士、司書が取得可能となり、計6種類の免許資格称号を提供しうる体制となった。それに伴い、その他の分野は科目数では15から33と2倍以上になった。同時に、英語関連基礎科目、文学、語学は激減している。ただコミュニケーションの比率はむしろ大きくなり、英語科から転じた英語コミュニケーションコースという新名称を明瞭に反映するものとなった。この期間には、総科目数でも、42から56へと増加しているが、学生の修業期間に変わりはないため、いわゆる選択肢が大幅に増えたと言えよう。他方、その他を除く4種の英語分野に着目すると、27から23へと

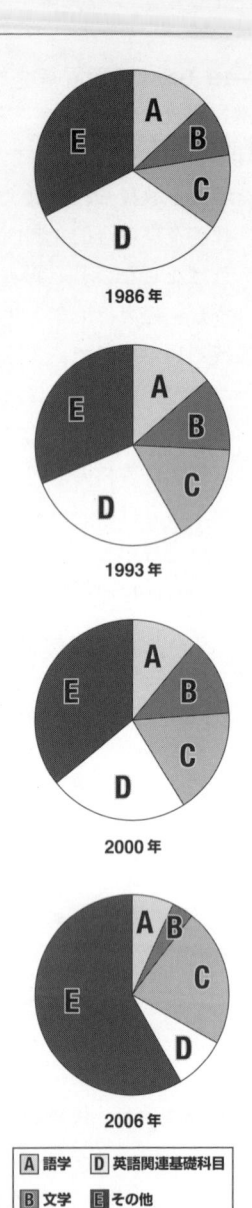

1986年

1993年

2000年

2006年

A	語学	D	英語関連基礎科目
B	文学	E	その他
C	コミュニケーション

やや減少しているに過ぎない。つまり、英語コミュニケーションコースに入学した者は、様々な免許資格称号が取得可能になったのと同時に、英語を専門に学習しようとすれば、それに応えうる科目群も引き続き提供されていたことを意味する。

学生数の減少と共に―「いかに魅力あるカリキュラムを提供できるか」―これが英語科・コースを存続させるために、残った常勤英語教師にとっては最大のテーマであり、その追求が最後のあがきとなった。高校生で、短大の英語関連学科を志願する者の多くは、昔も今も、まずは「英語で話せるようになりたい」という欲求が強い。改組転換の時代には、数多くの短大が学科・コース名変更の際には、その欲求に応えるべく「英語コミュニケーション」という文言を採用し、筆者の勤務先も「英語科」から「英語コミュニケーションコース」と改称した。無論、カリキュラムにもその名称を反映させねばならなかったので、これが筆者には大きな葛藤となった。短大は、「短期」という文言が冒頭についても「大学」という高等教育機関である限り、学生に知識を提供する場であり続けなくてはならない。大学・短大の英語関連学部・学科で身に付けることができる知識とは、語学であり、文学である。コミュニケーションという文言は、広義では「読む・書く・聴く・話す」という言語運用の四技能を指すであろうが、受験生が求めているのは狭義の「聴く・話す」であり、それは技能であって知識ではない。たとえば、英米の小学生は完璧な発音で英会話をするが、知識を身に付けずに短大を卒業した者が会話についてはまったく同じ能力を身に付けたとして、果たしてその発話には20歳と言うその年齢に求められる中身があるのか？技能の習得だけなら、英会話学校だけで間に合うはずである。断わっておくが、筆者は英会話学校の意義を否定したり、「聴く・話す」能力を軽んじているわけではない。その能力が高等教育を受けた後でも十分身につかないからこそ、未だに問題視され、結局受験生の英語離れの大きな一要因になっているわけであろうから。

英語関連の学部・学科を卒業したならば、「聴く・話す」能力はある程度身に付けた上で、英語に関する基本的な知識を習得し、それに基づいて、社会では生産的な何かを発信できてしかるべきであるというのが、筆者の主張である。ただ、たかが2年間という限られた短大の学習期間で、免許資格取得に必要な科目が大

幅に時間割に食い込んでくる中、文学と語学という知識の泉から最後の砦として何を残すべきなのか…辿り着いたのは、英語史（文法分析を含む）・英米文学史（原典講読を含む）・英語音声学であった【前者二つは卒業必修であるが、英語音声学は教職必修で卒業選択にまで妥協】。それが前記の 2006 年のグラフにわずかに残った語学・文学の分野を代表する科目である。端的に申せば、Norman Conquest を知らずして、Shakespeare を知らずして、リズム感の無い日本式英語しか発せないまま、短大の英語科を卒業してほしくないという想いであった。

1.1.3 英語力養成のための試み

　では、「聴く・話す」能力をつけるには何が有効か。まずは外国人講師とのコミュニケーションを数多く持たせることである。最初は broken な英語でもよい、単語を並べるだけでも良い、native speaker と意思疎通ができた瞬間には、大いなる喜びがある。仮に native speaker 並みに話せる日本人英語教師がいて、その日本人と英語で意思疎通ができても、黒髪・黒い瞳の自分と同じ外見の相手では、学生にとっては残念ながら大した喜びとはならないのである（笑）。昔、学力レベルの高い短大を視察したことがあるが、クラスがいくつかのグループに分けられ、各グループが TV の英語ニュースで扱われたトピックから興味のあるものを選んできて、グループ内で銘々が英語で自分の意見を述べてディスカッションし、最後には代表がグループの意見を発表するという授業を参観したことがある。筆者の短大では、まあそこまでは至らずとも、毎週毎週、英語のシャワーを浴びることで、二年次後期にはそれなりの会話能力が身についたし、自ら話せるようになったと自覚する学生がほとんどであった。学生数がピークの時代は、会話のクラスといっても native speaker 1 人に対して 25 名もの学生がいて密な会話ができる状態ではなかったが、学生減の加速は皮肉にも、より好ましい少人数制のクラスを出現させた。ただ、その裏では、契約講師はどんどん整理解雇にせざるをえないという問題も生じた。また、極端に英語科への志願者が減じ、募集を停止せざるを得なくなった短大では、最後の数年は、native speaker 1 人が学生 1 名を指導するという信じられない状況まで生じたところもある。これではお互いひどくやりづらくなる。会話のクラスは、少なければよいというものではなくて、相互のコミュニケーションから多くを得られるため、学生数は 10 名前後というの

が理想ではなかろうか。蛇足であるが、1クラスが10名程度になった際に学生間の英語能力に大きな差が生じたと共に、日本人英語教師の担当コマ数に余裕ができたため、native speaker の発話が聴き取れない学生のために、筆者が team teaching のかたちで補助に入ったことがある。あくまでも日本語は避けて英語でパラフレイズするだけにとどめたかったが、そうもいかないケースが多く、今振り返れば、結局大した効果はなかったように思う。わからない場合は周囲のクラスメートが手助けしてくれるし、むしろそこから脱却して何とか自分で訊き返す姿勢を身に付けさせることの方が有意義である。

　Native speaker による英会話クラスに次いで「聴く・話す」能力養成に効果的なのが、英語圏への短期研修／ホームステイであろう。生まれ育った地元を初めて離れ、いきなり地球の裏側の異文化に触れた際のインパクトは記すまでもない。見るもの聞くものがすべて新鮮で、その上、最初は、相手の言っていることはまるで分らないし、自分が言いたいことも言えないのだから（笑）。一体自分はこれまで何年英語を学んできたのだろう、まったく役に立たないじゃないかと、自己嫌悪に陥る者も少なくない。筆者の前勤務先では（英／米／豪／加へ向かう）主に3-4週間の短期ホームステイであったが、概ね1週目は受動的であったコミュニケーションの姿勢は、2週目以降から一気に積極的になり、それと共に、意思疎通には broken English でもいいんだと認識し、相互に通じ合えることの喜び・素晴らしさを体感することになる。そしてお別れパーティの際には、ほぼ全員が落涙すると同時に、是非、ホストファミリーと再会したいと強く心に思うのである。そして、何よりも帰国後に見せる学生たちの教室での姿は一変する。学習意欲が増幅し、知識欲溢れる眼つきになり、まさにこうあってほしいという短大生像を具現してくれる者が現れてくる。ただ、費用の問題があって希望する者が全員参加できるわけではないのが一番の問題である。

　他方、教師側からすると、丸1ヶ月近く数多くの学生の管理をせねばならず、海外研修の引率は大変な労働となる。学生は1~2名単位でホストファミリーに世話になるが、コミュニケーションの不足からお互いに馴染めないとか、学生からはファミリーを変えてほしいという要望も出てくる。また連日の健康状態のチェックだけでも大変である。当然、全員がそれなりの保険には加入しているものの、危機管理問題も出てくる。引率教師は医者でも警官でもない。保護者に

は、万一の場合は、教師は最善は尽くすもののただの連絡役しかできないことを認識してもらっておくことが肝要であろう。筆者は、一度目の米国研修では、直接カリフォルニアに着くはずの往路の航空機が、強風の影響で燃料不足となりいきなりハワイに降りて給油するとか、ようやく研修が終了してLA空港で復路の便に搭乗できたかと思えば、突然の機器不調で整備するからと2時間缶詰にされた挙句、結局その便は使えず、余計に一泊にする羽目となった体験がある。緊急に準備されたホテルへの移動、フリーチケットはもらったもののレストランは長蛇の列で入れず、日本で迎えに来てくれる保護者への到着日時変更の連絡等々、最後にとんでもない仕事が降りかかってきて、どっと疲れたのを覚えている。海外研修はどの短大も、通常の講義や就職活動への影響がないよう、長期休暇中に行われている。ただ、教師にとっては、長期休暇は格好の研究期間であるため、その意味でも引率の負担は大きい。二度目の米国研修では、筆者はまた単独で、計26名もの女子学生を引率せねばならなくなった。旅行業者から聞くには、教師1人あたり15名程度までの引率が一般的であるということであったが、複数の教師で引率するか否か、あるいは何名の学生を引率上限とするかは、引率者に対する旅費や手当の問題等もあり、短大によってまちまちのようである。筆者は、二度目の引率では、空いている時間を利用して本屋巡りをして研究用の資料を集めたが、それは滞在先が大都市近郊であったからできたわけで、引率教師が有意義に時間を過ごすには様々な工夫が必要であろう。筆者の前勤務先では、英語教師を中心としてある程度輪番制で引率の仕事が回ってきたが、滞在先は豪州の田舎町というのもあり、その時の引率教師からは、あまりに刺激が無さ過ぎて参加学生が気の毒であったという報告もあった。もしかすると学生にとっては生涯で最初で最後の海外旅行になる可能性もあり、短大の海外研修では、週末や研修修了後には、名所や観光施設等へのエクスカーションが組まれるのが常である。

　次に効果的であった英語教育の例として紹介したいのはEnglish campである。これは「聴く・話す」力を伸ばすのはもちろん、「書く」力をつける上でも有効であった。計3-4日間を日本語の使用はやめて英語のみで生活しようという試みで、(各都道府県に設置されている)公立の「青少年自然の家」を利用したため、費用も格安で済んだ。筆者の報告が残っているので、それを以下に引用してみる。

英語キャンプ四年目の試み

はじめに

　本学英語コミュニケーションコース独自の科目として開設された英語キャンプ（科目名は「Intensive English Camp」；以下、IEC）も今回で4回目の実施となった。過去三度の参加者によるアンケートでは、英語運用能力の向上および表現力と協調性の涵養という成果が指摘された反面、参加学生の所属学科による二極化および使用禁止のはずの日本語の使用という問題が継続していた。IECは、原則的には英語コース1年生を対象に希望者を上限15名として受け入れ、希望者数に余裕があれば全学生を対象として、例年9月末に実施している。今回は英語コース1年生8名と国語コース2年生3名の、計11名の参加となった。果たして上記問題は解決できたのか、再度、アンケートを分析することで、検証してみたい。

1. IECのスケジュール

　初回のIECは4泊5日で実施したところ、体力を消耗する野外のテント泊が2泊ということもあって長過ぎたという意見が多く、2回目以降は3泊4日とした。また、初日のテント泊についても、やはり肉体的消耗が激しい、そしてテント内では照明の関係で日記が書きづらいという意見を尊重して、今回からは廃止し、3泊すべてを室内泊とした。その関係で、初日のテント設営の時間は、体育館でのスポーツ（室内オリンピック）に振り替えられた。以下に今年度のスケジュールおよび各種活動の人気を比較した表を挙げてみる。

2. アンケート結果

　どの活動が面白かった／ためになったか（p.129 表参照）

IECで何を得たか

　積極的に英語を使おうという力×5、積極性の大切さ×4、間違いを恐れないこと、積極的に話をすれば単語のみでも伝わるということ、伝わることの喜び、英語で話す楽しさ、英語で話すことが楽しくなりキャンプ後も英語を使うようになった、コミュニケーション能力、英語を使っての会話が日が経つにつれて自然になってきた、主張することの重要性、新しい単語を覚えた、英作文能力、聞き取りができない際に勉強不足を感じた、協調性、1年生の友達

表 1 IECのスケジュール

	6:30–7	7–9	9–12	12–13	13–15:30	15:30–18	18–20	20–21	21–22	22–23
9月26日 活動					入所式	室内オリンピック・飯盒炊爨・キャンプファイヤー		入浴	日記作成・指導	就寝準備 消灯・就寝
9月26日 場所					研修室	野営場		浴場	野営場	野営場
9月27日 活動	起床、テント片付け	朝食	海岸散策・漂流物収集(荒天時は屋内フォトアドベンチャー)	昼食	創作工芸	飯盒炊爨・花火(荒天時はキャンドルファイヤー)		入浴	日記作成・指導	就寝準備 消灯・就寝
9月27日 場所	野営場	レストラン	海岸	レストラン	創作工芸館	野営場		浴場	館内	館内
9月28日 活動	起床 散歩	朝食	サイクリング	昼食	カヌー(荒天時はバレーボール)	スピーチ作成・指導	夕食	日記作成・指導	入浴	就寝準備 消灯・就寝
9月28日 場所	館内周辺	レストラン	海岸	レストラン	外池	研修室	レストラン	ロビー	浴場	館内
9月29日 活動	起床 清掃	朝食	スピーチ作成・指導	昼食	スピーチプレゼンテーション・表彰式 退所式					
9月29日 場所	館内	レストラン	研修室	レストラン	研修室					

諸活動の人気比較

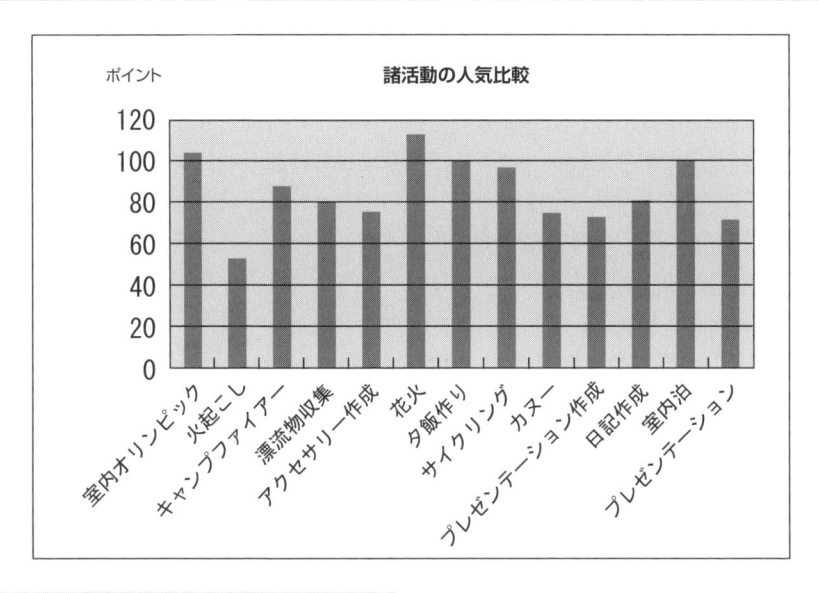

グラフ項目：室内オリンピック、火起こし、キャンプファイアー、漂流物収集、アクセサリー作成、花火、夕飯作り、サイクリング、カヌー、プレゼンテーション作成、日記作成、室内泊、プレゼンテーション

IECに参加した感想（主なものを抜粋）

　今後も英語の力をつけなければという意識が高まった×6、とても充実し・有意義な・楽しい4日間を過ごすことができた×5、諸活動を通じて友人との絆が深まった×5、日々成長していくのが分かった×4、出発式の決意表明でEnglish Campの実感が湧き頑張ろうという励みになった×2、参加前は不安だったが自分の知っている単語を使ってなんとか会話しようと思えるようになった、今までは出来ないから英語は言わない・分からないで済ませようとする自分がいたがこの考えが無くなった、積極的にコミュニケーションを取ろうとする態度があれば多少間違っても話は出来ると実感した、最終日のプレゼンテーションでは毎日の日記が役立った、最終日には返事や挨拶が自然と英語になっているくらい英語漬けで楽しく学べた、キャンプ後はしばらく英語ですべてを考えようとする癖が抜けなかったので1ヶ月くらい英語漬けになったらある程度英語で話すことが出来るのかなと思った、日本語を話してしまう相手の前では日本語を話してしまった

まとめ

　今回初めてIECへの参加満足度を100点満点で回答してもらったところ、点数の散らばりは70-97点となり、平均点は83.7点となった。何がマイナス要素

になったかは直接問わなかったが、まだまだ改良・改善する余地が残されている。

　実施期間（3泊4日）については、7名が適切、4名が長過ぎると回答したが、英語の履修時間数から判断してもこれ以上の短縮は考えられない。また、テント泊を一人の学生が希望したものの、それを廃止して振り替え実施した室内オリンピックは、初めての試みとなったが、全活動のうち二番目の人気となった。テント泊の廃止で、引率教師の肉体的負担も大幅に軽減され、室内オリンピックの実施によって、初対面の学生間の緊張は自ずと解きほぐされた。後者は、初日に組み入れるべき活動としては、新年度からも有力候補となろう。

　得たものや感想を分析すると、概ね、英語キャンプの目的は達成された感がある。外国語を用いたコミュニケーションに最も求められる「積極性」の意義を認識し、キャンプ終了後も、それが学習意欲となり、そして望ましい学習姿勢へとつながることが期待される。厳禁とした日本語の使用は、今回もないわけではなかったが、これまででは最も出来が良かったかもしれない。日々、学習意欲を高めていった参加者の様子を観察していると、初日から何が何でも100%日本語使用を禁止させようと、しゃかりきになって指導する必要はないように思える。

　教育における動機付けの意義は今更ここに記すまでもないが、初日の出発式の際には多勢の教職員各位においでいただき、それが参加者の気を大いに引き締めるきっかけとなった。最後に心よりお礼を申し上げたい。

　以上である。報告通り、English campはかなりの成果が認められ、野外での活動は人目を惹くので、写真が学生募集用の広報に採用されたり、進学説明会等でも高校生からいろいろ質問を受けた。ただ、現実は、これも海外研修同様、引率指導教員の負担は並大抵ではない。指導は、2名のnative speakerと筆者ともうひとりの日本人英語教師が担当し、常に少なくとも1名のnative speakerと日本人教師が指導する体制で、ある程度は輪番制にしたものの、圧倒的に野外活動が多く、日頃教室内だけの指導しかしていない教師にとっては、とりわけ体力の消耗が激しかった。そして、最大の弱点は、参加学生数は15名程度が上限になるという点である。というのも、それ以上の数になると、いくら事前に日本語を使わぬよう指導しておいても、教師の目が届かないと、どうしても学生は日本語に頼ってしまうからである。これは、決して楽をしようという意識からではなく、

「今、教師が発している英語が聴き取れない、全体の流れについていかねば…、何とかコミュニケーションを成立させたい」等々の意識から、小声で隣の者に向かってこそこそと日本語を発してしまうわけである。ただ、当初記した「書く」力は、少人数であるがゆえに、一人ずつの添削が可能になり、それなりの効果があった。

　English campの最終日には、各自がテーマを決めて作文したエッセイを、できるだけ暗記して皆の前で発表させたが、直前の数時間は、各自が集中力を高めるため周囲と離れて一人だけの空間を作り、施設の各所で懸命に暗記している姿があった。無論その努力はスピーチに現れ、学生毎に出来栄えに差はあるものの、全員が全員、それまでに教室では見せたことのないベスト・パフォーマンスを見せてくれた。

　その他、特筆すべき活動としては、年度末にスピーチコンテストを行った。1年生の英会話の授業と抱合せる形で、その授業の最後に課した活動であったが、既に入学者が10名を切った時点で始まり、2年生にはボランティア参加を呼び掛けて数名が応じてくれる状況で、英語コース内の催しに過ぎなかったせいもあって、大いに盛り上がるには至らなかった。全学的に、例えば「学長杯争奪コンテスト」等、銘打って行うことができれば、自ずと聴衆の数も変わってくるのでより盛り上がったであろうが、在学生のほとんどが英語科以外の他学科生では、実現は難しかった。ただ、教育の面からは、先述のEnglish camp同様、これも少人数であったからこそ作文指導は1対1で綿密に行うことができて、「書く」能力の養成には有効であった。

1.2　免許・資格・称号と就職活動の影響

　先に述べたように、短大生は入学した時点で出口を意識している。不況が続き就職が困難になるほど、必然的に免許資格の取得熱も高まる。前項のカリキュラムの変遷で挙げた免許資格称号のうち、中学校教諭と司書を除けば、あとはすべて一般財団法人である「全国大学実務教育協会」から認定されるものである。最新(2015年時点)のデータでは、この協会には全国で87の大学と128の短大(計215)が加盟していて、加盟大学・短大は、学生募集の面でそれだけ協会認定の資格称号に大きく依存しているとも言える。そして現在取得可能なものには、実

践キャリア実務士、（上級）情報処理士、（上級）ビジネス実務士（国際ビジネス／サービス実務）、（上級）秘書士（国際秘書／メディカル秘書）、（上級）情報処理士、ウェブデザイン実務士、プレゼンテーション実務士、（上級）ビジネス実務士、観光ビジネス実務士、（上級）環境マネジメント実務士、社会調査実務士・社会調査アシスタント、（国際）ボランティア実務士、NPO実務士、カウンセリング実務士、保育音楽療育士、こども音楽療育士、園芸療法士、生活園芸士等々の名称があり、まさに百花繚乱である。

　ただ、短大がより多くの資格称号を供するにはそれだけ多くの科目を開講する必要があるわけで、とにかく人件費の問題があるため、新たな科目を新設したいからといって新たな教師を雇用するのは極めて稀で、現存の常勤教師でその科目をカバーできないか、教務はまず検討に入る。是が非でもある資格称号を供したいという状況になったが、どうしても現有メンバーでその取得に必要な科目をカバーできない場合に、やむを得ず非常勤講師の採用となるわけである。また人件費の問題とは別に、学生を2年間で無事卒業させるには、時間割編成上の問題が生じてくる。各資格称号には、「A, B, C, D, … の科目からいくつかを選択して、しかるべき単位以上を取得すること」という規定がある。つまり教務が作る時間割の手順は、まずは卒業必修科目を埋め、残りのコマに、できるだけ資格称号が取得できるよう（それらが指定した）既存の科目を埋めていくわけである。ひと通り埋まったものの、供せる資格称号がどうしても少ない場合は、本来なら授業の無い土曜日にその科目を開講したり【取得を希望する学生はますます忙しくなる】、ウィークデーでも、とあるコマには、二つあるいは三つの資格称号科目（＝卒業選択科目）を重複して同時開講としてしまう場合もあり、その場合は、学生は結局その中から一つの資格称号しか取得できないということになる。ただ、「全国大学実務教育協会」も、会員の多くを占める短大とは共存共栄の関係にあるため、新たな資格称号を設置したからといって、短大に対して特殊な科目の新設を求めることは稀で、できるだけ既存の科目でカバーできるよう多大なる配慮をしている様子である。その結果、ある既存科目は、この資格称号にもあの資格称号にも対応できるというものも少なくない。では、その資格称号の特殊性や価値は保持され約束されるのか…。これも協会と大学・短大の悩ましいところであろう。

　どの短大でも、取得できる免許資格称号は『大学案内』等の広報用冊子に記

してある。短大教師が学生募集で高校を訪問したり進学説明会に出席したりする折には、必ずそのページを開け、高校教諭・高校生・保護者に対して詳細な説明を行う。では、こういった資格称号はどの程度就職に役立つのか？高校生や保護者が抱く素朴な質問であろう。以下は、ネットの関連サイトにあったものだが『「秘書士」の資格は就職に際して有利になりますか』という質問に対する回答例である ― 『私見になりますが、「資格」そのもので有利になるという事ではなく、その資格を得る為の学習内容は、就職活動においては「有利」に作用するのではないでしょうか。基本的な「ビジネスマナー」や「冠婚葬祭」「贈答のしきたり」「手紙の書き方」などや、「スケジューリング」の考え方など、ビジネスの場で必ず求められる知識・技能を身に付ける事によって、面接などの場で、貴方自身をアピールできるものになると思います。企業によっては、「事務職」に求められる能力と被っている内容が多いですよ』 ― 的を得た良心的な回答であろう。ただ、率直に申せば、免許資格が就職に直結することはまずないとも言えよう。たいていの資格称号は、卒業要件を満たす努力に、あとちょっと努力すれば取れる。つまり同じ資格称号を取って卒業するクラスメートが少なからずいるわけである。よほど取得が困難な、あるいは特殊な免許資格でない限り、履歴書に記したその名称が企業の人事の目に留まって、それが決め手で内定に至ることはない。ただ、履歴書に免許資格称号を数多く記すことができれば、社会ですぐには役立たないまでも基礎的な知識や技術は修めている学生であるし、何よりも短大時代に努力した学生である、つまり社会に出ても努力できる人物であるという評価はもらえるはずである。

　短大の英語教師は、出口を強く意識して数多くの免許資格称号を取ろうという意欲溢れる学生に対して、時間割上、英語とは関わりのないそれらの科目に数多くのコマを奪われ、残るコマで、自らの専門を教授しようと頑張っている。学生が実際にどういった科目を履修するかは、幅広い選択肢がある中で、結局は学生が、何を目指して学習するかに依存することになっており、いわゆる学生主導である。よって、英語の力を付けさせるには、カリキュラム上、せめてこの科目だけはと、卒業必修にすることが英語教師の最後の抵抗のようにも思える。

　２年次の４月以降は、本格的な就職試験が始まり、公欠となる日が出てくる。学生の頭の中は、まずは「就職」であり、履歴書をはじめとする就活に必要な書

類を揃えたり、面接の練習で一杯いっぱいになり、講義への集中力が弱まる者も現れる。英語教師は、入学の際のオリエンテーションでもそうであるが、専門科目の講義に於いても、様々な視点から英語の魅力を啓発し続けることが肝要であろう。英語科入学者ならば英語嫌いはいないはずである。出口はもちろん大事だが、なぜ自分は英語科に入学したのか初心に帰らせ、学生である今でないと習得できないことがあるということを悟らせることができれば、自ずと英語学習に対する姿勢も変わってくるはずである。

　ただ、英語力が出口に直結する職業と言えば、英語教師以外にはほとんど見当たらなくなってしまった。そしてその中学校英語教諭にしても、そもそも短大卒業と同時に教壇に立てる者は例外中の例外で、少なくとも臨時／非常勤講師を数年間勤めてようやく採用試験に合格するという現実が以前よりあったし、教育現場で近年増発するようになった諸問題を解決するには、二年課程では到底無理があるので四年課程に移行させよという意見が、その認可・施行まで今やカウントダウンの状況となっている。かつての好景気の頃は、断片的にでも英語を使用する機会がある航空業や観光業の人気が高く、実際に数多くの求人があり、短大生がどんどんそういった分野に就職していた。ただ、こういった分野は景気に大きく左右されるので、今後はまた持ち直してくる可能性も否定できない。

　英語教師にならない限りは、英語はあくまでコミュニケーションの手段に過ぎないし、それでよいと筆者は考えている。できるに越したことはないが、よほどの実力を備えていない限り、短大卒業と共に、仕事の大半を英語でこなすような（例えば外資系の）職場へ就く者は極めて限られている。英語力を活かすとなれば、この実情が示唆しているように、求人先が欲するレベルの能力を、わずか2年間で身につけるのは並大抵のことではないのである。

　結局、真に英語力を強化しようと願うのであれば、様々な免許資格称号取得にチャレンジするのも悪くはないが、まずは真摯に英語の基礎能力を培い、それに加えて専門知識を地道に習得する以外にない。つまり、開講科目の多様さに惑わされぬよう、できるだけ英語との接触時間が多くなるようなコミュニケーション科目や英語関連基礎科目で土台を固めると同時に、語学と文学を修めていくしかないのではないかと筆者は考える。

2. 研究
2.1 研究費
　研究の状況は、様々な要因から、大学と比べると概して低調と言わざるを得ない。最たる要因は研究費である。学生数が多かった時代でも、短大教師の研究費は大学教師と比べると圧倒的に低かったはずである。もちろん何百もの短大があったので、短大間の差は大きかったであろうが、ピーク時でも地方の中規模私立短大であれば、年間 15 万円程度で 20 万円を超えていたところは少数であっただろう。2004 年に学校教育法によって認証評価が義務付けられたが、筆者も 2010 年に短大の第三者評価委員の一人となって、短大基準協会の会合に出席したことがある。そこで経営に詳しい他学の学長から聞いた話では、短大でその当時研究費が教員ひとり当たり 10 万円を超えているところはほとんどないということであった。大学・短大の教師ならば誰もが、自分の専門分野やそれに関わる学会に属し、論文を書き、それを学会で発表したり、機関誌等の専門誌に採択されて初めて業績となる。最先端の研究に遅れないよう、その知見を得るためには、全国各地（時には海外）で開かれる学会に出席し、その分野の重鎮の講演を聴き、研究仲間の研究発表を聴き、そして自らも発表して専門家から批評をいただく必要がある。無論、最終的には教育にその成果を反映するためである。研究費には、そういった学会に参加するための旅費をはじめ、備品費、消耗品費、通信費等、各教師が研究・教育をするために必要な費用のすべてが含まれる。学会の開催地が近隣ならば幸運であるが、学会は中央（東京・名古屋・京阪神）で開かれることが多いため、地方から中央へ出張となれば少なくとも 1 泊する必要が生じ、いくつ学会に属していようが、実質、研究費を使って出張できるのは年間に 1-2 度ということになる。

　筆者の前勤務先では 2010 年頃には、ひとり 5 万円であった。それだけ経営が追い込まれていたということである。更には、会計の事務処理上の都合からか、例えば交通費だけそこから捻出し、宿泊代は自費で、というやり方は当初より認められなかった。つまり、交通費＋宿泊費＋日当のすべてを研究費でカバーできない限り、研究費出張は認められなかったのである。これはもしかすると例外的なやり方で全国的には少数派かもしれない。よって規定通りの運用をしようとすると、出張先が遠方の場合は自費出張となり、そもそも高給取りでもないので断

念せざるを得ない。ただ、研究費は、所属学生数を基に学科単位で予算立てられ清算されるため、学科会の折に（特に年配の）慈悲深い同僚から自分は今年度は特に使途がないからとご辞退いただいたり、学科長の裁量でその余分をまわしていただいたりで、結局、無遠慮な筆者はそういったご厚意に甘えることが多かった。ありがたい限りである。

2.2 研究意欲と業績

　こう記すと多くの方からお叱りを受けそうであるが、あくまでも一般論として、そもそも短大教師は大学教師よりも研究意欲は低いというのが、筆者の率直な感想である。短大教師は、研究費に恵まれていないと先述したが、では、潤沢な研究費を与えられると、大学教師以上に研究に没頭し、研究成果を残すだろうか…はなはだ疑問である。短大教師は、そもそも教育対象がその大半は2年後には社会に出る学生であり、彼女たちはたとえば大学院で教えるような高度な知識は必要としていないし、わずか2年間でそれだけの知識を教育し習得させることは不可能である。当然のことであるが、だれもが職務上必要だからその知識・技術を指導できるよう準備するわけで、余分な時間と労力を費やして不必要な知識や技術を習得しようとする者はいないであろう。社会では、女子短大生の多くは接客業で重宝されるが、礼儀やマナーの指導ならば、大学教師よりも短大教師の方が長けているのではないか、つまりそれが短大教師に職務上求められている知識・技術であるからである。

　研究意欲が低いと記した端的な根拠に、退勤時刻がある。読者各位のご近所の短大で日没後も煌々と研究室に灯りがついているところがどれほどあるだろうか、大学なら珍しくないはずである。中には自宅の書斎で研究をなさる方もおいでであろうし、結局、研究したいが研究費が乏しいからというご反論をいただけば、堂々巡りになってしまうが…。

　手元に筆者の前勤務先短大が刊行した『自己点検・評価報告書』2005年度版という冊子があり、その中に、当時の専任教員の過去3年間の研究実績表が掲載されているので、参考までに概要を挙げておく。

　研究業績は、著作・論文・学会発表に大別されており、論文については査読の有無の表記はないため、無審査の論文を多く含んでいる。全45名の専任教員

のうち、著作が1冊以上ある者10名、論文が1稿以上ある者22名、発表が1回以上ある者が11名である。なお、いずれもない者が16名いて、全体の1/3を超えている。特徴的なのは、業績を上げている教師は、著作や論文や発表を重複して報告している点である。つまり、特定の限られた教員は恵まれない研究費にも拘らず意欲旺盛に研究に取り組んでいるが、他方、少なくとも丸3年間、まったく成果が上がっていない教員も多数いたわけである。当初記したように、筆者の前勤務先は地方の中規模私立短大であり、これが当時の実態であった。この後、認証評価が本格的に始まり、それをクリアすべくいろいろな方策が採られたが、その詳細については諸般の事情により本項では控えておく。

2.3 筆者の研究

参考までに筆者の研究を挙げておく。昔より筆者は、客観性を追求できるという長所から実験音声学の手法を用い、音響音声学の視点から、英語の発話に現れる音の高さ・音の強さ・音の長さ・音調・音質等の韻律素性を対象とした実証的な分析・研究を継続している。そしてこれまでの研究歴を、研究内容から6期（Ⅰ．分節音の長さと補償、Ⅱ．句読記号の長さ、Ⅲ．曖昧性と核音調、Ⅳ．転置と韻律素性、Ⅴ．強調と韻律素性　Ⅵ．演説と韻律特性）に分けて記すと、以下のようになる。

Ⅰ期では、隣接音の影響による分節音の長さの差を計測すると同時に、伝統的な長母音／短母音という弁別方法の問題点を明らかにした。また、強勢型の差によって品詞を異にする単語の分析より、長さの補償現象を数値化し実証した。Ⅱ期では、英語の句読記号をその役割別に分類し、発話時の句読記号の位置でのポーズ長の差を明らかにした。Ⅲ期では、同一文でも核音調を変えると意味が変わることが古くより指摘されているが、当該の意味では実際に同定される核や核音調であると著名な研究書で指摘されているそれらの現実との一致度は6~7割程度しかなく、流布している専門書にすべてを依存する危うさを指摘した。Ⅳ期では、強調のための転置に伴う韻律特性、特に、転置部の、文中の位置での長さ変化、そして、卓立とピッチ・ピッチ差・音の強さの関係を明らかにした。Ⅴ期では、強調構文と感嘆文を資料として、前者では、核の位置は話者の心理状態に大きく依存し、核の産出には音の長さが最も強く関与すること、後者では、日本

人学生は、複合音調の使用に不慣れで、意味と関連付けた音調群の発話要領の習得が肝要であることを指摘した。Ⅵ期では、オバマ現米国大統領の発話を主たる対象として、歴代米国大統領のいくつかの演説と比較して、その流暢さ・説得力はどういった韻律素性の使い方から生じるのかを明らかにした。

その他、2004年には、小学校への英語の導入に際する諸問題を訴えるために、かつ、指導学生の卒業研究の指導を兼ねて、小・中学校教諭と中学生を対象にしたアンケートを行った。ちょうど文科省が小学校に英語教育を本格的に導入しようとしていて、現場では賛否両論が生じていた時期であった。指導学生は短大生であったが、その報告を、筆者との共同研究というかたちで学会発表させると同時に、それを発展させた論文は次年度の機関誌に採択された。

3. 学務

ここでは、学務という表現でひとくくりにしたが、中身は多種多様であるため、項目別に下位区分して、その概要を記すことにする。なお、項目は教師の視点から、自らの学務として仕事量の多い順に挙げていくため、例えば次項の「学生募集」と3.6の「広報・入試」が内容はある程度重複しているが、項目としては記載ページが離れてしまう点をご了解いただきたい。

3.1 学生募集

志願者が激減する中、私学教員に最も求められる業務は学生募集に他ならない。学生募集は教員ではなく職員の仕事として、もっぱら職員が担当しているところもあるだろうが、それは極めて稀である。学生募集は大きく分けて、高校訪問（高校教諭との面談）と進学説明会・相談会（高校生や保護者との面談）があるが、教歴がないまま採用された場合は、誰もが面談の訓練を受けているわけではないので、慣れるまでに数年を要する。筆者は30歳で縁もゆかりもない九州の短大に着任したが、広報部の配慮で、当初はベテランの教授と共に学生募集を行い、そのコツを教えていただいた。短大によって、高校訪問の方法も多様であろうが、筆者の場合は、まず訪問先は、勤務先がある県内と県外の高校に分けられて、前者は更に地域ごとに下位区分を設けてブロックに分けられた。各ブロックには2~5名程度の担当教員を貼り付け、その担当教員が1~2人でその年度の

担当訪問先を決めて実施するというやり方であった。毎年度末には、それまでにどれほどの受験生を送っていただいているか、直近の5年間程度であろうか、高校別にAO・推薦・学力一期・学力二期等の入試区分毎に受験者数が記された一覧表が配布され、それを基に、新年度の増員を目指して、募集を始めるわけである。

　高校訪問には、「大学案内」、「募集要項」、「就職・進学実績」、その他の資料を持参するが、四半世紀前の筆者の勤務先では、それらが完成する6月の訪問がその年度の初回訪問であった。いつの間にか、それに加えて、グリコのおまけではないが、短大名の印刷された文房具等を持参するようになった。半ば冗談で「こういった物を持参して営業するとは思いませんでした」と述べると、面談相手であった高校教諭からは「うちは中学校相手に同じことをやっていますよ」と言われ、互いに苦笑した思い出がある。やがて昔はのどかだった夏季休暇中にオープンキャンパスなる広報活動が入り、そのカレンダーやチラシも持参するようになったし、初回訪問は、まだ新たな資料も揃っていないのに、先方も多忙を極める4月に、前年度のご協力に対してお礼を述べるためという名目でおじゃまするようになった。筆者がいた短大では、県内担当者は、年間に同一高校を4-5回も訪問することが求められた。新たなニュースがあればそれを話題にできるのであろうが、それもないケースが多く、筆者は何とかお相手いただかねばと、自ら工夫して、送っていただいた学生から近況を聞きだしそれをまとめたり、学生に恩師へのメッセージを書いてもらったり、ほとほと骨を折った。また高校の多くは大学・短大だけではなく、専門学校や企業からも来客があるため、お相手いただく進路指導主事・進路指導部教諭・3年のクラス担任にはひどく気を遣いながら、いざ到着しても面談室へ向かう足取りは重かった。ただ、筆者が、例えば同僚となった高校の前校長とペアで廻る際には、前校長は県内ならどこの高校でも顔が効くため、訪問するや否や先方の現校長・教頭・教務主任の三役に接遇いただき、楽ができたのも事実である。ところが、前校長は現校長と実質駄弁りに行くだけなので、その間、筆者は別室で先方の進路指導主事を相手に懸命に説明するということも少なくなかったが（笑）。

　また、九州の一県にあった筆者の短大は、昔は、ほぼ九州全域の高校を対象に、（遠方は年に1度きりであるが）訪問していた時代もあった。ただ、どこの県も、少子化と共に若者の県外流出を食い止めようと、公には出ないが、県教委の方針

としてできれば進学先は県内に留めるよう公立高校の校長にはその旨、お達しが伝わっていたようで、はるばる訪問しても年を追うごとに反応が鈍くなり実際に県外からの受験者はどんどん減少した。それと共に、広報部からは、交通費の無駄遣いになるという理由で遠方への募集活動は中止になり、かなり前から県外は隣接する地域だけが募集対象地域として残るに至っている。

3.2 ＦＤ活動と認証評価

FD活動はそもそも認証評価をクリアするための一環の業務であるが、筆者の事例を挙げると、一旦FD委員になってからその委員を外れるまで7年の間延々と続き、最もストレスの溜まった業務であった。勤務先では「入学満足度90％達成」を目標に、全教員が当該年度に達成すべき目標を3つ掲げそれを公示するというFD宣言に始まり、学生による授業評価はもちろん、教員相互の授業参観と参観後の反省会、月に一度の研修会、問題学生について学科会の後に話し合う教育カンファレンス、就職支援を主たる目的とする学生指導のガイダンスアワー、月間FDニュースの発行、自己点検評価研修会等々、すべてがここ15年程前から湧いて出た業務である。委員長の発想がすばらしかったのか、他学と比較してもひどく熱心な取り組みで、幸か不幸か、初年度（2003年）の特色GPに採択されたから、さあ大変。全国から注目され経営者は大いに喜んだが、当事者はその時点より必然的に更に内容を充実させていかなければならず、委員は自分で自分の首を絞める結果となった。とりわけ月例研修会は、授業の向上を目指して各委員が輪番制で内容を決めて取り仕切るのだが、開始して5年も経つとマンネリ化が始まり、次回何をなすべきか大層頭を悩ました。自らの勤務先が生き残りを賭けた取り組みに違いなかったため、誰ひとりとして嫌悪感を公言する者はいず、教員の多くは取り組む姿勢だけは真剣であった。ただ、本当に意欲を持って参加している者は果たして何名いたであろうか。

浅学な筆者など、当初からFD委員の一人であったが、10年後に第三者評価委員に選ばれ、短大基準協会の会議に出席してその実態を体験するまでは、何のためにいきなり降って湧いたような多量の学務をこなさねばならないのか、もう一つ理解できていなかった。消費者が物を購入する際に取捨選択するように、短大も学生に選ばれなければ存命できないのは当然である。ただ、自らの学生時代

を思い起こすと、学生は一方的に教師によって評価される対象でしかなかった。たまに事務局から呼ばれれば、何らかの不備や不始末で、厳しい言葉で叱咤されるのが常であった。それが、一転して、教師が学生から評価され、事務職員は学生に対して丁寧な言葉づかいで、ある時は優し過ぎるのではないかと思えるような対応するようになった。いきなりの状況の逆転に、なかなか頭が付いていかないというのが、正直なところであった。

認証評価にしても、質の保証をしようという発想はまさにすばらしいものであるが、では、そのシステムを導入した場合、現場での実務がどの程度の量になるかという検証は事前になされていたのであろうか。そもそも上記FD活動そのものが、認証評価が産み出した副産物であると言っても過言ではない。そして先述のように、一体何名の教師が本気で自らの授業や学生指導を向上させ、研究を推進するために本気で各種FD活動に取り組んでいるのか…。後期末試験が終わって学年度末までの教師の多忙さは並大抵ではない。教師は多種多様なFD活動の結果をまとめ、その提出物を求められ、その文書作成だけに数週間を要する。文書によっては、後期半ばくらいから準備にかかるべきものもあり、従来は研究・教育・学生指導に費やしていた時間から多大な時間が、新たに降って湧いた認証評価ための作業にもっていかれている。果たして、これが本当に学生のためになっているのか、筆者は大きな疑問を抱いている。

そしてそういった手順で作成された文書は、認証評価の年に各短大から選ばれた第三者委員によって審査され、どこかここか一部は「改善の必要あり」というイエローカードをもらいながらも、結局は『総合的な』評価の結果、ほとんどの短大がパスしているのが実状である。とりわけ私学は、経営に窮しているところがほとんどであり、それを十二分に承知している第三者評価委員に寛容な気持ちが生まれても不思議ではない。

3.3 実習指導

いかなる免許資格をどれだけ準備できるか ― これが短大にとっては、志願者数を決定する大きな要因になるだけに、現存の教員でカバーできそうなものはありとあらゆるものが調査対象となる。筆者の前勤務先では、実習に関わるものに、保育士、幼稚園教諭、小学校教諭、中学校教諭、司書、医療実務士、おまけに一

般企業のインターンシップまであり、保育実習と幼稚園実習以外のすべての実習の主任を仰せつかった時は、筆者は多忙を極め、元来貧弱な事務能力ゆえ、もう倒れそうであった。年間の実習関係の学務を時系列に挙げると、概ね次のようになる。

4月
- 前年度のお礼と当年度の計画を持参して挨拶訪問
- (県教委、町教委、校長会、実習前指導先となる小学校と中学校、諸種支援学校、県教育研修センター、県立図書館)
- 5月の諸前実習のために、指導担当教員を配置し計画を立て、先方との打合せ
- 6月の小・中学校実習訪問ための訪問教員の配当
- 介護等体験実習先の学生振り分け

5月
- 小・中学校実習のために、先方の校長／教頭／教務主任を招いて、県内でブロック別に実習打ち合わせ会
- 学内での実習前指導(県教育研修センターより講師を招聘)
- 同上(校長会より現役校長を招聘)
- 学外前指導への立ち会い

6月
- 実習先(小学校・中学校・保育園・幼稚園)訪問
- 医療機関実習先の開拓
- 介護等体験実習の学内前指導

7月
- 医療実習とインターンシップの学内前指導
- 医療実習先訪問

8月
- インターンシップ先訪問
- 校長会との実習打ち合わせ
- 介護等体験先(介護施設)訪問

11月
• 諸支援学校へ打ち合わせ訪問
• 幼稚園実習先訪問
• 介護等体験先（支援学校A）訪問
12月
• 介護等体験先（支援学校B）訪問
2月
• 医療機関実習先訪問
• 保育実習先訪問
• 実習前指導先となる小・中学校、および管轄の教育委員会に、次年度実習について依頼訪問

　以上であるが、仕事相手の多くは外部の方になるので、気を遣うのはもちろんのこと、出張、作成文書、そして、電話やメールによる学外・学内との相互連絡はかなりの数に上った。

3.4 就職支援

　短大では1年次の夏季休暇に入る直前に、人気の高い企業に就職した先輩を招いて就職活動体験談を聴かせて新入生の就職に対する意識を高め、夏休み明けから本格的な就職指導が始まるところが多い。就職指導部による就職活動の概要説明や、ほぼ月に一回ペースの各種模試（一般企業、公務員、医療秘書、保育士、幼稚園教諭登録、小・中学校教員採用試験）、それに対策講座等が計画される。昔の英語科学生の中には、キャビンアテンダントを目指して、1年次の夏季休暇やウィークデーの夜間に自主的にダブルスクールに通っている者もいた。企業（経団連）と大学・短大間の就職協定では、正式な内定を出せるのは卒業年次の10月1日以降とされているが、短大の場合、現実には2年に進級した途端、4月から内々定が出始める。以前は、九州の場合、2年次の2月に博多ドームで合同企業説明会が行われ、翌3月に地元の県で同じ催しが行われ、まずはそれに参加するのが学生自身の実質的な就職活動のスタートであった。それがここ5年前ほどからは、九州でも地方の短大生は、福岡まで足を運ばず、既に1年次の12月か

らマイナビやリクナビといったネットの就職情報ポータルサイトからエントリーして、就職活動を始めているようである。

短大教師が個人的にいかに学生の就職指導を支援するか、筆者の前職場では、以前は、全面的に教師に委ねられていた。入学時より個人面談を行い、将来の希望を聴き、就職指導部との橋渡し、履歴書作成指導、面接指導、内々定をもらった際にはそれに対する感謝状作成の指導に至るまで、懇切丁寧に指導する者もいれば、まったく何も指導せず、就職指導部に任せっきりという教師もいた。また、高校の校長経験者が雇用されるようになってからは、そういった方は学科長に納まることが多いのだが、就職指導のベテランでもあるため、学科長主導の学科単位で就職指導が行われるようになった。バブルがはじけた後、不景気が続き、志願者も激減するようになって、ようやく全学的なキャリア支援の体制が取られるようになり、現在では1年生を対象に入学時から丸一年間、学科の垣根を超えて学生を少人数制のグループに分け、各グループに指導教員が付き、多種多様な指導が行われている。4月から時系列に指導の名称だけを挙げると、私の到達目標、社会環境と私、大学生活と社会人基礎力、ライフデザインとキャリアデザイン、自己分析、自己発見、キャリアデザイン、就業体験、職業の世界、社会人の話を聴こう、接遇・マナー、事業所にチャレンジしよう（エントリー、履歴書の作成、筆記・作文・小論文、面接・内定報告）、SPI・一般常識といった具合である。多かれ少なかれ、他の大学でも同様の指導が行われているのではなかろうか。

長引く不況は学生の就職難につながり、近年は国や県もその対策として、公共機関ではもちろんインターンシップの受け入れ態勢を整え、地元の企業に対してもインターンシップとして学生を受け入れるよう、指導を始めた。それに伴って、実習指導担当になると先方とのやり取りが仕事に加わるし、一般の教師もインターンシップ中の挨拶訪問や、その後も、新たな職場開拓として企業を訪問する学務が加わっている。ただ、学生がいくら職場体験を通じて自らを高めたところで、不況が続く限りは、企業も欠員補充の採用が精一杯であり、新規採用が増えるわけではなく、このあたりに政策の限界・虚しさを感じざるを得ない。

先述のように、2年次の4月になれば本格的な就職活動が始まるので、学生は公認欠席が多くなり、授業の運営が困難になってくる。筆者の前勤務先では、教職免許を取得しようとする者は、6月に3週間もの実習に出るため、戻ってきて

から課題を与えたり、授業時間帯外で補習を行ったり、大変であった。ただ、そういった手当では、通常授業と比べると、どうしても指導時間も短いし与える知識量は減じるため、英語科のカリキュラム上、キーとなる重要科目は、2年前期に開講するのは避けるよう試みたこともあった。

　本稿の最後に言及せざるを得ないのが、近年の低学力層と発達障害者の増加である。日本私立学校振興・共済事業団の報告では、2012年の短大全体の充足率は88％で、定員割れ起こした短大は70％となっている。多くの短大が定員を割り、志願者の全入時代が到来している。各種入試では、よほど極端に劣っている項目がない限りは、入学が認められるケースが多くなった。それは低学力層の増加につながり、以前はなかった「初期指導」というかたちで、短大に入学後も高校時の学習内容の復習を課せねば通常授業についていけない学生が増えてきた。そしてそれより問題をはらんでいるのが発達障害をもつ学生の増加である。その内容については専門書に譲るが、授業を行っていてなんとなく浮いている、集中力が続かない、反応が鈍い、何度注意しても改善が見られない等の学生が近年とみに増えてきた。それに教職員も対応できるよう、FD活動の一環として、専門家を招いての研修会が何度も開かれるようになった。高校時までに既に本人や保護者が発達障害を認識していて、入学時に短大側に伝えてもらえる場合は、教職員も事前にその情報を共有し、それなりの対応がある程度はできるのであるが、本人も保護者もそれに気づいておらず、入学後に授業や就職活動でつまずいた時に、厄介なことになるケースが多い。どの親も、たとえもしかして自分の子供がその傾向があるのではと思っていたとしても、「障害＝病気」という意識があるだけに、それを受け入れるには大きな抵抗がある。ただ、結局そういった学生は、途中で短大生活に意義を見い出せずに退学したり、たとえ卒業認定されたとしてもどこの会社にも内定はもらえないまま卒業していくことが多い。就職指導において、低学力層がなかなか内定をもらえないのは仕方ないとしても、発達障害の場合は、学力が決して劣っているわけではなく、短大生の合否を左右する最も大きな要素である面接でうまくいかないのが常であり、何度受験しても結果が出ず、短大教師としては、気の毒な気持ちと何とかならないものかという気持ちが交錯して、ジレンマに陥る。

3.5 クラブ活動と学生会

　クラブ活動は、大学と比べると、概ね圧倒的に低調である。学生は入学早々、出口をイメージし、その指導を受け、免許資格取得に励むのだから、課外活動に専心する余裕がないのが自然である。もちろん中には、著名な大規模大学と比肩して全国大会に駒を進めついには優勝するような短大もあるが、それは例外的である。ただ、成功例の裏側では、カリスマ指導者がいたり、短大が全学的に資金や施設整備のバックアップを図っている。もし全国レベルで活躍できれば、それは大いに広報でアピールし、志願者増に直結するため、少数ではあるが、実現している短大があるのもうなずける。

　秋の学園祭を見れば、その大学・短大にどの程度の資金の余裕があるのか、ある程度察しがつく。資金に余裕のあるマンモス大学では、著名人をゲストに招いて講演会やイベントを開いているが、短大ではなかなかそうはいかない。短大生は、1年次は概ね何ら状況がわからないままクラスの選挙で学生会委員になることが多い。それが2年次になると、たいていは1年次の経験者から有志が立候補していきなり運営責任者となるため、まだまだ経験は浅く、それなりの予算の付くイベントを実施する場合は、教職員の補助が必要となることが少なくない。短大生は入学後わずか2年で社会に出て行ってしまうため、縦の人間関係が育ちにくいというのが短大の大きな弱点でもある。ただ、学業・免許資格取得・就職活動・クラブ活動に多忙を極めている環境にもかかわらず、自ら進んで学生会委員を買って出るような学生は、万事につけて有能で、社会に出てからも大いに活躍している者が多い。

3.6 広報

　言うまでもなく（入試）広報部は、学生募集に直結する窓口である。年間を通じて県内外での入試／進学説明会・相談会を実施したり、オープンキャンパスの開催、入試関係書類の作成、広報誌の発行、ホームページの更新、高校への出前授業や高校生を対象に他短大・大学と協力しての模擬授業等、一人でも多くの学生を集めるための仕事を一手に引き受けている。教師は先述した高校訪問はもちろん、ある程度輪番制で、入試／進学説明会・相談会に駆り出される。また短大によって開催回数には幅があるが、オープンキャンパスが極めて重要な催しと

なっており、それへの来場者数から次年度の志願者の増減をある程度占える状況になっている。運営責任者は、他学のオープンキャンパスに（お忍びで？）足を運び、少しでも改善改良を加えようと、その運営には全力を傾注しており、教職員が一丸となって取り組むのは当然、学生からも有償で協力者を募って実施しているところがほとんどである。学生にしても、将来自分の母校となる短大の繁栄を望むし、また卒業した高校から後輩が入ってくれるのは嬉しいことであるし、それに加えてアルバイトにもなるので、十分な数の支援学生を揃えるのは難しくはない。マル秘となる入試関係書類の作成については、教員からの高校訪問や進学説明会の報告書、それに各種入試のデータを基に、職員がまとめるが、広報誌やホームページの作成については、それぞれの委員会が組織され、教職員から選出された委員がその作業に従事するのが一般的である。

　先に、昔と完全に逆転して、今では教師が学生から評価される時代となったと述べたが、短大教師が個別に高校に出張する出前授業や県内の大学・短大が共同して県下一円の高校生を招いて開催する模擬授業の提供も、まさにその事例であろう。昔はそういった発想さえなかったが、（語弊を生む表現かもしれないが）今では高校側は来てもらって当然、他方、短大側は呼んでいただければありがたい、それにはうちではどんな授業が提供できるか先方に前もってお知らせしておかねば…という状況になっている。高校生に授業を体験してもらうことは、短大にとっては一種の情報公開であり、高校生にとっても「百聞は一見にしかず」のことわざ通り、実際の授業の一端を体験すれば、そこが自分に合っている進学先か否かを判断する決め手の一つになることは間違いない。

　その他、入学者の出身高校を調べ、グループ化して、募集活動に役立てようという広報もある。一種の同朋意識を芽生えさせ、それを活用するやり方である。マンモス大学になれば、全国から学生が集まっているため、出身都道府県別とかさらには出身高校別に分けても十分な数のグループが出来上がり、それなりの成果を挙げているようである。筆者の前勤務先でも近年になって、まずは出身校別に分けた学生同士で相互交流してもらおうという試みが行われたが、その集会に学生を強制参加させるわけにもいかず、特に2年の出席率が低かったし、また出身高校によっては1〜2名しか在学生がいないところが少なくなく、他方、数が極端に多い高校とは足並みが揃わない等々で、結局数年のみの試みで終わってし

まった。ただ、これは、そういった問題をクリアできれば、それなりの効果を期待できる広報の一方策であろう。

3.7 入試

　四半世紀前、高校生の数が多かった頃は、短大の入試は、特待生推薦入試、推薦入試と試験入試一期、試験入試二期のみという区分が一般的であった。特に3月下旬に行われる二期入試は、地元の国立大学を受験したものの不合格になった者の受け皿としての機能を果たしており、それなりの高学力の者が入学してきた。男子なら浪人してでも国立大学に再挑戦する者が少なくなかったが、女子の場合はそこまでせず地元の短大に進ませ、どうしてもそれで満足ができなければ国立大学編入を目指せばいいではないかと親から説得された者が多かった。全入時代の今とは違って、筆者の前勤務先でも結構な数の受験者が不合格になっており、めでたく合格した場合は、合格者受験番号が張り出された看板の前で嬉しそうに親子で写真を撮っていたシーンが思い起こされる。受験雑誌でも、大学に準じるように短大版があり、全国の短大が学科別に挙げられ、そこには入学難易度を表す偏差値が記載されていた。

　やがて推薦入試の中には指定校推薦という枠が設けられた。志願者数にかげりが見えてきた頃だったであろうか、それまでにかなりの数を送ってきていただいていた高校や、少しでも学力が保証された高校生を確保しようと当初は進学校が主に指定校として設定された。

　そして入試形態を大きく変容させたのは、何と言っても1990年に慶応大学（湘南藤沢キャンパス）が開始したAO入試である。既存の推薦入試は11月以降でないと実施できないが、AO入試の場合は何カ月も前倒しで実施できるため、一人でも多くの入学者を確保したい私学にとってはどこもが飛びつくシステムとなった。文科省との取り決めで正式の合格通知は11月以降でないと認められないため、合格者には、企業でいうところの内々定が連絡される。当初は、早々と合格通知をもらうと当人が浮かれてしまい高校三年次の残りの学習がおろそかになる、単なる青田刈りではないか等々の高校側からの批判も少なくなかった。それに対して、大学・短大は、合格に至るには、まずはエントリーシートに志望理由を詳細に記させそれを厳正に評価すると共に、評定平均値はもちろん、小論文

や、面接も二重、三重に課して総合的に判断し、かつ、合格者には入学時までに身に付けておいてほしい力を課題として特別に与える等の配慮をして、既存の入試システムに決して劣らない厳正さで選抜を行っている点をアピールしていた。「そもそも、既存の諸入試ならば、オープンキャンパスに参加しない限りは、受験生は、入試日当日に受験先に一度来るだけで、キャンパスの雰囲気も十分わからず、合格すれば将来教えを乞うであろう志望学科の先生との交流も一回きりの面接だけで、翌春の入学を迎えることになる。そして実際に通い始めると、自分が期待していたものとはあまりに違っていたということで、早々に退学していた者がいたが、それがAO入試ならば、何回か受験先に足を運んで事前にキャンパスや施設設備も見れるし、数度の面接の際には志望学科の先生といろいろ意見交換ができるというメリットがあるため、早期退学者はほとんどいなくなる」—これが、AO入試を導入した頃、学生募集の高校訪問時に高校教諭に対して語っていた常套的な説明である。確かに選抜の厳正さは評価されたが、実際のところ、エントリーシートのやり取りや何度も受験先に足を運ぶのは面倒だし、遠方からだと経費もかさむという意見も出され、時間の経過と共に、手続きはどんどん簡略化され、今日では、評定平均値と一度の単純なインタビューだけで評価しているところが多く、最も早いところでは、夏休み前に実質の合格通知を届けている。ただ、どこもかしこもAO入試を実施すると、大学・短大は、激減した高校3年生を、旧来の入試区分にAO入試を加えただけで取り合っているのに過ぎない。結局は、昔、推薦入試で多数やってきていた受験生が、より早く合格したいという気持ちから、AO入試に流れただけである。総受験者数は、もちろん少子化から減少の一途を辿っている。現在、AO入試は、時期をスライド重複しながら年に何度も実施されており、つまり、短大教師からすると、AO入試によってまた学務が大幅に増え、昔は、教育・研究に費やしていた時間が奪われる結果となったに過ぎないのである。

3.8 社会への還元

　生き残りを賭けた大学・短大が取り組んでいるものに、一般社会へのサービスとしての公開講座がある。医療水準の高い日本では、高齢化は元気なお年寄り人口の増加を意味し、定年後、余った時間を利用して再び学問をしてみたいとい

う、いわゆる生涯学習／リカレント教育への需要が高まってきた。よって、そもそもは文科省が提唱したものが都道府県の教育委員会を通じて地元の大学・短大に呼びかけがなされたのがきっかけである。ほとんどの大学・短大は、それにボランティアで応じ、今日は当然のように、短大独自でも様々な公開講座を提供している。受講生の多くは受験生の祖父母世代であるため、広報の視点からは、口コミを通じてお孫さんの受験に繋がらないかとか、社会人入学者が現れないかという淡い期待もあるが、どの程度その期待が実現されているかは定かではない。ただ、公開講座の教壇に立った講師が例外なく感じるのは、受講者の旺盛な学習意欲である。講義中、ともすればあくびをしたりおしゃべりしたりする現役学生に見せてやりたいほど、受講生の学習姿勢は真摯そのものである。担当教師にとっては半年／通年の毎週連続する授業と違って年に一回きりの一発勝負になるため、準備はそれなりに大変であるが、いざ教壇に立てば一人の例外もなく、受講者の熱心さを意気に感じて講義をしているに違いない。

　社会人を対象とする公開講座とは別に、先に触れたが、学生募集と直結しうる、高校生対象の公開講座や、出前授業も今日盛んに行われている。都道府県内の大学・短大が合同で、土・日曜や長期休暇中に特定の大学を開放してそこで大々的に行うケースと、各大学・短大が特定の高校からのリクエストに応じて出向く場合がある。前者では、何らかの講座に興味を持った生徒が出席するため、先述の社会人に負けない熱心さで受講するが、後者は必ずしもそうではない。個別高校への出前授業は、いくつかの大学・短大・専門学校から派遣された講師が、高校から指定されたウィークデーの時限帯で同時に開講して、生徒はいずれかの授業に出席するよう求められており、その場合、どの講座にも興味がないのに仕方なく教室に入っている場合は、居眠りする生徒が現れ、生徒も講師も気の毒である。

　公開講座や出前授業は、いかなる形態であっても講師にとっては日頃の授業とは異なった刺激があるし、受講生のほとんどが熱心に受講してくれるし、その上、社会貢献というかたちで自らの業績としても評価されるため、この大役に選ばれた教師は嬉々としてこなしているというのが実情であろう。

3.9 諸種委員と会議

　一概には言えないが、短大の場合、全教員が出席する会議と学科の会議がそ

れぞれ月に一度あるのが一般的であろう。その他、教師は、既存の諸会議にいくつも参加したり、短大を取り巻く環境に応じて臨時的なワーキンググループが設置されたりすると、その委員にも任ぜられることがある。既述のように、学生募集関係と、今となっては当然の義務となったFD関連の仕事の負担はかなり比重が大きい。参考までに、筆者が二十余年勤続した短大で、就いた職務をすべて挙げてみる。

教務部関係	実習担当主任（小中学校実習・介護等体験・インターンシップ・医療機関実習・図書館実習）、FD推進委員、自己評価推進委員、海外研修推進委員、一般教育研究協議会委員
学生部関係	就職指導（キャリア支援）委員、奨学金担当委員
入試広報部関係	学生募集対策委員（地区統括者）、オープンキャンパス検討委員（副委員長）、広報紙編集委員
企画部関係	改組転換検討委員、企画委員
その他	第三者評価推進委員、生涯学習推進委員、学生便覧編集委員、図書委員、同窓会誌編集委員、交誼会役員

そして、それらの比重がどの程度であったのか、仮に1週間の勤務時間を40時間に設定して（実質の労働時間ははるかに超過するが）作成するようFDより求められた自己評価表が以下の表であり、2005年度の事例である。もちろん、短大によって、教師によって大きな差があるであろうが、参考までに一例として挙げておく。

職務内容 （割合の大きいものから）	それに費やす週あたり平均時間数	貢献度自己評価	コメント、反省ないし提言
授業（準備および後指導を含む）	14	④	より綿密に準備する必要がある。ただ、初の試みであった英語キャンプでは、5.00満点の自己評価をしたいほど頑張った。
研究	8	⑤	ベストを尽くした。
所属学会の事務	6	⑤	記念事業の終了とともに、ようやく一段落して、仕事量は減じつつある。
学級担任	3	⑤	ベストを尽くした。
学生募集	2	⑤	英語コースの危機的状況を解消すべく、ベストは尽くした。
教務担当	2	⑤	ミスの無い様に気を配った。
クラブ顧問	2	⑤	空き時間はほとんど学生のために提供したが、予算が少なく部員を増やせない状態が数年続いている。

FD推進委員	1.5	④	精神的にもう限界と言いつつ、仕方なく、本年もそれなりに取り組んだ。
実習担当主任	0.5	⑤	外部機関との連絡には気を使った。
図書委員	0.5	⑤	ルーズな学生図書委員の指導に骨を折った。
生涯学習推進委員	0.2	⑤	役割分担をこなした上、受講生から依頼された付加的仕事にも真摯に対応した。
ガイダンス委員会委員	0.1	③	仕方なく、機械的にやっている感がある。
忍ヶ丘編集委員	0.1	④	担当となった役割はこなした。
その他 就職セミナーに関する業者との交渉	0.1	⑤	今年もスムーズに運営できた。
合　計	40.0		

⑤たいへん積極的にかかわった　④どちらかといえば積極的にかかわった
③どちらともいえない　②どちらかといえば消極的だった　①全く消極的だった

結び

　筆者は前勤務先の第三者評価委員となって、2010年7月に東京で開かれた短大基準協会の認証評価の研修会に参加したが、冒頭で協会の代表が「短大の未来はありません！」という、いきなりショッキングな挨拶をした。全国から集った短大教師や職員は、一瞬の沈黙の後、一部からは苦笑が漏れた。どういう意図でそうおっしゃったのかはご当人に尋ねてみるしかないが、この二十年に数多くの短大が姿を消し、生き残っている短大も多くが定員割れを起こし、何ら決定的な解決策が見えない現況を踏まえると、反論することはできない。筆者の勤務した短大も、筆者が属した英語科は消えてしまった。ありとあらゆる努力はしたつもりであるが、どうしようもなく、送り出した卒業生のことを思うと、まさしく断腸の念である。彼女らにとって、自分の出身学科が無くなるということは母校が無くなったのと同意ではないか。時代や社会から求められていた役割は果たしたんだと肯定する意見もあったが、筆者は到底そうは割り切れない。経営者は、今後は、学生が集まらない学科やコースは閉じて、保育科頼りで存続の道を探っていく様子である。

　最後に、今も短大教師として勤続なさっておいでの読者各位に申し上げたい。短大の存続意義は十二分にある。大学の半分の経費で、教養と学識と技術を身に

付け、2年早く社会に巣立てる魅力は短大にしかない。年を追うごとに学務は増え続け、教育と研究の時間を確保するのは大変であろう。また、なお継続する少子化によって学生数は更に減じるであろう。しかし、どうか英知を絞って、この氷河期を乗り切っていただきたい。社会に出た教え子たちに、自分の母校を、読者各位が勤務なさった短大を、一生涯誇りにしてもらうためにも。

注

1 その他に、(英語以外の)外国語科目と保健体育科目があったが、ここでは言及しない。
2 初期には、「英文購読」や「英文演習」等、文学の分野とも解せる科目が多数あったが、教材は文学に限らず多岐にわたり、教育目標も英語の基礎的能力を培うものであったため、それらは、単に英語関連基礎科目の分野に含めた。

第5章

大学の英語1
現場型リサーチの研究:英語で言いたいことが言えるようになるために―日英パラレル・コーパスの構築とその活用

日暮滋之

はじめに

英語教育の中で、理論に裏付けられた授業実践が大切であることはこれまでよく言われてきた。理論のみに偏らず、理論と実践のバランスが保たれ、融合し、学習者の実態をよく把握した上で、理論に裏付けられた授業実践であれば大変好ましいものと思う。本章では、現場型リサーチ研究の一つの型として学習者データをどう収集し、コーパス言語学の手法を活用しながら教室での具体的な授業実践にいかに活かすべきか提案したいと考えている。本書で扱う学習者データの最も多くの部分は中学生、続いて高校生、そしてわずかではあるが大学生の英語学習者のデータが含まれている。

1. 中学・高校・大学の授業を通して見えてきたこと

筆者は、これまで期間の長短はあるものの中学、高校、大学、大学院の英語の授業を担当する機会に恵まれた。中学校に勤務していた時は中学生のことしか見えてこなかったし、高校生の授業を担当してみてはじめて見えてきたことがあったし、大学生の授業を担当してみて、中学、高校の英語学習の中で達成できていることや達成できていないことなど教室でのティーチングから気づいたことが多くある。以下の節で、本題の「どうしたら英語で言いたいことが言えるようになるのか」の観点からいくつかの提案をしたい。

1.1 教科書を補って指導する必要がある

検定教科書は、学習指導要領に基づき、語彙制限をはじめ、限られたページに多くの情報を盛り込んでいる。中1教科書の動詞の定番と言えばplayであり、教科書では< play +スポーツ、+ the 楽器>のパターンが提示される。ところが、生徒が英語で言いたいけれどどう言ったらよいのかと質問してくる表現は以下のとおりである。

生徒：「対戦相手は誰（どこ）なの」ってどう言ったらいいんですか？
（先生：Who are you playing with in the match?）
生徒：「次は北中学校と勝負する」ってどう言ったらいいんですか？
（先生：In the next game we are going to play against Kita J.H.S.）
　コミュニケーション活動を行う上では、生徒が必要とする表現「〜と勝負する」という文脈で使用する「play with / against」は教科書を補って授業で教えていくことが必要となる。

1.2 学習者は同じ質問を繰り返す

　中学生も高校生も、「試合に勝った」という時に win の過去形の won を思いついても、次に won をどう使ってよいのか分からず行き詰ってしまうことが多いようである。以下の質問をよく受ける。
生徒：「試合の結果は5対2で勝った」はどう言ったらいいですか。
（先生：We won the game 5 to 2.）
生徒：「1対0でタイガースが勝った」はどう言えばいいですか。
（先生：The Tigers won the game by 1 to 0.）
　この won と結びつく「by 〜 to…」が使えず立ち往生してしまう。input としての教科書もなかなかそこまでは扱えず、教師は生徒から繰り返し同じ質問を受けることになる。

1.3 学年があがっても自然に言えるようになるわけではない

　日髙（2011）では、高校3年生の冬休み明けの授業で、二人一組になり、冬休みの出来事について話す chat の授業実践を報告している。2分間話す時間を与え、2分たったら、片方の列は固定し、一方の列の生徒に動いてもらいパートナーを代え、また2分間話してもらい、連続して3回実施している。このタスクを繰り返すことにより、生徒はスムーズに会話することができるようになったと述べている。活動の最後には、「英語で言いたかったけれど言えなかった表現」を日本語で書いてもらい列挙すると以下のようになったとのことである。

1位：二泊三日。「三泊四日」をどう言えばいいかわからなかったです。
四泊五日。五泊六日。滞在期間は？何泊何日泊まった？（6名）
2位：「他には何をしたか」で「他には」という言い方がよくわからなかった。（4名）
3位：「お節」はOsechiで良いんでしょうか？おせちを食べた。おせち料理をお腹一杯食べた。おせちを食べた。（4名）
4位：時給はいくら？（3名）

　日䑓（2011）によると、中学校でも、同様の活動を実施し、中学生がどのような表現を英語で言えないのか調査したところ、2位の「他に何をしたのか」、3位「おせち料理」については高校生と同じ質問であったとのことである。中学生の時に英語で言えなかった表現は、高校生になっても、教えられる機会がなければ、言えるようにならないということだと思われる。高校生になると、「時給はいくら？」といった高校生らしい質問が追加される。適切な時に、適切な指導が必要だということである。

2．学習者からの質問を活かした日英パラレル・コーパスの構築

　筆者は中・高・大学生の英語学習者からの質問に応える手段として、学習者の日本語の質問を英訳した日英パラレル・コーパスを構築している。

2.1　日英パラレル・コーパスの構築過程

　日英パラレル・コーパスの構築の一連の作業手順を示すと以下のとおりである。

第1ステージ
授業でのコミュニケーション活動（チャットやInterview Challengeなど）の実施

第2ステージ
英語で言いたかったけれど言えなかった表現や語句に対する学習者からの質問を日本語で書いてもらい提出

第3ステージ
データ整理として、一件ずつExcelのセルに日本語による質問を入力作業

第4ステージ
ALTの協力を得て、Excelの日本語の質問に対応する英語を作成する作業

第5ステージ
Excelのデータを検索ツールのEasyKWICに貼り付ける作業

第6ステージ
EasyKWICを用いて目的用途に応じたデータ検索や授業で使用するワークシート作成

2.2 データ収集の4つの工夫

学習者からの質問データの収集の工夫として、以下4つのコミュニケーション活動を授業に組み入れた。これらのコミュニケーション活動は日英パラレル・コーパスの構築過程の第1ステージである。

・ペアで行うチャットの活動

筆者が中学校に勤務していた時、中学生に対して、毎週一回、週明けの最初の授業で、二人一組のペアになってもらい5分から10分を充て、週末の生活について話してもらうチャットの活動を行っていた。

先ず話すトピックを1つ決めてもらう。そのトピックについて関連する出来事を書き出すように指示する。慣れるまでは以下のようなハンドアウトを配布してから1と2の指示に従って準備してから活動を行う。

2分間話す時間を与え、2分たったら、片方の列は固定し、一方の列の生徒に動いてもらいパートナーを代え、また2分間話してもらい、連続して3回実施する。このようなローテーショナル・ペアワークを行うことにより、生徒はタスクを繰り返すことになるので、1回目よりは2回目、2回目よりは3回目の方がスムーズに会話ができるようになる。

最後に、B5の半分ほどの用紙を配布し、「英語で言いたかったけれども言えなかった表現」を日本語で書いてもらい、回収する（第2ステージ）。

---

1. 話す内容を考えてみよう。

① 先ず、夏休みの楽しい出来事を思い出しましょう。
話すトピックを1つ決めよう。

_____

② そのトピックについて関連する出来事を書き出してみよう。

> 話すためのメモですから英文ではなく、単語で書きます！

1. _____
2. _____
3. _____
4. _____
5. _____

2. 会話の仕方:隣の人とペアを組んで週末の生活について話してみよう。

自分から口火を切って会話を始めるなら	相手に質問することで会話を始めるなら
A: I went to Kyoto. It was a lot of fun. B: What did you do there? A: Well, I visited my aunt in Kyoto. …	A: How was the weekend? B: It was a lot of fun. I went to Shinjyuku. …

- **四人一組になって週末の生活について話すグループワーク "Project I" の活動**

　この活動では、四人一組になってもらい、一人は質問に答える役割、二人は交互に質問する役割、残りの一人は質問の答えをメモする役割を担当する。質問は2分間にわたって行い、メモする人は質問の内容を語句単位で書き取る。2分後に質問に答える人はメモを返してもらいそのメモを見ながら1分程度のスピーチを行う。グループ内のメンバーが一巡するまで行う。この活動は以下のハンドアウトを配布して行うとよい。この活動は四技能を使ったコミュニケーション活動となる。

大学の英語1

【グループワーク "Project I" で用いたハンドアウト】

Class＿＿＿Number＿＿＿Name＿＿＿＿＿＿＿＿

Project "I"　　　　　　—Topic：My Weekend Life—

A（記録）　　B（質問に答える人）

D（質問する人）　　C（質問する人）

１．ＢはＡにメモ用紙を渡します。
２．ＣとＤはＢに交互に質問します。
　　How was the weekend?　It was a lot of fun / boring / exciting. / What did you do last Sunday? / last Saturday / who / where / when / what time / whose / how…
３．ＡはＢの答えをメモします。
　　Could you repeat your answer, Ken? / Will you speak up, Ken?
４．ＡはＢに用紙を返します。
５．Ｂは用紙のメモを見て、簡単なスピーチをします。

1. **Stick to the topic.**
2. **No silence.**
3. 質問の答えに一文付け足す。
4. 答えにあいづちを打つ。

メモ用紙

Class＿＿＿Number＿＿＿Name＿＿＿＿＿＿＿＿

Topic：My Weekend Life—
言いたかったけれど言えなかった表現

最後にまとめて書いてみよう

この活動を終えたあとは、ハンドアウトを回収する。ハンドアウトの英語で「言いたかったけれど言えなかった表現」はどのような表現語句を学習者が言えなかったのかを知る上で大切な情報となる（第２ステージ）。

• 教科書で学習した文法事項を用いて ALT と話す活動

中学２年で比較を学習し、練習として下記のワークシートを用いてクラスサーベイを行った。

【Interview challenge で使用したワークシート】

```
Lesson 7, Section 3                    Class____ Number____ Name_____
                               Class Survey
                           Questions & Answers
A: Who is the most popular entertainer?
B: Let's see.   I think (that) Samma is.
| I |              | Partner |              | Skit Partner |              |


A: What is the most popular band?
B: Let me see.   I think Mr. Children are.   (I think the Beatles are.  /  I think Smap is.)
| I |              | Partner |              | Skit Partner |              |


A: What is the most popular movie in Japan?
B: I think Pirates of the Caribbean is.
| I |              | Partner |              | Skit Partner |              |


A: What is the most interesting TV program?
B: Well.   I think Furinkazan is.
| I |              | Partner |              | Skit Partner |              |


A: What is the most exciting sport?
B: I think basketball is.   Basketball is my life.
| I |              | Partner |              | Skit Partner |              |
```

その後、１週間ほどして ALT が来校した時に、スピーキングテストを実施した。あらかじめ、封筒に、板目紙を細く切って、以下の質問を書いたくじを入れておく。生徒に出席番号順にくじを引いてもらい、そのくじに書かれたトピックについて ALT と話してもらう活動である。一人の持ち時間は２分間である。どのくじを引くかわからないだけに引いた時に即座に考える意味で即興的な活動といえる。筆者はこの活動を Interview Challenge と名づけて実施した。

封筒に入れてある5本のくじに書かれてある英文は以下のとおりである。
Who is the most popular entertainer in Japan?
What is the most popular band in Japan?
What is the most popular movie in Japan?
What is the most interesting TV program in Japan?
What is the most exciting sport in Japan?

　この活動の後でも、B5の半分ほどの用紙を配布し、ALTとの会話で、英語で言いたかったけれども言えなかった表現を日本語で書いてもらい回収した（第2ステージ）。

- **教科書で学習したレッスンの内容を ALT に話す Interview challenge**

　筆者は、中学生を対象に、教科書の復習も兼ね、生徒に教科書準拠のピクチャーカードを渡しALTに教科書の内容について話すスピーキングテストも実施してきた。筆者はこの活動も Interview Challenge と名づけている。下記のワークシートは、平成18年度版の検定教科書 *New Crown English Series* の Book 2、Lesson

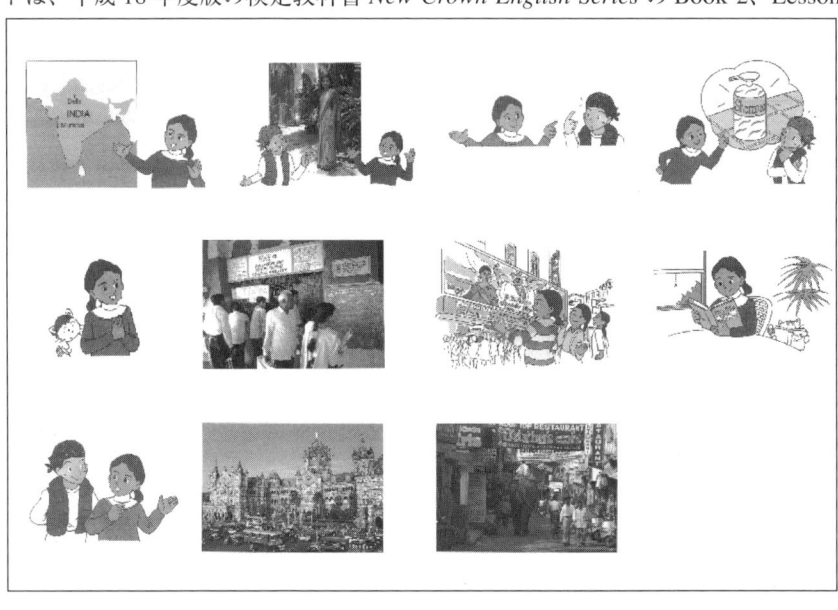

6、Ratna Talks about India 準拠の Picture cards を縮小コピーしたものである。この活動は、生徒がこのレッスンで学習した内容について、教科書の語句を用いて、また自分の言葉も使用しながら ALT に 2 分間にわたって話す活動である。

このようなスピーキング活動の後には、B5 版の用紙を配布し、「英語で言いたかったけれど言えなかった表現」を生徒に日本語で書いてもらい回収してきた。

2.3 構築過程を通して見えてきたこと

生徒が英語で言えなかったことを日本語で書いてくれた質問を、放課後、ALT に協力してもらい英語に直す作業をしてきた。Excel のシートの左には生徒からの日本語の質問を入力し、右側にはその英訳を入力し、日本語と英語が一対一対応になるようにし日英パラレル・コーパスを作成した（第3・4ステージ）。

- 話題の豊富さ

学習者から寄せられた質問を英訳する過程で、テーマ別に集約することに気がつき、実際にテーマ別に分類してみると下記の29項目に分類することができた。

① 学校―起床・登下校・遅刻・早退・さぼり
② 学校―授業・教科・宿題・勉強・テスト
③ 学校―給食・昼休み・休み時間・清掃
④ 学校―部活動・試合・放課後
⑤ 学校―行事・運動会・修学旅行・遠足
⑥ 学校―進路・夢
⑦ 家庭―家庭での生活
⑧ 休日―旅行・遊び・待ち合わせ・祭り・お正月
⑨ 他―英検
⑩ 他―塾
⑪ 他―買い物・支払い
⑫ 他―衣服・装飾品・髪型・容姿
⑬ 他―携帯・メール・PC・インターネット
⑭ 他―映画・DVD・ビデオ・音楽・歌手・CD・コンサート
⑮ 他―ゲーム・ゲームセンター
⑯ 他―マンガ・テレビ番組・アニメ

⑰ 他―読書・本・作家
⑱ 他―趣味・絵・習い事・スポーツ
⑲ 他―家族・友達・先生・人間関係・喧嘩
⑳ 他―誕生日・プレゼント・お中元
㉑ 他―天気・天候・地震
㉒ 他―体調・怪我・病気・事故・お見舞い
㉓ 他―ペット・動物
㉔ 他―食べ物・おやつ・料理・食事
㉕ 他―地理・場所・公園・お店・建物・道案内・距離・時間
㉖ 他―定期券・お守り・日曜雑貨・道具類
㉗ 他―政治・戦争・平和・社会問題・冠婚葬祭
㉘ 他―貸し借り・盗難
㉙ 他―よく使われる表現

学習者からの質問は広範囲にわたっており、生活語彙も多く、中学の週4時間対応の検定教科書がカバーするには一筋縄ではいかないことが予想される。しかしながら、もし教科書に意図的に学習者がコミュニケーション活動で必要とするテーマや語彙を取り込んでいけば、学習者の自己表現活動はかなり向上することが予想される。そう考えると、制約の多い検定教科書といえども学習者のニーズを取り込む教科書作りの努力が求められるし、教師が学習者のニーズを意識して語彙を教えていくことが必要になる。

● 日英パラレル・コーパスの日本語表現で使用頻度の多い語彙について

学習者からの質問である日本語表現部分を対象に、茶筌による日本語解析を実施し、形容詞、助詞、接続詞、接頭詞、動詞、副詞、名詞、連体詞の各品詞に出現する語彙とその頻度を調べた。助動詞として出現する語彙とその頻度については調査の対象外とした。

この調査において、形容詞に着目し、頻度10以上の語句を頻度順に挙げると以下のようになった。

基本形（表層語）	出現頻度
ない（ない、なし、なかっ、なく、な）	59例
楽しい（楽しかっ、楽し、楽しい、楽しく）	40例
いい（いい）	34例
よい（よく、よい、よかっ、よく、よ）	28例
良い（良い、良く、良かっ）	22例
面白い（面白い、面白かっ、面白く、面白）	21例
悪い（悪い、悪かっ、悪く）	18例
欲しい（欲しい、欲しかっ、欲しく）	18例
難しい（難しい、難しかっ、難しく、難し）	14例
遅い（遅い、遅く、遅、遅かっ）	13例
嬉しい（嬉しかっ、嬉しく、嬉しい）	11例
長い（長く、長、長かっ、長い）	11例
うまい（うまく、うまい）	10例
おいしい（おいしく、おいしい、おいしかっ）	10例
すごい（すごく、すごい、すごかっ）	10例
悔しい（悔しかっ、悔しい、悔し）	10例
上手い（上手く、上手い、上手）	10例

　上記の形容詞の例は、頻度の高いものから順に学習者が英語で表現できなかった日本語の形容詞ということである。

　今後、このような形容詞がどのような文脈で表現できなかったかを個々に調査する必要がある。さらに、名詞の場合についても同様な調査をする必要がある。英語で表現できなかった日本語の頻度情報からどのような日本語が英語で表現できないのかその特徴が見えてくると考えている。これは、こらからの調査課題の一つである。

・**Excel から、検索しやすい user-friendly なコーパスツールの開発の必要性**

　Excel で作成した日本語表現と英語表現の一対一対応の日英パラレル・コーパスを、Excel のフィルタ機能を使うと、特定の情報を検索することができて、ワークシートを作成する時に重宝する。

教師が検索する文字列に対して、Excel のオートフィルタ機能を使って検索する方法はその手順に慣れてしまえば、さほど面倒なことではない。しかし、学習者が気軽に英語または日本語の表現を検索したい場合には、Excel は user-friendly なツールとは言いがたい。辞典に盛り込む例文が学習者の生活を反映するものであって、学習者の知りたい表現を簡単に検索することができるソフトがあれば、どれほど、生徒にとって有益であるか知れない。学習者にとって気軽に知りたい表現を検索できる user-friendly なソフトとして EasyKWIC を上田博人先生のご好意によって開発していただいた。EasyKWIC には筆者が今まで集めた中・高・大学生からの日本語の質問とそれを英訳した英文が入っている。

2.4 検索ツール EasyKWIC の活用

　Excel よりもさらに扱いやすい EasyKWIC がフリーソフトとして公開されているので、その基本的な操作方法を紹介したい。EasyKWIC は、「英語表現」、「日本語表現」から学習者の苦手とする表現を検索することができ大変便利である。本原稿執筆段階では EasyKWIC-2 を使用し執筆したが、現在では EasyKWIC-3 (http://lecture.ecc.u-tokyo.ac.jp/~cueda/gengo/) をダウンロードし、使用することができる。操作方法は、EasyKWIC-2 とほぼ同じなので使用されたい。

● **英和表現辞典としての検索方法**
　「試合に負ける」と言う時、どのように表現したらよいだろうか。生徒は、lose や loses または lost の動詞を思い出すかもしれない。
【手順】
① EasyKWIC-2 をダウンロードし、デスクトップに貼り付ける。
② アイコンをダブルクリックし、[セキュリティ警告] で [マクロを有効にする] をクリックする。
③ キーボードの Ctrl キーと K キーを同時に押す。'lose'、'loses'、

'lost'を含む英文を検索したいので、シートのEnglishの列をクリックしておく。

④ キーワード [#lose#|#loses#|#lost#] を入力
（注）EasyKWIC-2では「#」は単語の境界を示し、「|」は「または」の意味を表す記号である。
⑤ いずれかのボタンを選択。この場合はKWICのボタンにチェックをつける。
⑥「実行」をクリック。

実行の結果として、以下のように表示される。

A	B	C	D
No.	English	#lose#|#loses#|#lost#	日本語
479	I feel sorry to	*lose the game.	試合に負けて悔しい。
626	I won the game in the tennis singles, but	*lost in the team competition.	私はテニスの試合で勝つことができたけれど、団体
382	We	*lost the game to Higashi J.H.S. by 3 to 1.	東中学校にその試合は3対1で負けてしまった。
126	The Kita Junior High School team	*lost the game to the Minami Junior high School team 20 to 60.	北中学校対南中学校は20対60ぐらいで北中学校が負けてしまいました。
127	The Kita Junior High School team	*lost the game to the Minami Junior high School team by 40 points.	北中学校対南中学校は40点差で南中学校が負けてしまいました。
446	We	*lost the game to the team once.	一度負けたことのある。
506	I	*lost the game, but I did my best. So I had no regrets.	僕は試合に負けてしまったが、頑張れたので悔い
474	Even though we	*lost the game, I had a good time.	負けたけど、楽しかった。
171	I	*lost the game.	試合に負けました。
478	I am really sorry we	*lost the game.	試合に負けて悔しい。
480	I am frustrated because we	*lost the game.	試合に負けて悔しい。

検索対象の語とその語の直前直後に隣接する文のことをKWIC (Key Word In Context) といい、このKWIC情報を得ることにより、ある語が特定のある語と結びつく様子をパターンとして知ることができる。この特定の語同士の結びつきをcollocationという。EasyKWIC-2では、KWICを得ることによって検索対象の語のcollocation情報を知ることができるので大変便利である。

・**実行結果から見えてくること**
　この実行結果のKWICから、'lose'、'lost'を含む英文は見られるが、'loses'を含む例文は見られない。また、生徒は、以下の表現を難しく感じていることがわかる。

lose the game	（試合に負ける）
lose the game to ～	（～との試合に負ける）
lose the game to ～ (by) ～ to …	（～との試合に～対…で負ける）

　教師にとっては、授業でこのような表現を授業で指導しておけば、生徒の表現活動に大変役に立つのではないだろうか。

●和英表現辞典としての検索方法

　生徒が「試合に負ける」を英語で表現しようとする時、'lose' や 'loses' または 'lost' の動詞を思い出すことができない場合はどうしたらよいか。そのような場合には、日本語で検索することができる。ここでは「負」で検索する。

【手順】

① EasyKWIC2 のアイコンをダブルクリックし、[セキュリティ警告] で [マクロを有効にする] をクリックする。

② キーボードの Ctrl キーと K キーを同時に押す。「負」で検索し、日本語表現を検索してからそれに対応する英文を参照したいので、シートの日本語の列をクリックしておく。

③ キーワード [負] を入力。

④ いずれかのボタンを選択。この場合は KWIC のボタンにチェックをつける。

⑤「実行」をクリック。

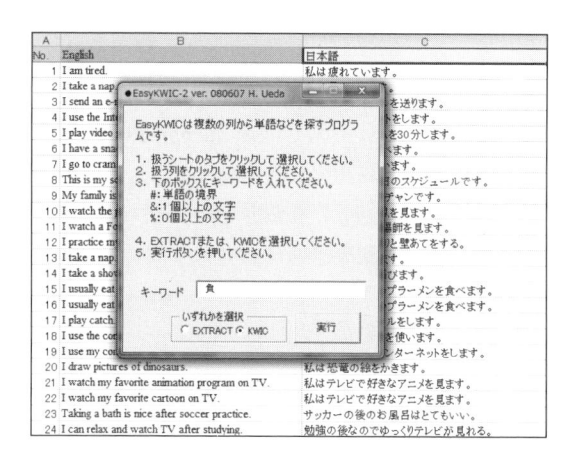

実行の結果として、以下のように表示される。

No	English	日本語	負
474	Even though we lost the game, I had a good time.		*負けたけど、楽しかった。
446	We lost the game to the team once.	一度	*負けたことのある。
475	Even though the game was fun, I was not satisfied with the result because I lost.	楽しかったけど	*負けたので心から喜べなかった。
476	Even though I enjoyed the game, I was not satisfied with the result because I didn't win.	楽しかったけど	*負けたので心から喜べなかった。
332	Everyone is responsible for the defeat.		*負けた理由がみんなにそれぞれ悪い所があったからだと思う。
355	We were frustrated when we lost the game.		*負けて、とても悔しかった。
126	The Kita Junior High School team lost the game to the Minami Junior high School team 20 to 60.	北中学校対南中学校は20対60ぐらいで北中学校が	*負けてしまいました。
127	The Kita Junior High School team lost the game to the Minami Junior high School team by 40 points.	北中学校対南中学校は40点差で南中学校が	*負けてしまいました。
382	We lost the game to Higashi J.H.S. by 3 to 1.	東中学校にその試合は3対1で	*負けてしまった。
626	I won the game in the tennis singles, but lost in the team competition.	私はテニスの試合で勝つことができたけれど、団体では	*負けてしまった。
506	I lost the game, but I did my best. So I had no regrets.	僕は試合に	*負けてしまったが、頑張れたので悔いは残らなかった。
478	I am really sorry we lost the game.	試合に	*負けて悔しい。
479	I feel sorry to lose the game.	試合に	*負けて悔しい。
480	I am frustrated because we lost the game.	試合に	*負けて悔しい。
481	I was disappointed we lost the game.	試合に	*負けて悔しい。
343	I regret loosing the game.	試合に	*負けて悔しかった、満足していない。
171	I lost the game.	試合に	*負けました。
712	We won the game 5 to 2. / The result of the game was 5 to 2. / In the next game we are going to play against Tsukukoma J.H.S.	試合の結果は5対2で勝利、次は筑駒と勝	*負する。

• 実行結果から見えてくること

　この実行結果からどのようなことがわかるのだろうか。この日英パラレル・コーパスは生徒からの質問を一文一文収集し、構築してきたものである。データを入力する過程でも気がついていたのだが、実行結果からも裏付けられるように、生徒の入学年度や学年やクラスが違っても、同じような質問が繰り返しされている。生徒にとって以下の表現が難しいことが見えてくる。

「～に～対…で試合に負けた」　　　lost the game to ~ (team) (by) ~ to …
「負けて悔しい」　　　I am really sorry (that) / I feel sorry to / I am frustrated
　　　　　　　　　　because / I was disappointed (that) / I regret ~ ing

　授業では、このような英語表現を事前に指導しておくことによって生徒の表現活動を促進する上で役立つ。

• やや複雑な検索方法

・英語の検索語がたくさんある場合の検索方法

　先の日英パラレル・コーパスを用いて、英語の場合で、'study' に関連する表現を知りたい場合はどのように検索したらよいかみてみたい。

① EasyKWIC-2 のアイコンをダブルクリックし、[セキュリティ警告] で [マクロを有効にする] をクリックする。
② キーボードの Ctrl キーと K キーを同時に押す。'study'、'studies'、'studying'、'studied' を含む英文を検索したいので、シートの English の列をクリックしておく。
③ キーワード [#study#|#studies#|#studying#|#studied#] を入力。
④ いずれかのボタンを選択。この場合は KWIC のボタンにチェックをつける。
⑤ 「実行」をクリック。

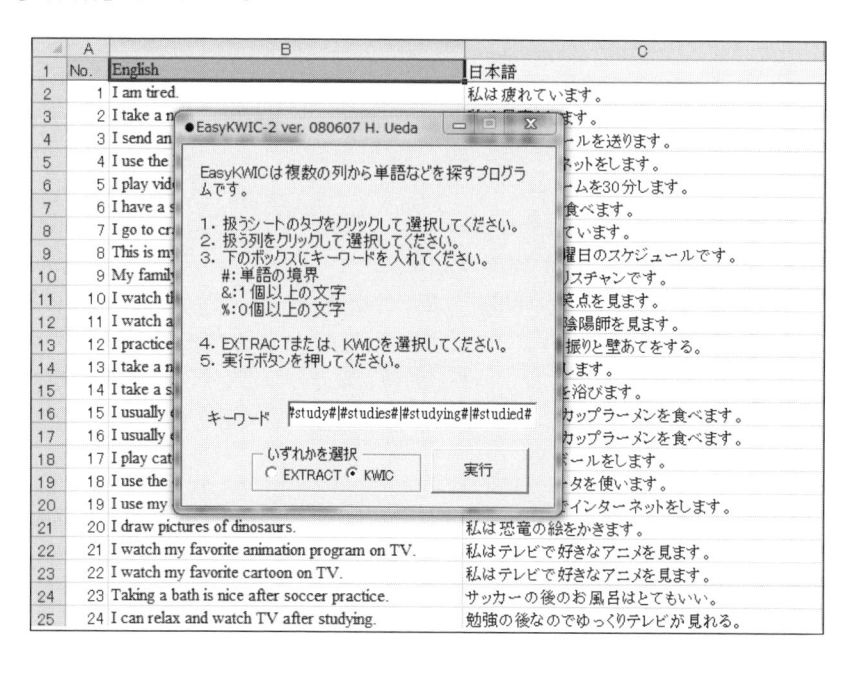

実行の結果として、以下のように表示される。

	A	B	C	D
1	No.	English	#study#/#studies#/#studying#/#studied#	日本語
2	586	I	*studied English while I was watching TV.	テレビを見ながら勉強した。
3	681	I	*studied for tests in cram school.	塾のテストにむけての勉強。
4	489	I	*studied geometry.	私は幾何学の勉強をした。
5	566	On Tuesday I handed my report to a social	*studies teacher.	火曜日に社会科の先生にレポートを出した。
6	81	I finish my	*studies.	勉強が終わる。
7	365	I had a quarrel with my mother about my	*studies.	私は母と勉強の事でけんかをした。
8	890	I want to	*study alone!	ぼく一人で勉強したいんだ。
9	761	My mother brought me a snack for my	*study break.	母は私に勉強のあいまに(休憩に)おやつを持ってきてくれた。snacksでない。
10	593	I was forced to	*study by my mother at home.	母親に勉強させられた。
11	882	Let's	*study for the English test.	英語のテスト勉強しよう。
12	79	I	*study math, English, and other subjects.	数学、英語などを勉強します。
13	97	I make a	*study notebook.	私はノートの整理をします。
14	275	I	*study while I am listening to the radio.	勉強しながらラジオを聴きます。
15	686	I stayed behind to	*study with my friend. So I came home late.	居残って勉強を続ける友達がいるので、帰るのが遅くなった。
16	246	I use a computer for the Internet after I	*study.	パソコン(インターネット)をやるのは勉強が終わった後です。
17	562	I had to stay home and	*study.	ほとんどの日は家にいて勉強しなければいけなかった。
18	653	After	*studying English we ate some food in the Fast kitchen.	英語を勉強した後、ファーストキッチンで食事した。
19	170	I was very busy because of basketball practice and	*studying for the STEP test.	英検とバスケットボールの試合のせいで私は先週の土曜日とても忙しかった。
20	412	I was lying around at home (without	*studying).	私は(勉強もしないで)家でごろごろしていました。
21	24	I can relax and watch TV after	*studying.	勉強の後なのでゆっくりテレビが見れる。

・実行結果から見えてくること

　上記のパラレル・コーパスの KWIC から、学習者がどのような状況で 'study' という語を用いようとしているのかがわかる。

　中学校の検定教科書では、'study' の基本的な使い方として、「study ＋教科名、言語名」として提示されるのが一般的である。何かと制約の厳しい教科書だが、中学生の自己表現活動としてはこの基本的な表現だけでは不十分で、授業においては、学習者コーパスに見るように、以下の表現などにも留意し、授業で指導するのがよい。

　・study for 〜のパターン

　　　Let's study for the English test.

　・study 〜 while …のパターン

　　　I studied English while I was watching TV.

　・after study(ing) のパターン

　　　I use a computer for the Internet after I study.

　　　I can relax and watch TV after studying.

紙の英和辞典や和英辞典においてはスペースの問題があり、どの例文を載せるのかが課題で、厳しい状況もある。上記のパターンは例文として記載して欲しい表現の候補といえるかもしれない。

中学生のユーザーに密着したたくさんの例文を載せることは、紙面の制約のゆるい電子辞書（中学生用版の電子辞書が存在するのであれば）においては最も実現しやすいことと思われる。

・**日本語の検索語がたくさんある場合の検索方法**

先の日英パラレル・コーパスを用いて、日本語の場合で、「テスト、（期末、中間）考査、試験」に関連する表現を知りたい場合はどのように検索したらよいだろうか。

【手順】

① EasyKWIC-2 のアイコンをダブルクリックし、[セキュリティ警告] で [マクロを有効にする] をクリックする。

② キーボードの Ctrl キーと K キーを同時に押す。「テスト|考査|試験」を含む日本語を検索したいので、シートの日本語の列をクリックしておく。

③ キーワード [テスト|考査|試験] を入力。

（注）「|」は半角で入力。

④ いずれかのボタンを選択。この場合は KWIC のボタンにチェックをつける。

⑤「実行」をクリック。

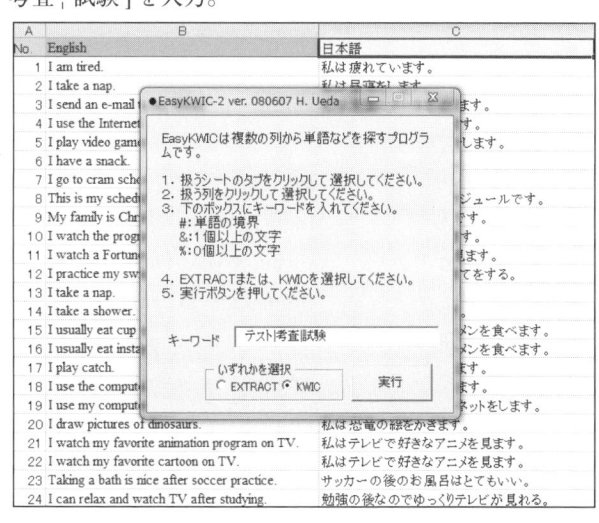

実行の結果として、以下のように表示される。

	A	B	C	D
1	No.	English	日本語	テスト|考査|試験
2	886	a science test	理科の	*テスト
3	887	a history test	歴史の	*テスト
4	681	I studied for tests in cram school.	塾の	*テストにむけての勉強。
5	521	I want to pass the STEP test.	英検の	*テストに受かりたい。
6	731	I failed the STEP test.	私は英検の	*テストに落ちた。
7	732	I failed the 3rd grade STEP test.	私は(英検の)3級の	*テストに落ちた。
8	492	I had a good result of the math test.		*テストの結果。
9	696	I took an English test. I felt it was so short.	私にとって	*テストの時間は短く感じた。
10	883	The test is from page two to ten.		*テストの範囲は2ページから10ページまでです。
11	884	The test covers page two to ten.		*テストの範囲は2ページから10ページまでです。
12	903	A: When is the math test?	数学の	*テストはいつですか。
13	519	I took the second grade STEP test.	英検2級の	*テストを受けた。
14	798	She took the 3rd grade piano test.	彼女はピアノの3級の	*テストを受けた。
15	705	I took the second grade STEP test at Senshuu University.	私は専修大学で英検2級の	*テストを受けました。
16	805	Are you confident that you did well on the pre-second grade test?		*テスト後)準2級の一次試験は自信がありますか。
17	881	Let's practice for the singing test.	歌の	*テスト準備をしよう。
18	804	Are you confident you will do well on the pre-second grade test?		*テスト前)準2級の一次試験は自信がありますか。
19	880	Let's practice for the PE test.	体育の	*テスト勉強しよう。
20	882	Let's study for the English test.	英語の	*テスト勉強しよう。
21	418	I had a promotion test in kendo yesterday.	昨日剣道の昇段	*試験がありました。
22	437	Did you pass the promotion test in kendo?	その剣道の(昇段)	*試験に合格しましたか。

・実行結果から見えてくること

「テスト|考査|試験」に関連する表現で、どのような表現が生徒にとって難しいのかが見えてくる。その主なものを列挙してみると以下のようになる。

理科のテスト	a science test
英検のテスト	the STEP test
テストに受かりたい	I want to pass the STEP test.
テストに落ちた	I failed the 3rd grade STEP test.
テストの範囲	The test covers page two to ten. / Which pages does the English test cover?
テストを受けた	I took the second grade STEP test.
テスト勉強	Let's study for the English test.

和英辞典の編纂においては、学習者がどのような表現を難しく感じているのか多方面から学習者のニーズを分析し、編纂する必要性があるように思う。また、

紙の和英辞書と電子辞書とを比較すると、表現を検索する場合に、EasyKWIC-2では「テスト｜考査｜試験」をいっぺんに検索することが可能だが、紙の辞書では一語一語引くことになり、簡便さという点でEasyKWIC-2に軍配が上がる。

3. インプットとアウトプットとの関係

外国語学習では、インプットが大切だと言われており、現実に中学校、高校では検定教科書を中心に授業が進められているわけで、インプットとして中心となる教材は検定教科書であると考えられる。ここでは、インプットとアウトプットの関係を先ず知った上で、学習者のアウトプットに対してインプットとして検定教科書が充分に応えているのか検証したい。

3.1 先行研究からわかっていること

Ellis (1997) では、インプットからアウトプットまでの流れを以下のように説明している。

The learner is exposed to input, which is processed in two stages. First, parts of it are attended to and taken into short-term memory. These are referred to as intake. Second, some of the intake is stored in long-term memory as L2 knowledge. The processes responsible for creating intake and L2 knowledge occur within the 'black box' of the learner's mind where the learner's interlanguage is constructed. Finally, L2 knowledge is used by the learner to produce spoken and written output (i.e. what we have called learner language).

Ellis(1997)の第2言語習得のコンピュータ・モデルによると、最初、インプット情報の一部が短期記憶の中に取り込まれ、これをインテイク（摂取）という。次に、そのインテイクの一部が第2言語知識として長期記憶に蓄えられ、最後に、アウトプットで利用されるということである。もし検定教科書に学習者が表現活動で必要とする表現語句が含まれていなければインプットとしての教科書は再考されないといけないのではないかと思う。インプットとしての教科書の中に学習者が表現したいと思う時に必要とする表現や語句が含まれているのかという

観点からインプットとしての教科書を検証してみることは意味のあることだと考えている。

3.2 学習者が英語で表現したいことと教科書でインプットされる表現の比較
3.2.1 従位接続詞を例に

EasyKWIC のデータを収集する過程で、似たようなデータを前に入力したなと気づくことがよくある。それは「1.2 学習者は同じ質問を繰り返す」で述べたように、入学年度は違っても、クラスが違っても、どう表現したらよいのかわからず似たような質問を生徒がするからなのである。特に従位接続詞は学習者にとって厄介な文法項目の一つと考えられる。例えば「音楽を聴きながら勉強した」という時の「～しながら」をどう表現したらよいのか躓いてしまうようである。EasyKWIC から具体例を検索する。

【Concordance of 'ながら' from EasyKWIC-2.】

No.	English		日本語 ながら
2	1889	I talked with my father about medical treatments while watching the TV program.	その番組を見 *ながら、父に今の医療について色々な話をした。
3	1931	I welcomed in the year 2007 while I was writing New Year's cards.	僕は年賀状を書き *ながら2007年を迎えた。
4	1153	We played a card game while listening to the radio.	ラジオを聞き *ながらカードゲームをした。
5	134	I watched TV while eating (dinner).	私は(夕食を)食べ *ながらテレビを見た。
6	64	I have dinner while watching TV. I watch TV during dinner.	私は夕食を食べ *ながらテレビを見ます。
7	517	I watched the news program while I was eating spaghetti.	スパゲッティーを食べ *ながらニュースを見た。
8	763	I watched the news while (I was) eating spaghetti.	スパゲッティを食べ *ながらニュースを見た。
9	275	I study while I am listening to the radio.	勉強し *ながらラジオを聴きます。
10	223	I go to sleep while listening to a MD player.	MDを聞き *ながら寝ます。
11	2158	I've been excited about this game for ages.	私はこの時をずっとわくわくし *ながら待ってました。
12	1672	I ate breakfast while watching TV.	テレビを見 *ながら朝食を食べた
13	586	I studied English while I was watching TV.	テレビを見 *ながら勉強した。
14	1952	We talked while walking.	話し *ながら歩く。
15	46	I read a book while listening to music.	私は音楽を聞き *ながら本を読みます。

上記の例からわかるように多くの例がヒットする。原因を考えてみると、「テレビを見ながら朝食を食べた」という場合に、「テレビを見た」そして「朝食を食べた」も言えるが、「テレビを見ながら朝食を食べた」というように「～しな

がら…した」がうまく表現できない。学習者のアウトプットできない表現がわかった時、その表現が教科書でインプットされているのか調べてみる必要がある。

また、理由を表す言い方も学習者にとって習得しにくい鬼門の一つであることが分かる。「怪我のせいでメンバーのみんなに迷惑をかけてしまった」という時、「怪我をした」「メンバーのみんなに迷惑をかけてしまった」は言えても「〜したせいで…」となると言えなくなってしまう。EasyKWICで理由を表す日本語を検索してみると以下のようになる。

【Concordance of 'なので|だから|原因で|理由|ために|せいで'
　　　　　　　　　　　　　　　　　　　　　　　from EasyKWIC-2】

No.	English	日本語	なので|だから|原因で|理由|ために|せいで
1519	Because I was injured, I troubled my classmates. / Because of my injury, it was a trouble to my classmates. / because of my injury, my classmates were troubled.	怪我の	*せいでメンバーのみんなには迷惑をかけてしまった。
170	I was very busy because of basketball practice and studying for the STEP test.	英検とバスケットボールの試合の	*せいで私は先週の土曜日とても忙しかった。
1454	Because of that, I was so sledepy the next day.	その	*せいで次の日はとても眠かった。
401	The TV program was canceled because of a baseball game.	テレビ番組が野球の	*せいで中止だった。
1586	My big brother stayed up late to study for the entrance exams. My big brother studied late into the night because of the entrance exams.	僕の兄は受験生	*だから夜遅くまで勉強していました。
1233	I began taking music lessons at Toho Music School when I was three, but because of high school exams my mother made me stop the lessons. I was so sad and upset that I couldn't stop crying.	私は高校受験の	*ために3歳から通っていた桐朋音楽教室をやめることになってしまいました。母からそれを知らされたとき、悲しくて悔しくて涙が止まらなかったのを覚えてます。

Ellis(1997)で、インプットからアウトプットまでの一連の流れをみた。アウトプットされるためにはインプットされる必要があるということである。中学・高校の検定教科書はインプット源として学習者にとっては最も中心となるものである。中学校の平成24年度版の検定教科書 New Crown English Series Book 1, Book 2, Book 3 を対象に、'while' と 'because' を検索語にして、AntConc を用いてコンコーダンスを調べてみたのが以下の表である。

このKWICの表から気づくことは、文頭の大文字のBecauseが意外に多いことが挙げられる。文中に出現する小文字のbecauseは16例中8例である。また、'while' が3年間に一例しかヒットしていない状況が分かる。インプットがあまりに少なく、これでは'while'を用いての表現活動はほとんど不可能であると考えた方がよさそうである。現行の週4時間の英語の授業で使用される教科書にあれもこれも盛り込むことは無理な話ではあるが、学習者がどのような語彙や、表現を必要としているのかそのニーズを教師が把握し、授業の中に対応策を持ち込む必要がある。これについては第4節で具体例を挙げたい。

【Concordance of \b(because|Because|while|While)\b by AntConc】

Hit	KWIC	File
1	Ken: Why do you like her? Emma: Because she plays the piano very well.	24nc2.txt
2	Rica Many animals are in danger because of pollution. For example, sea	24nc2.txt
3	heir culture and enjoy your stay while you are in Anangu Land.　We're	24nc2.txt
4	: Why do you like basketball? B: Because it's fun. science / I like ani	24nc2.txt
5	s A: Why do you like science? B: Because I like animals. your grandmoth	24nc2.txt
6	do you like your grandmother? B: Because she is very kind.　LESSON 3 O	24nc2.txt
7	when they go up and down stairs. Because Sanae talks and smiles, people	24nc2.txt
8	Why do you think so? Kana: Well, because pandas are cute. John: I see.	24nc2.txt
9	yer.　Last year I was not happy because I didn't win any kendo matches	24nc3.txt
10	t up the tent. This is important because these Mongolians follow their	24nc3.txt
11	: Also, I like to work in movies because a lot of people can see my wor	24nc3.txt
12	see. Why do you like him? John: Because he's a good soccer player.　No	24nc3.txt
13	my: Why do you like him? Takuya: Because he was very powerful.　No.3 Am	24nc3.txt
14	Amy: Why do you like her? Mika: Because she's very cool.　LESSON 2 SO	24nc3.txt
15	ot and killed. I respect Dr King because he made great efforts for the	24nc3.txt
16	n continents. I respect Ms Tabei because she never gave up climbing in	24nc3.txt
17	. His favorite place is Kumamoto because he is interested in the beauti	24nc3.txt

3.2.2 関係代名詞を例に

　すでに「2.2 データの収集方法の４つの工夫」で述べたように、活動後に英語で言いたかったけれど言えなかった表現を日本語で書いてもらった中に以下の質問があった。

・「ＣＤショップに行ったけど欲しかったＣＤがなかった。」
・「お店には買いたいものが何もなかった。」
・「私は本屋に行ったけど買いたい本がなかった。」
・「私はＣＤショップに行ったが、自分の探していた物がなかった。」
・「それ、私が前からずーっと欲しいと思っていた本なんです。」

　上記の質問文中の「欲しかったCD」、「買いたいもの（本）」、「探していたもの」、「ずーっと欲しいと思っていた本」といった日本語表現は、英語では後置修飾の関係代名詞を活用することによって表現することができる。学習者からこのような質問を受けるということは、学習者は後置修飾の関係代名詞を用いての表現を難しく感じていることがわかる。EasyKWICを活用し、さらに類例を拾ってみると似たような質問が学習者から寄せられていることがわかる。EasyKWICでの検索結果を以下に示す。

【Concordance of '買 | 欲' from EasyKWIC 2】

No.	English	日本語	買|欲
1218	Even though I was looking for furniture, as soon as I entered the shop I saw a lot of little things I wanted to buy.	家具	*買いに行っみると、1階は見たらすぐ欲しくなるような小物がたくさん売っていた。
290	One of accessories I bought was 400 yen.		*買ったアクセサリーのうち一つが400円だった。
1109	I couldn't find anything in the store that I wanted to buy.		*欲しい物が売っていなかった。
784	I couldn't find any books that I wanted (to buy). / I couldn't find a book that I wanted (to buy).		*欲しい本がなかった（欲しい本が見つからなかった）。
1559	I couldn't find the comic which I wanted so I walked around until I found one that I was interested in. / I walked around until I found one which looked interesting. / I walked around and looked for one which looked interesting.	特に	*欲しい漫画がなかったので、店内を見渡して面白そうな漫画を探した。
1547	That book is the one which I have wanted for a long time. / That is the book which I have wanted for a long time.	その本はずっと前から	*欲しかった。
619	I was glad to buy a nice (train) pass holder. I have wanted to buy it for a long time.	ずっと	*欲しかった定期入れが変えてとても嬉しかった。
1549	I went to the CD shop but I couldn't find the one which I wanted. / I went to the CD shop but I couldn't find the one which I was looking for.	CD屋に行ったが、自分の	*欲しかった物がなかった。
587	I couldn't buy a book I wanted in the bookstore.	その本屋には私の	*欲しかった本がなかった。
588	There wasn't a book I wanted to buy in the bookstore.	その本屋には私の	*欲しかった本がなかった。

　Ellis(1997)でのインプットとアウトプットの関係を思い起こすと、インプットされなければ学習者にアウトプットを期待することは難しいのではないかと思う。中学校の検定教科書では、関係代名詞を中学3年生で学習するのが一般的である。中学校の検定教科書 *New crown English Series* の Book 3 を、関係代名詞 that で検索し、さらに that の導く節中に want や buy の動詞を含む英文を探してみると、以下の例だけである。want の動詞を含む例は見つからない。

> are you looking at? Mr Smith: It's a picture book that I bought at the city museum. Ami: What is it abou
> er that Koji received yesterday. B This is the CD that Miki bought yesterday. C This is the musician tha
> y. B the CD, Miki bought yesterday This is the CD that Miki bought yesterday. C the musician, Tom likes

　先に述べた学習者からの質問、つまり学習者が表現したいと思う KWIC は一例も出現していない。インプットとしての教科書には学習者のニーズを配慮した言語材料を望むところではあるが、教科書の制約も多いことは先に述べたとおりであるから、教科書を補って教師が学習者に学習者の必要とする英語表現をイン

プットする必要がある。どのようにインプットするかについては第4節で提案したい。

4. どうしたら英語で言いたいことが言えるようになるのか

学習者がなぜ英語で表現できないのか、その原因として現段階で、筆者は以下の要因を考えている。

① 日本語の発想を英語の基本的な文型や語順の枠組みでどう表現したらよいか分からない。

例：主語、動詞、目的語などの並べ方の順序

② 日本語の発想を英語の文法ルールに近づけてどう表現したらよいか分からない。

例：接続詞、比較、受身、後置修飾（不定詞の形容詞用法、関係代名詞）、仮定法など

③ 日本語の独特な表現をどう説明したらよいか分からない。

例：食べ放題、立ち読み、家でごろごろしていたなど

④ 日本独特な文化についてどう説明したらよいか分からない。

例：ひな祭り、七五三、お盆、おせち料理、除夜の鐘、初詣、おみくじなど

⑤ 語彙の不足

どうしたら英語で言いたいことが言えるようになるのかについて、ここでは②と④に焦点を当て、これらの解決策について、筆者が本研究で開発した日英パラレル・コーパスを活用して、具体的な教室での指導と教材について提案したい。

4.1 教材論からのアプローチ
4.1.1 授業で **EasyKWIC** の使い方について指導する

EasyKWIC はコンピュータで使用するフリーソフトである。中学生以上の学習者が使用するためには授業の中で使用方法について学ぶ時間を設定し、ソフトに慣れることが必要である。筆者は中学2年生と3年生を対象に、コンピュータ室で実際に EasyKWIC の利用方法について学ぶ授業を実施した。教室で用いたハンドアウトを以下に示す。

- **最初にEasyKWICのダウンロード**
  はじめに、EasyKWIC-2をダウンロードします。EasyKWIC-2は下記のURLからダウンロードすることができます。
  http://lecture.ecc.u-tokyo.ac.jp/~cueda/gengo/4letras/easykwic.htm
- **EasyKWIC-2をコンピュータにインストールする手順**
  ①EasyKWIC-2のファイルをデスクトップに貼り付けて下さい。
  ②Microsoft Excelを起動します。
  ③[ツール]—[マクロ]—[セキュリティ]を選択し、「セキュリティ」の「セキュリティレベル」の「中」を選択して下さい。
- **EasyKWIC-2の使い方について**
  ①EasyKWIC-2のアイコンをダブルクリックし、「マクロを有効にする」を選択します。
  ②使い方の説明は「シート」の「説明」をクリックすると、その説明が書いてあります。説明の指示に従って操作します。

- **EasyKWIC-2 活用トレーニング（中学2年生）の実践例**

EasyKWIC-2 を用いて、English Diary の課題にどのように役立てることができるかみてみる。教室または家庭にコンピュータがあり、EasyKWIC-2 が事前にインストールされていることを前提に話を進める。

【指導のねらい】
・英語で言いたい、或は書きたい表現を日英パラレル・コーパスの検索を通して、学べるようにしたい。
・下記の【教室で使えるワークシート1】、【教室で使えるワークシート2】のタスクに取り組みながら、EasyKWIC-2 の使い方に慣れるようにする。
・授業を通して身につけたスキルをもとに、家庭での自学習として英文日記を書く活動など表現活動に応用できるように指導する。

【指導方法】
【教室で使えるワークシート1】は、中学2年生を対象に使用するワークシートである。
・はじめに、下記の【教室で使えるワークシート1】を配布し、「1. ① Task 1 英語に対応する日本語表現を調べるトレーニング」また、「1. ② Task 2 日本語に対応する英語表現を調べるトレーニング」を通して、検索ソフトの操作方法に慣れるようにする。

・次に、「2．EasyKWIC-2活用トレーニング課題」に進み、生徒からよく質問される日本文の表現をもとに、検索ソフトを使用しながら、英語に直すトレーニングを行う。
・最後に、解答例を配布する（本稿では割愛）。

【教室で使えるワークシート2】は、実際に中学3年生を対象に使用したワークシートである。
・はじめに、Task 1 と Task 2 では、下線部の日本文を英語に直すトレーニングを行う。
・次の Task 3 と Task 4 では、まとまった日本語のパラグラフを英語に直す発展した活動が用意されている。英文日記を書く時のような実戦的な活動を意識したワークシートである。
・活動後に、解答例を配布する（本稿では割愛）。

【教室で使えるワークシート1】（中学2年）

Class_____Number_____Name_____

EasyKWIC-2活用のためのワークシート

1. Warm-up

① Task 1　英語に対応する日本語表現を調べるトレーニング
分析対象列のEnglishをクリックしてから、[キーワード]の欄に以下の英単語を入力して下さい。
'go'と入力し、[いずれかを選択]でKWICを選択し、[実行]をクリックしましょう。
'went'と入力し、[いずれかを選択]でKWICを選択し、[実行]をクリックしましょう。
'eat'と入力し、[いずれかを選択]でKWICを選択し、[実行]をクリック。
'ate'と入力し、[いずれかを選択]でKWICを選択し、[実行]をクリック。

② Task 2　日本語に対応する英語表現を調べるトレーニング
分析対象列の日本語をクリックしてから、[キーワード]の欄に以下の日本語を入力して下さい。
'ラーメン'と入力し、[いずれかを選択]でKWICを選択し、[実行]をクリック。

2. EasyKWIC-2活用トレーニング課題

　次の日本文は英語でどのように表現したらよいかよく質問される文です。EasyKWIC-2を使って英語になおしなさい。そして、EasyKWIC-2で英文を書く方法に慣れましょう。きっと英文日記を書く時に役立つと思います。

Task 1　次の日本文を英語になおしなさい。

私たちは北中学校とサッカーの試合をして、試合に負けてしまいました。

① EasyKWICの和英表現辞典としての使い方
　　「試合」で引き、日本文に近い例文を見つけ出す。
　　「負け」で引き、日本文に近い例文を見つけ出す。
② EasyKWICの英和表現辞典としての使い方
　　'soccer'で引き、日本文に近い例文を見つけ出す。
　　'game'で引き、日本文に近い例文を見つけ出す。

メモ

Task 2　次の日本文を英語になおしなさい。

南中学校とバスケットボールの試合があり、54対22で負けました。

① EasyKWICの和英表現辞典としての使い方
　　「試合」で引き、日本文に近い例文を見つけ出す。
　　「負け」で引き、日本文に近い例文を見つけ出す。
② EasyKWICの英和表現辞典としての使い方
　　'basketball'で引き、日本文に近い例文を見つけ出す。
　　'game'で引き、日本文に近い例文を見つけ出す。
　　'lost'（loseの過去形です）で引き、日本文に近い例文を見つけ出す。

メモ

【教室で使えるワークシート2】（中学3年）

Class_____Number_____Name_____

EasyKWIC-2活用のためのワークシート

Task 1　次の下線部を英語になおしなさい。

私は学校から帰ってきて、先ずおやつを食べます。それからテレビを見ながら宿題をします。母はテレビを見ながらでは集中して勉強できないでしょといつも言います。わかっていますが習慣なのでなかなか改まりません。

① EasyKWICの和英表現辞典としての使い方
　　「テレビ」で引き、下線部に近い例文を見つけ出す。
　　「見ながら」で引き、下線部に近い例文を見つけ出す。
　　「宿題」で引き、下線部に近い例文を見つけ出す。
② EasyKWICの英和表現辞典としての使い方
　　'TV'で引き、下線部に近い例文を見つけ出す。
　　'watch'または'watching'で引き、下線部に近い例文を見つけ出す。
　　'homework'で引き、下線部に近い例文を見つけ出す。

メモ

Task 2　次の下線部を英語になおしなさい。

今日はなんだかとても疲れました。南中学校とバスケットボールの試合があり、54対22で負けました。私は負けてとても悔しかったです。次回は勝ちたいです。

① EasyKWICの和英表現辞典としての使い方
　　「試合」で引き、下線部に近い例文を見つけ出す。
　　「負け」で引き、下線部に近い例文を見つけ出す。
② EasyKWICの英和表現辞典としての使い方
　　'basketball'で引き、下線部に近い例文を見つけ出す。
　　'game'で引き、下線部に近い例文を見つけ出す。

メモ

Task 3　先ず、下線部を英語になおしなさい。できた人から全文を英語にしてみよう。
水道橋の近くに新しくホテルができました。そのホテルのレストランでは夕食が3000円で何でも食べ放題です。品数も豊富なのでいつもたくさんの人で混んでいます。

メモ

Task 4　先ず、下線部を英語になおしなさい。できた人から全文を英語にしてみよう。
最近勉強が忙しくなりました。塾から帰る途中、私は時々本屋さんで立ち読みして帰ります。ちょっとした気晴らしになります。母は道草しないで早く帰ってくるようにと言います。

メモ

• EasyKWICを使用した学習者の反応について

　実際に【教室で使えるワークシート2】を用いて授業を受けた中学3年生（111人）を対象にアンケートを実施した。以下にアンケートの一部を示す。

【生徒からの感想】

ズバリ、EasyKWICを使ってみての感想はどうでしたか。

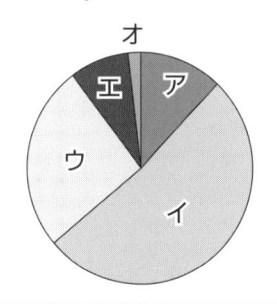

	人数	パーセント	アンケート項目
ア	13	11.7%	たいへんよい
イ	56	50.5%	よい
ウ	31	27.9%	どちらともいえない
エ	9	8.1%	あまりよくない
オ	2	1.8%	よくない

　アンケート結果から、「ア．大変よい」と「イ．よい」を合わせると、好意的な意見が過半数を上回っている。また、「ア．大変よい」の中には、「多少使いにくいところもあったが、電子辞書よりも自分のためになりました」という意見もあった。他方、「ウ．どちらともいえない」の中には、「いちいちパソコンを開くのは大変だ」という意見もあった。

学習者の反応から、EasyKWIC-2を使えば言いたい表現が調べられる、わかるということに対しては効果があると言えそうである。

4.1.2 EasyKWICを活用して教材を作成する

　教師がEasyKWICに収められた日英パラレル・コーパスの英文を用いてワークシートを作成することを考えたい。学習者がコミュニケーション活動で表現できなかった英文で作成されたワークシートに取り組むことによって、学習者は自然にコミュニケーション活動で必要とする英文がインプットされることになる。これは教師が自作で考えついた英文を用いてワークシートを作成するのとは異なるのである。

　ここでは、日英パラレル・コーパスの英文をもとに作成したワークシートを具体的に示し、授業で活用することについて提案したい。

- **語句などのインプットは、三題噺で扱うと作成しやすい**

　平凡社『世界大百科事典』によれば、三題噺は以下のように説明されている。「落語の形式の一つ。落語家が聴客に物品，地名，事件，人物などの中から任意に三つの題を出させて一席の落語をつくり，そのうち一題は〈落ち〉に用いなければいけないとされる。（以下省略）」

　英語の授業でもこの手法を用いて、教師が学習者に意図的に使って欲しいと思う語を3語選択し、ワークシートを作成することができる。三題噺を用いた手法は教師が学習者にコミュニケーション活動で意図的に使用させたいと思う語句をインプットするのに役立つ活動である。なおワークシート中の日本語は生徒から寄せられた質問である。

【活動の仕方】
1. 下記のワークシートを配布する。
2. 日英対応例文の英文側を教師の後について音読練習 (Chorus Reading)。
3. 各自、自分のスピードで声に出して英文を読む（buzz reading）。
4. 次に、一文ずつ英語を黙読し、先生の合図で顔を上げて、生徒は英文を言う (Read and look up)。
5. 生徒同士二人一組になる。一方の生徒は日本文を言い、他方の生徒はその日本文に対応する英文を言う。役割を交代する。
6. 「三題噺」のお題を読み、各自英文を書く。

184

7. 二人一組になり、お互いの書いたものを交換し読みあう。お題の語句が全て入っていることを確認する。
8. 最後に、ワークシートを回収。よく書けている作品については次の授業の時にクラスで紹介する。

Class_____ Number_____ Name_____

Interview Challengeに強くなるために (No. 1)

質問	質問の英訳
戦った相手は、北中学校。負けて、とても悔しかった。	We played a soccer game with the Kita J.H.S. team. We were frustrated when we lost the game.
私は家族の中で2番目にテニスが上手です。	I am the second best tennis player in my family.
対戦相手はどこ？	Who are you playing with in the match? / Who are you playing against? / Who's playing with you in the game?
どこと、どこのチームが対戦したのか？／あなたはどのチームと対戦しましたか。	Who played against who? / What (Which) team did you play against?
どことどこが戦って、どっちが何対何で勝った。	Who played against who? / Who won and by how much?
試合の結果は5対2で勝利。次は南中と勝負する。	We won the game 5 to 2. / The result of the game was 5 to 2. / In the next game we are going to play against Minami J.H.S.

三題噺（さんだいばなし）
play、win、loseの各語をすべて使って、5文以上でお話をつくりなさい。

• 接続詞に関する問題

【例1】は接続詞の前後の文脈を考えながら適切な接続詞を空所に補う穴埋問題である。また【例2】は、前後の文脈と接続詞とをマッチングさせる問題である。どちらの問題文の英文もEasyKWICから抽出したものである。

【例1】 Gapfill exercises: Fill in the each bracket with a suitable linking word in the box.
1. I am very sleepy (　　　　) I was reading all night long.
2. I read a book (　　　　) listening to music.
3. I went shopping (　　　　) I wanted to buy a birthday present for my friend, Yukiko
4. I eat dinner (　　　　) watching TV

because / while / if

【例2】 Matching Exercises: Use a linking word in Box B to match the sentence parts in boxes A and C.

Box A
1. I can't play the piano well
2. I watched the news
3. I want to see the movie

Box B
because
while

Box C
1. I was eating spaghetti.
2. it stars my favorite actor.
3. I am a beginner.

• 後置修飾などの関係代名詞など文構造に関する問題

文構造に関する問題は、整序問題で扱うと作成しやすい。各英文はEasyKWICから抽出している。

Put the words in the brackets in the right order.
1. I couldn't buy (a / wanted / book / I) in the bookstore.
2. That is (the / wanted / which / I / have / book) for a long time.
3. I went to the bookstore but I couldn't (find / books / I / any / wanted).
4. I went to the CD shop but I couldn't (one / I / which / wanted / find / the).
5. (one / I / of / accessories / bought) was 400 yen.

4.2 発信型日本文化について指導

　日本文化は英語の文化にないものだけに具体的に説明しないと文化の異なる相手には理解してもらえない。日本語から英語への一対一対応の単語を求めようとしても無理で、自国の文化を文化の異なる相手に一番よく伝えることのできる手法は、各自が経験した日本文化を写実的に説明し相手に伝えることがコツだと思う。いくつかの日本文化の例をQ & A形式で挙げ、具体例から説明のコツを学習者につかんでもらうのがよい。大学3年生の授業で使用したハンドアウトの一例を示したい。

ひな祭り

Q:「ひな祭り」をどう説明したらよいですか。

A:　日本文化の行事を説明する時、その行事の意味について知識を持っていることが必要です。そして、その行事で一般に行われていることを自分の体験をもとに説明するのが一番相手にとって興味を持って聞いてもらえると思います。以下のように考えて、説明してみてはどうでしょうか。

　「ひな祭りは女の子の祭りです。人形のお祭りとも言われます。3月3日に行われます。両親は居間を人形で飾り、娘の私の健やかな成長と幸せを祈ってくれました。」

　Hinamatsuri is a festival for girls. It is called the Doll Festival. We celebrate it on March 3. My parents decorated the living room with dolls and wished for my sound growth and happiness.

おわりに

　「どうしたら英語で言いたいことが言えるようになるのか」は、学年進行と学習が積み重なれば自然に言えるようになるものもあるが、必ずしもそうではないのである。本稿では主に日英パラレル・コーパスの構築とEasyKWICの授業での活用を提案した。EasyKWICは学習者からの質問データをコピー&ペーストすれば簡単にカスタマイズすることができ、ワークシート作りに活かすことができる。一人でも多くの教師が興味を持たれ、活用し、学習者が以前よりは少しでも言いたいことが言えるようになれば筆者としてこれに勝る喜びはありません。

参考文献

Anthony, L.（2011）AntConc (ver 3.2.4w) [Computer Software]. Tokyo, Japan: Waseda University. http://www.antlab.sci.waseda.ac.jp/software.html

Daniel Lyttleton・日臺滋之.（2010）『英語スキット・ベスト50―50 Skits for Learning English―』. 東京：明治図書.

Ellis, R.（1997）*Second Language Acquisition*. Oxford University Press. P. 35

日臺滋之・太田洋.（2008）『1日10分で英語力をアップする！コーパスワーク56』. 東京：明治図書.

日臺滋之.（2009）『中学　英語辞書の使い方ハンドブック』. 東京：明治図書. pp. 102-111, pp. 112-120【初出出典】

―――.（2011）「語彙力をつける指導法―授業の中で語彙を定着させていくための小さな提言」『三省堂高校英語教育』. 東京：三省堂.

―――.（2012）「日本人中高生の自己表現活動を支える日英パラレル・コーパスの構築とその活用」. 2009～2011　科学研究費補助金研究報告書, （挑戦的萌芽研究　課題番号21652056, 研究代表者：日臺滋之）　Retrieved from http://kaken.nii.ac.jp/d/p/21652056.ja.html

―――.（2013[a]）「語彙指導で使う教材をオリジナルで作る：「英語で言いたかったけれど言えなかった表現・語句」を探り、授業に活かす」『英語教育』, 62(2), 東京：大修館書店. pp. 20-22.【初出出典】

―――.（2013[b]）「日本人高大生の自己表現活動を支える日英パラレルコーパスの構築とその活用」. 2013～2017　科学研究費補助金研究, （基盤研究(C) 研究課題番号：25370652, 研究代表者：日臺滋之）　Retrieved from http://kaken.nii.a.jp/d/p/25370652.ja.html

HIDAI, Shigeyuki.（2013）*Use of Japanese-English parallel corpus in junior high school: Identifying and presenting vocabulary which students need but is not in textbooks* (Presentation at the 9th Annual CamTESOL Conference on English Language Teaching, held in Phnom Penh, Cambodia, 23-24 February 2013)

Nation, I.S.P.（2001）*Learning Vocabulary in Another Language*. Cambridge University Press, Cambridge.

高橋貞雄他.（2005）*New Crown English Series 1, 2, 3*. 東京：三省堂.

―――.（2011）*New Crown English Series 1, 2, 3*. 東京：三省堂.

Ueda, H.（2013）EasyKWIC-2 [Computer Software]. Tokyo, Japan: Tokyo University. http://lecture.ecc.u-tokyo.ac.jp/~cueda/gengo/. Its data was provided by HIDAI, Shigeyuki.

第6章

大学の英語2

伊関敏之

はじめに

　本章では、北見工業大学で筆者が日頃から実践している英語教育の内容について概観し、筆者自身の研究活動についても敷衍していく。筆者は日頃から研究と教育の接点について模索しており、両者が車の両輪のごとく有機的に機能することを理想として日々活動している。この両者に関して言えば、意識的であれ、無意識的であれ、必然的に係わり合っているということが、本章をお読み頂ければ、十分にご理解頂けるであろう。大津がいろいろなところで述べている（例えば、大津編 2009, pp.307-26 参照）ように、「**ことばへの気づき**」ということに最も重点を置いて学生への教育にあたっているのである。後述のように、学生との研究会（読書会）での活動を通じて、英語についての理解が格段に深まったという事例も実際に存在して、大変有意義なものとなっている。

　以上のような内容について、なるべく具体的に詳細に述べていきたい。その前に、まず北見工大での英語の講義がどのようになされているのか、開講科目を中心に見ていくことにしよう。

1. 北見工大での英語教育
1.1 開講科目について

　筆者が前年度と今年度開講している講義を以下に載せておくことにする（なお、講義名は若干変更される可能性もある）。

　　◎　平成24年（2012年）度
　　　　［学部］
　　　　　1年　英語講読ⅠA（2コマ）→後期は英語講読ⅠBに名称変更。
　　　　　2年　英語講読Ⅱ（2コマ）→後期は教養英語Ⅱに名称変更。
　　　　　2年　言語の構造と機能（1コマ）（後期のみ）

[大学院]
　　博士前期課程　人間学特論Ⅰ（1コマ）（後期のみ）
　　博士後期課程　国際文化特論Ⅱ（1コマ）（後期のみ）
◎　平成25年（2013年）度
[学部]
　　1年　英語講読ⅠA（2コマ）→後期は英語講読ⅠBに名称変更。
　　2年　英語講読Ⅱ（2コマ）→後期は教養英語Ⅱに名称変更。
　　3年　現代言語学ゼミ（1コマ）
[大学院]
　　博士前期課程　人間学特論Ⅰ（1コマ）（後期のみ）
　　博士後期課程　国際文化特論Ⅱ（1コマ）（後期のみ）

　大まかに見ると、上記のようになり、この2年間では大差はない。しかし、よく見るとわかるように、後期の方がコマ数が少し多くなっている。それから、言語の構造と機能（1コマ）後期のみと、現代言語学ゼミ（1コマ）通年が毎年交互に講義される。従って、筆者は来年度は自動的に言語の構造と機能（1コマ）を後期のみ担当することになる（cf. 伊関2013, pp.157-8）。

2. 講義中になされた具体例
2.1 old や tall などの形容詞の性質について
　筆者が講義を担当している学生から、次のような質問を受けたことがある。
　How old are you?（お幾つ？）と相手から聞かれて、I'm ten years old.（10歳だよ。）と答えたとする。その際に、自分は年齢が10歳なのであるから、決して old という形容詞を伴う年齢ではないのではないか？おかしいのではないか？とういうものであった。
　その質問に対する筆者の答えは次のようなものである。
　形容詞 old には、2つの意味要素（意味成分）があるということである。1つには、「年取った、年老いた」という意味で、形容詞 young「若い、幼い、年少の」の反意語としての意味である。2つには、「＜年齢が＞・・・歳の」という意味である。これはどのようなことを意味するのであろうか？
　図で示すとわかりやすい。

```
|—————————————|————————————————————————|
young         中立的 old                  old
```

例えば、次の例文を見てみよう。

（１）a. He is old.　　　b. He is an old man.　　c. How old is he?
　　　d. He is young.　　e. He is a young man.　　f. *How young is he?

　(1a) (1b) および (1d) (1e) の例においては、old は「年取った、年老いた」という意味の用法であり、young は「若い、幼い、年少の」という意味の用法であることは明らかである。

　問題なのは、old という語には「中立的old」とでも呼ぶべき用法があるということである。つまり、年齢に関して中立的な用法（つまり、年取っているか若いかは問題にならない）であるということである。従って、(1c) は、「彼は何歳ですか？」という意味であって、「彼はどのくらい年を取っているのか？」という意味ではないということである。換言すれば、この場合の old には、「年取った」という前提が全くないということである。この (1c) を正しく発音すれば、How óld is he? となる。ただし、コンテキストによっては、Hów old is he? と発音することも可能である。その場合には、「彼は年を取っている」という前提がすでにあって、さらに「どのくらい年を取っているのか？」という意味を表すのである。そのような状況を想定することも可能ではあるが、普通に「彼は何歳ですか？」と聞く時には、How óld is he? と発音され、「中立的 old」の用法である。そのような用法は、young という形容詞にはないので、「彼は何歳ですか？」という時には、彼がいくら年齢が若くても、How young is he? とは言わないのである。従って、例えば、He is five years old.（彼は5歳です。）と答える時の言い方も、「中立的 old」の用法だと考えればいいのである。

　言語上の事実として、「中立的な用法」を表す時に、たまたま young ではなく old が選ばれたということである。

　これと同じことが、形容詞 tall についても言える。「彼の身長はどれくらいですか？」は、How tall is he? であって、たとえ身長が高くなくても How short is he? とは決して言わないのである。

　以上のような、回答の仕方になった。

なお、このような観点から詳述した論考には、八木（1987, pp.47-82）がある。かなり簡略化した明解な説明が、安井（1996[2], p.116）などにある。説明の仕方が多少異なってはいるが、上記の筆者の説明も、この2冊の文献と同じ原理である。

2.2「長い」は「短い」、「短い」は「長い」（長母音と短母音について）の話

このセクションのタイトルを見たら、普通は矛盾していると思うであろう。しかし、英語音声学について研究していると、実際にこのようなことが起こりうるのである。次の例を見てみよう。

(2) a. he / hí: / 《強形》　b. heed / hí:d /　c. heat / hí:t /
　　d. hid / híd /　e. hit / hít /

見ての通り、(2a) ～ (2c) は「長母音」であり、(2d) と (2e) は「短母音」である。同じ長母音であっても、(2a) のように語末に何もない語が一番長く、(2b)のように有声子音（ここでは / d /）が語末にくると、その次に長くなり、(2c) のように無声子音（ここでは / t /）が語末にくると一番短くなる。

次に、(2d) のように語末に有声子音 /d/ がくる短母音 hid の方が、(2e) のように語末に無声子音 / t / がくる短母音 hit よりも長くなる。

従って、母音の長さに関しては、(2a) → (2b) → (2c) → (2d) → (2e) の順に段々短くなるはずである。

常識的には確かにそうなるはずであろうが、実際にはそうなってはいないのである。確かに、(2e) の方が (2a) よりも長いと答える学生はいなかったが、「長い」→「短い」の順に正しく並べられる学生は少ないのである。

正解を言ってしまえば、「長い」→「短い」を正しく並べてみると、(2a)→(2b) → (2d) → (2c) → (2e) である。

つまり、単母音を含んだ hid の方が長母音を含んだ heat よりも長くなるということである。

つまり、長さのレベルに関して言えば、2～3のレベルを一気に超えるような変化は考えにくいが、隣り合わせの（1つの）レベルであれば順番が入れ替わることもありうるということであろう。

従って、上述のようなショッキングなタイトルをつけたわけである。

2.3 超基本的な接続詞 and に関する一考察

この項は、実際の辞書指導の観点からも大変有益である。

多くの学生は、このような基本的な接続詞については、わざわざ辞書を引く必要はないと思っているようである。実際、ほとんどの学生は、テクストにこの語が出てきた時には、「〜と」と訳すか「そして」と訳すかのどちらかである。

そう信じて疑わないといった学生が非常に多い。その時、筆者は必ず辞書を引いて、and の用法がどのように記述されているのかを体験させることにしている。

実際、筆者の経験から述べるとすると、andが「〜と」や「そして」という意味になる時は、頻度としては100例 and の使われている例を集めてみたとすると、5〜6くらいしかないような気がする。ということは、「〜と」や「そして」という訳語は、我々が思っているほど頻繁には用いられていないということが言えそうである。言い換えれば、実際のコミュニケーションの場で用いられることばである and がそれほど単純なものではないということであろう。それだけ奥が深いことばであるとも言える。よく言われているように、「**簡単そうな（基本的な）単語ほど実は難しい**」ということはかなり的を得た名言であるということである。

学問的な見地からは、接続詞 and の意味的な分類を通して、その用法をマスターしていくことが重要であるのみならず、and の意味と発音の関係を関連させて理解することが必要不可欠であるということである。

英語学習に関する発達段階からしても、実際に辞書指導を徹底することを通じて、and の意味と発音の関係について考察することは、大学生レベルでは大変重要なことである。

ジーニアス英和辞典（第4版）(以下、G4と呼ぶことにする) を用いて、andの用法を見ていくことにしよう。

G4では、andの用法を大きく12に分類している。そのそれぞれについて、例文を用いながら、簡単にまとめてみる。実際には、1つの項目の中にも a) b) c) d) というようにさらに細分化している箇所もあるので、見方によっては分類の数が12よりも増える可能性もあるが、今回はG4の分類に従って12の用法をその例文とともに概観することにする。

I ［等位接続詞］（語・句・節を対等に連勝する）

①並列的に語・句・節を結んで] **a)** /ənd/ ［並置］そして、および；…と…、…や… ‖ a table and four chairs テーブルと4つのいす / He is a poet and /ænd/ a novelist. 彼は詩人であり、かつ小説家だ→この「かつ」という日本語は、その上小説家でもあるということとほぼ同義である。
b) /ænd/ ［追加・順位］［and also ...］（それに）また；…したり…したり ‖ he has long hair and wears jeans. 彼は髪を長くし、ジーンズをはいている/We drank, sang and danced all night. 私たちは一晩中飲んで歌って踊り明かした.

② /n, ən/ ［一体となったものを表して］［単数扱い］…付きの ‖ bread and butter / brédnbʌ́tər/ バターを塗ったパン 《◆ / bréd ænd bʌ́tr/ と発音すれば別々の物をさし、複数扱い》 ☞ ちなみに、G3（第3版）では、/ bréd ənd bʌ́tər / と発音すると書かれており、発音の仕方には揺れがある（発音の仕方は流動的である）と言えよう（この部分は、筆者のコメントである）。

③ ［数詞を結んで］ **a)** …に加えて、…と… ‖ two and two make(s) four. 2たす2は4/two hundred (and) forty-five 245/two thousand, five hundred (and) thirty-one 2531《◆⑴ hundred の次の and は《米》では通例省略されるが、百の位が0の時は省略しない：two thousand and five 2005》.
b) 《古・文》 ［100未満の数で1の位の数の後で］《◆現在では年齢・時刻をいう時に用いることがある》‖ five and twenty to ten 10時25分前／She is one and thirty. 彼女は31歳だ（＝She is thirty-one）.

④ ［同一語の反復］ **a)** /ənd/ ［同一語を結んで、時・状態・行為などの連続・反復を示して］**どんどん、…も…も** ‖ again and again 何度も何度も／They rán and rán and rán. 彼らはどんどん走った（＝they kept running.）/《◆and の省略は不可：×They ran, ran and ran.》/It's getting warmer and warmer. だんだん暖かくなってきた《◆It's getting more and more warm. ともいえる》. **b)** /ænd/ ［there is / you can find の後に来る同一の複数名詞または物質名詞と結んで］（ピンからキリまで、よいのやら悪いのやら）さまざまの ‖ There are teachers（↗）and teachers（↘）.先生といっても

194

（ピンからキリまで）いろいろある（= There are good and bad teachers.）/ You can find coffee and coffee. コーヒーにも（ピンからキリまで）いろいろある. 語法 3度繰り返すと多数を表す：There were dógs and dógs and dógs all over the place. そこは至るところ犬だらけだった.

⑤ [理由・結果]［しばしばand so, and therefore］**それで**、だから ‖ He was very tired and (so) went to bed early. 彼はとても疲れていたので早く寝た（= Because [Since] he was very tired, he went to bed early.

⑥ [時間的前後関係] そして、**それから**：すると（and then）‖ He told her his pleasing experience and she smiled. 彼が彼女に自分の楽しい経験を話すと彼女はにっこりした/She washed the dishes and she dried them. 彼女は皿を洗い、それから乾かした.

⑦ / ǽnd / [対照] **それなのに**（and yet）、しかし、(また) 一方《◆butと交換可能》；［譲歩的に］…なのに ‖ She tried hard ánd (yet) she failed. 彼女は一生懸命やったが失敗した（= She tried hard only to fail.）《◆and yet の方が普通》/Roy is secretive ánd Ted is candid. ロイは秘密主義だがテッドはざっくばらんだ（Roy is secretive, while Ted is candid.）

II ［準等位的］（純粋に等位接続詞と認めがたい場合）

⑧ [条件]［命令法またはそれに相当する句の後で］**そうすれば**《◆通例、後の節は will を含む》‖ Hurry up, and you'll be in time for school. 急ぎなさい、そうすれば学校に間に合うよ（= If you hurry up, you'll be in time for school.）

⑨ / ǽnd / a)《略式》**それも**、しかも、もっとも、それに《◆話を中断してコメントを追加したり、関連する新しい情報を導入するときに用いる》：すなわち、つまり ‖ They hated Tom—ánd that's not surprising. 彼らはトムを嫌っていた−それも当然のことだ/He ánd he alone, must go. 彼、しかも彼ひとりだけが行かねばならない/You mind your own business. Ánd when you talk to me, take off your hat. 余計なお世話だよ. それにおれに口をきく時は帽子ぐらい取れよ/I'm against the Constitution, ánd for the following reason. 私は現行憲法には反対だ、つまり理由は次の通りだ. **b)** それでは《◆相手の意見と関連する質問をするときに用いる》‖ "Have you been well?" "I've lost weight." "And are you able to sleep?" "Hardly at all."「おからだは？」「やせました」「で、眠れますか？」「ほとんど眠れないのです」．**c)** それじゃ（… というわけですね）《◆相手の発言を促したり相手に代わって話を完結させるときに用いる》‖ "I met Mary last week." "And?"「先週メリーと会ったよ」「それで？」／"Then he decided to study harder." "I see. And he owes his success to his stubbornness?"「それで彼は以前にもまして勉強しようと決めたのです」「そうですか、それじゃ彼の成功はその不屈の精神負っているということですね」《◆このように平叙文で疑問を表す場合に用いることが多い》．

⑩ / ənd / ［動詞＋and＋動詞］ **a)**《略式》［通例命令文で；try and…］… するように ‖ Trỳ and swim! さあ泳いでごらん（＝Try to swim!）．**b)**《主に英略式》［通例命令文で；come［go, hurry up, run, stay, stop など］＋and…］‖ Còme (and) sée me again tomorrow. 明日また来てください《◆(1)《米略式》では come, go のあとの and はしばしば脱落する．(2) comes, came, goes, went などの変化形になるとこの構文は不可．(3) 変化形になると「動詞＋and＋動詞」は目的でなくふつうの結果を表す（cf. COME and do）》／He usually stays and has dinner with us after the game. 彼はゲームの後たいていうちで食事をしていく．**c)**［sit, lie, walk などの後に用いて］… して、… しながら《◆and 以下が現在分詞に相当》‖ She sat and smoked. 彼女はタバコを吸いながら座っていた（＝She sat smoking.）．**d)**《米略式》［and do で］… するために（to do）‖ I'm going down and telephone. 電話をしに降りていくよ（＝I'm going down to telephone）．**e)**［否定文で］… して同時に（… しない）、… と … と同時に（することはない）‖ You can't eat your cake *and* have it (too). ＝ You can't have your cake *and* eat it (too).《ことわざ》《略式》菓子を食べてなおその菓子を持っていることはできない；一度に二つよいことはない．

⑪ / ənd / 《略式》［形容詞＋and＋形容詞の形で］《◆前の形容詞が後の形容詞を副詞的に強調する》‖ It's nìce and cóol. とっても涼しい（＝It's fairly cool.）《◆(1) 強勢のない and が脱落して nìce cóol となることもある．(2) It's níce ¦ and cóol. は「天候もよいし涼しい」の意》／I hit him gòod and hárd. 力いっぱい彼をたたいた（＝I hit him very hard.）．☞¦のある例文は、¦が発音する際にポーズを取ることを意味している。言ってみれば、強形の and / ǽnd / と同じ機能を果たしていると言えよう。

⑫ **a)** /ǽnd/ 特に受ける先行要素なしで、驚き・意外・非難などを表す]ほんとうに、そうとも、… だよ ‖ O John, ánd you have seen him! ああ、ジョンね、ほんとうに彼を見かけたのだね. **b)**［主語＋and＋補語の形で］… のくせに《◆be 動詞に接近する》‖ A policeman, and afraid of a thief! 警官のくせに泥棒をこわがるなんて．

－小西・南出（編）2006[4], pp.73-4

(なお、☞の説明は、筆者が追加したもの。さらに、編集上、内容の一部を書き換えた箇所もある。)

少し長い引用になってしまったが、非常に重要は項目ばかりであるので、かなりの部分そのまま引用した。上記の説明において、注目すべきポイントは5つある。

● **よいところ**

1. まず最初に、Ⅰ［等位接続詞］（語・句・節を対等に連結する）とⅡ［準等位的］とに大きく分類しているところが目新しい（他の英和辞典には見られない特徴）。
2. 談話上の機能を重視した、わかりやすく詳しい解説（説明）になっている。→特に、⑨において **a)** ～ **c)** と詳細に説明している（これも他の英和辞典は見られないユニークな特徴）。
3. 語法の説明が大変有益。文法上の説明と合わせて覚えると効果的である。→⑩と⑪など。特に⑩は、**a)** ～ **e)** まで細分化して、詳細に説明している（これも他の英和辞典ではあまり見られない特徴）。

● **不十分なところ**

4. 強形 and / ǽnd / と弱形の and / ənd, ən, nd, n / を区別して、and のさまざまな用法とその発音の両面から説明が試みられていて、大変興味深いが、and の発音が載せられていない例もあって、統一性に欠けている。

● **英語教育上のアドバイス**

5. 強形の and / ǽnd / と弱形の and / ənd, ən, nd, n / を使い分ける際の基準

は何かというと、私見では「（意外性も含めた）意味の重み」の差によるということである。

　よく言われているように、Óxford Street においては Oxford の方にstressが置かれ、Oxford Ávenue においては Avenue の方に stress が置かれるという考え方である。つまり、Street は一歩外に出ればそこらじゅうにあるのに対して、Avenue の方は数が限られているので、それだけ貴重であると考えられるのである。従って、「意味の重み」という観点を導入することによって、Óxford　Street と Oxford Ávenue という stress pattern になるというわけである。

　このような「意味の重み」という考え方は、いろいろなケースに適用が可能なのであって、以下のような辞書の説明における and の発音と用法に関しても応用が可能なのである。

　例えば、②にあるように、[一体となったものを表す] 時は、/ ən / かさらに弱化して / n / だけになってしまうこともあるということである。bread and butter はパンとバターが一体となったものなので、発音も弱く、[単数扱い] である。また、and を / ǽnd / と強形で発音すれば、別々の物をさし、[複数扱い] になる。発音と意味の対応関係に注目すべき例である。

　一般的には、例えば、⑦のようなandがbutに近い意味を担う例や、⑨の**a) ～ c)** の諸例や⑫の例のような意外性や驚きがあったりする例においては、特に強形で発音することによって、そのような気持を相手に伝えていると考えることができるであろう。

　つまり、単なる接続の機能しか果していないような例（A and B）では、andは弱形で発音されるが、⑦ ⑨ ⑫ のような例においては、and は当然強形で発音されることになる。それだけ、意味的な比重が重い用法であるとみなされるということである。

　ただし、強形と弱形のどちらで発音すればよいのか判断に迷うような例も当然存在するものと思われる。談話の中での話し手のとらえ方によって異なることがあると予想されるのである。

　さらに、同じ弱形であっても / ənd / / ən / / nd / / n / のようにいく通りかの発音の仕方があるので、そのうちのどれが選ばれるのかについても、一定の基準はな

く、話し手の判断に任されている場合が多いのである。

　しかし、上述のような考え方に基づいて発音すれば、大体において間違いはないであろう。

　いずれにせよ、もう少しすっきりとした分類がなされていれば理想的であるが、この一連の解説および例文はまさに"知識の宝庫"であると言えよう。

　筆者は、北見工大においてまず最初に指導する時は、①、②、⑤、⑦、⑧、⑨を取り上げることにしている。その際には、発音の強弱、語法上および談話上の注意、意味の重みなどを考慮しながら講義をしている。このようにすることによって、発音、文法、談話、意味などをトータルに考えることができて、大変有益であると思われるからである。

　一方、ルミナス英和辞典（第2版）には、次のような記述がある。

> /ǽnd/ は前に息のとぎれがあるとき、comma や semicolon があるとき、または文の初めに来たときなどに発音される。
>
> －竹林・小島・東・赤須編 2005², p.60

　この説明も and の発音をする際の有益な情報であろう。上述のような3つの環境（1. 前に息のとぎれがあるとき、2. comma や semicolon があるとき、3. 文の初めに来たとき）にあるときに強形の and が出てきやすいということは、当然予想されることであるが、それが絶対的な基準であるとは筆者は考えていない。そのような音声環境を考慮すること以上に重要なのは、「**意味の重み**」による考え方ではないかということである。

　なお、今まで述べてきた「**意味の重み**」に重点を置いた考え方と同様の考え方（**意味論的要因**）に基づいて、前置詞に文強勢が来る場合について詳しく考察したものに、伊関（2010）および伊関（2013, pp.28-41）などがあるので、参照されたい。

2.4　蓋然性を表す副詞 probably, maybe, perhaps について

　この項目は、日頃の講義の中で、「辞書指導」を通して学生にものを考えるということはどういうことなのかを考えるいい機会として筆者がよく利用しているテーマである。

以下、手元にある13の英和辞典を比較しながら、蓋然性を表す3つの副詞 (probably, maybe, perhaps) について見ていくことにしよう。

　なお、今回参考にした英和辞典は中学校1年生から使える初級者向けの辞典から、中・上級者向けの辞典までさまざまである。

　この3つの副詞の意味を中心に、1つ1つ見ていく。

(1) ジーニアス英和辞典（第4版）（大修館書店）− 以下、G4と呼ぶ。
probably ［文修飾］たぶん、十中八九、おそらく ‖ Probably（↘）¦ she will come. 彼女は十中八九来るだろう（＝It is probable that she will come.）／Probably ¦ he [He probably] can't succeed. 彼は成功できないだろう《◆文修飾語なので否定語の直後には用いない：×He can't probably succeed.》／She probably has read ［《英》has probably read］the book. 彼女はたぶんその本を読んでしまっただろう《◆助動詞の前に置くのは《米》；《英》では強調の場合に限る》.
　　　　　　　　　　　　　　　　　　　　　　−小西・南出編 2006[4], p.1525

maybe（比較なし）《略式》［文修飾；通例文頭で］**ことによると、ひょっとしたら、もしかしたら**《◆話し手の意識として起こる確率が5割程度；話し手の確信度は **probably, maybe, perhaps, possibly** の順に弱くなる》‖ Maybe the weather will clear by tomorrow. ひょっとするとあすまでに晴れるかもしれない（＝The weather may clear by tomorrow.）《◆I think ～ ... として用いることも多い》／Maybe they will come and maybe they won't. 彼らはひょっとすると来るかもしれないし、来ないかもしれない．☞この語は蓋然性が50％程度ということなので、この例文は適切である。　　　　　　−小西・南出編 2006[4], p.1211

perhaps《略式》特に文頭で［通例文修飾］ことによると、ひょっとしたら、あるいは《◆⑴《米》ではmaybeがふつう．⑵文頭・文中・文末のいずれにも用いられる》‖ Perhaps they will come soon. ＝ They will perhaps come soon. ＝ They will come soon perhaps. 彼らはもしかするとまもなくやって来るかもしれない（＝They may (possibly) come soon.）《◆They perhaps will come soon. の位置は《まれ》》／Perhaps that's true. あるいはそれは本当かもしれない．☞ここでもいろいろな位置での使い方が詳しく述べられていて、大変有益である。

さらに語法欄において、蓋然性について数字を示して説明している。同種類の副詞を話し手の確信度によっておおまかに分類すると以下のように」なる。
a) 30％以下：possibly. b) 30％以上：perhaps. c) 35-50％：maybe. d) 65％以上：likely. e) 90％以上：probably, presumably, doubtless, inevitably, necessarily, definitely, unquestionably, certainly, undoubtedly.

（☞**probably, maybe, perhaps** という3つの副詞だけではなく、いろいろな副詞の蓋然性について述べられている。大まかな目安としては、大変有益である。）

－小西・南出編 2006[4], p.1439

(2) ルミナス英和辞典（第2版）（研究社）－以下、LUと呼ぶ。
probably［文修飾語］多分、恐らく：John will probably pass the exam. = Probably John will pass the exam. ジョンは多分試験に受かるだろう．

－竹林・小島・東・赤須編 2005[2], p.1390

maybe［文修飾語］《略式》もしかしたら、ことによると；**あるいは**：Maybe you're right. あなたの言うとおりかもしれない/Maybe I'll go, and maybe I won't. 行くかもしれないし行かないかもしれない．

－竹林・小島・東・赤須編 2005[2], p.1084

perhaps［文修飾語］ことによると、もしかしたら、多分：Perhaps that's true. あるいはそれは本当かもしれない/Perhaps I'll come to see you next Sunday. もしかすると次の日曜日にお伺いするかもしれません．

－竹林・小島・東・赤須編 2005[2], p.1304

なお、LUには likely の項に次のような表が載っている。

可能性が高い順

1. always（いつも）	8. perhaps（ことによると）
2. certainly（確かに）	9. almost never, hardly, hardly [scarcely] ever（めったに［ほとんど］... でない）
3. very likely, most likely（多分）	
4. probably（多分）	

5. likely（多分） 6. maybe（もしかすると） 7. possibly（もしかすると）	10. never（どんな時でも… でない，決して…しない）

☞%の数字は出ていないが、いろいろな表現について順序付けをしている。3. 4. 5. の日本語訳は全部「多分」。6. 7. は「もしかすると」、8. は「ことによると」になっている。「もしかすると」と「ことによると」は意味に大差ない日本語であろうが、英語の単語はすべて異なっている。何か工夫が必要かもしれない。

－竹林・小島・東・赤須編 2005[2], pp.1016-7

(3) 小学館プログレッシブ英和中辞典（第2版）（小学館）－以下、Pと呼ぶ。
probably たぶん、たいてい：He will probably forget to return my book. たぶん彼は私の本を返すのを忘れるだろう／Probably, Jim was guilty.〔＝It is probable that Jim was guilty.〕おそらくジムは有罪なのだ。▶ maybe, perhaps, possibly とはことなり、probably は積極的に公算の大きいことを表す。

－小西・安井・國廣編 1987[2], p.1409

maybe … かもしれない、ことによると、おそらく：Maybe I'm hearing things. ぼくのそら耳かもしれない。▶文頭に置かれることが多い。中心的な意味は「…かもしれない」だが文脈により、見込みの程度にかなりの幅がある。
☞最後の説明部分が重要な指摘。後程検討する（2.4.1の学問的な見地からの考察・観察を参照）。　　　　　　　　　　－小西・安井・國廣編 1987[2], p.1130

perhaps たぶん、おそらく、… かもしれない、ことによると（▶ (1)《米話》では maybe が多用される。(2) **perhaps** は通例「不確実」を意味するので、確実性が高いことを意味する probably の同義語としては使用を避けたほうがよい）：He has perhaps lost it. 彼はひょっとしたらそれをなくしたのかもしれない／I studied for perhaps two hours. 私はたぶん2時間ぐらい勉強した／Isn't he coming? **Perhaps not**. 彼は来ないでしょうね。たぶんね／Perhaps it will rain tomorrow. ひょっとすると明日は雨かもしれない。

☞この下線部分も重要な指摘である。後程検討する（2.4.1の学問的な見地からの考察・観察を参照）。　　　　　　　　　－小西・安井・國廣編1987[2], p.1327

(4) ウィズダム英和辞典（三省堂）－以下、WIと呼ぶ。
probably たぶん、おそらく、十中八九（！可能性の高い順に、definitely＞probably＞perhaps / maybe＞possibly）▶ It will *probably* rain this afternoon. 午後はたぶん雨だろう（×It will likely rain this afternoon. としない：*It is likely to* rain this afternoon. なら可）/ "He wasn't serious, was he?" "***Probably* not**."「彼は本気じゃなかったんだろう？」「**たぶんね**」/ You're *probably* right. たぶんあなたは正しいでしょう．
【語法】(1) **probably は通例一般動詞の前、be 動詞・助動詞の後に置かれる** ▶ She *probably knew* anyway. いずれにせよ彼女はたぶん知っていたのだ / This weather *will probably* end soon. この天気はおそらくじきにおさまるだろう（×This weather *probably will* end soon. とはしない）．**ただし、can't, won't など短縮形の場合はその前に置く** ▶ My teacher *probably can't* answer my question. たぶん先生は僕の質問に答えられないだろう．(2) **probably は文頭にも置くが、文末には置かないのが普通** ▶ *Probably* you have a cold. たぶん風邪を引いているのでしょう．**また、be 動詞に強勢が置かれる場合はその前に置かれる** ▶ It *probably ís*. たぶんそうでしょう．　　　　　　　　　　　－井上・赤野編 2003, p.1575

maybe（確信はないが）**もしかすると、ことによると**（perhaps）：**たぶん、おそらく** ▶ "It's Lucy." "*Maybe* and [but] *maybe* not."「ルーシーだ」「そうかもしれないし［が］そうでないかもしれない」（！**but でつなぐ場合はそれ以降の確信度の方が強い**）/ It's about half a mile down, *maybe* a bit less. 半マイルくらい行った所だ、ひょっとするとそれほどないかもしれない / Ken will maybe not come to the party. 健はパーティーに来ないかしれません（×Ken will not maybe come to the party. とはしない）．　　　　　　　　　　　　　　－井上・赤野編 2003, p.1245

perhaps a)［通例文修飾］（確信は持てないが推測して）**ひょっとすると、おそらく、**（可能性は低いが）**…かもしれない**（！通例文頭、時に文中・文尾で）▶ *Perhaps* (,) you have a heart disease. ひょっとすると心臓病かもしれません（！**You** have heart disease, *perhaps*. はいっそう自信のない言い方）/ "Is he coming to the party?" "Perhaps (so). [Perhaps not]."「彼は

パーティに来るかな」「(そう)かもね[それはないんじゃないの]」」(！返答やコメントとして perhaps が単独で用いられるとしばしば無関心な態度を暗示する).
b)［語句修飾］(断定を避けて) <u>ひょっとすると、たぶん、…</u> といったところである (！修飾しようとする語句の前で) ▶ That may be 10 years, 15 years, or *perhaps* even 20 years. それは10年か、15年か、ひょっとすると20年かもしれない (！**even** は予想以上の内容を強調する)/Tradition is *perhaps* the most basic concept of conservatism. 伝統は保守主義の<u>おそらく</u>最も基本的な概念だ (！**最上級の前で用いられた perhaps は控え目に表現することで逆に判断の正しさを強調する**).

☞ここでは「おそらく」の日本語が気になるが、控え目に表現することで逆に判断の正しさを強調するという説明にはとても説得力がある。このような用法は、例えば「二重否定」の意味論を考える際などにも適用されるものである。
　なお、「二重否定」の論理についての詳しい考察が伊関 (1998) および伊関 (**2011, pp.130-9**) においてなされているので、是非参照されたい。

【語法】
(1) maybe と同様に30~50％程度の確信度を表すが、perhaps の方がかたい語で、《米》より《英》で、また《話》より《書》で好まれる.
(2) 疑問文の中や否定語の直後には置かない ▶ Will she (×perhaps) come? 彼女は来るだろうか/*Perhaps* I won't [×I won't perhaps] see you anymore. <u>たぶん</u>あなたにはもう会わないでしょう.

☞たぶんの日本語が気になるところであるが、その他の点においては大変有益な情報である。

(3) 可能性を示す副詞(句)はだいたい以下の順で可能性が低くなる▶definitely (確実に); no doubt, doubtless (間違いなく); almost certainly (ほぼ間違いなく); presumably (どうやら); probably (たぶん、十中八九); hopefully (うまくいけば); perhaps, maybe (ひょっとすると); possibly (ことによると).

－井上・赤野編 2003, p.1486

☞(3)の中では、perhaps と maybe の訳語が「ひょっとすると」となっているので適切である。しかし、上述の説明と例文では「たぶん」、「おそらく」なども用いられているので、その点では不適切である。また、「ひょっとすると」と

「たぶん」「おそらく」が区別の意識なく使われているようなので、大変残念である。この点については、後程詳述する。

その点を差し引いても、WIは probably, maybe, perhaps の3つの副詞のすべてにおいて、その使われる位置と使用法（語法）、意味的なニュアンス、語用論上（談話上）の注意事項、および発音上の問題点などを非常に広範囲にかつ十分に例文を駆使して解説している。

今回の項目においては（G4を除いては）、他の辞典に水をあけていると言えよう。

(5) アドバンスト フェイバリット英和辞典（東京書籍）－以下、AFと呼ぶ。

probably《文全体を修飾して》たぶん、おそらく、十中八九（◆perhaps, maybe より起こる公算が大きい）. /You are *probably* right. 君の言い分はおそらく正しい/ "Will she be home now?" "*Probably* [*Probably* not]." 「彼女は今家にいるかな」「たぶんね［たぶんいないよ］」/*Probably* it won't rain. たぶん雨は降らないだろう（◆文全体を修飾する語なので否定語の直後には置かない；×It won't *probably* rain.）. －浅野・阿部・牧野編 2002, p.1469

maybe［語源 may「…かもしれない」+be「ある」］①《通例文頭で文全体を修飾して》《口語的》ひょっとすると、ことによると、もしかすると；あるいは、<u>おそらく</u>（◆it may be that ... の略）. /*Maybe* you can. 君ならできるかもよ/*Maybe* he will be there, and *maybe* he won't. 彼はそこにいるかもしれないし、いないかもしれない.
②《会話》《質問を受けて》どうだろう、さあねえ（◆確信のもてない内容に対して、また yes でも no でもない消極的返答に用いる）/ "Will it rain tomorrow?" "*Maybe*." 「あしたは雨かな」「そうかもね」/ "Are you going to the movies tonight?" "*Maybe or maybe not*." 「今夜映画に行く？」「何とも言えないね」. －浅野・阿部・牧野編 2002, p.1158

☞**Maybe or maybe not.** は「行くかもしれないし、行かないかもしれない」ということを意味しているので、行くか行かないかの確率は五分五分であると考えられる。従って、多少消極的なニュアンスで「何とも言えないね」という訳語を当てている（とても巧妙な訳である）。

perhaps［語源per「…を通して」+haps「偶然」］もしかすると、ひょっとすると、ことによると、<u>たぶん</u>（◆文頭・文中・文尾のいずれでも用いる）（《口

205

語的》maybe) /*Perhaps* I'll call on you next weekend. もしかすると今度の週末にお宅に伺うかもしれません/I can't sleep; *perhaps* it's because of the coffee. 眠れないなあ．**たぶん**コーヒーのせいだ/ "Will you be there tomorrow?" "*Perhaps*." 「あしたそこに行く？」「**たぶんね**」（◆確答を避けたい場合に用いる）/ "Will it rain tomorrow?" "*Perhaps* not." 「あした雨が降るかなあ」「**たぶん降らないよ**」/I'll be back late tonight, *perhaps* about 11 o'clock. 今晩帰りが遅くなるよ．11時ごろになるかもしれない/The bus may *perhaps* have just left. バスはもしかしたらちょうど出てしまったところかもしれない（◆**may と共に perhaps を用いる場合，確実性・可能性がさらに低いことを表す**）☞品詞は異なっているが，蓋然性を表す語が2つ重なって用いられているので，その分だけ蓋然性の低さが強調されるのであろう（−2×2＝−4というのと同じ理屈である）．/*Perhaps* the most important things is the chief's approval. **おそらくいちばん重要なことは長官の認可であろう**（◆文頭で *perhaps* を用いる場合，文脈や会話ですでに臆測されていることを受けることがある）/*Perhaps* we'd better go now. **たぶん**もう行ったほうがいいよ（◆丁寧な提案）☞**maybe**に「おそらく」という訳も用いている．その上，**perhaps** に「たぶん」という訳語も与えた上で，例文中にも「たぶん」と「おそらく」を多用している．後述するように、この2つは欠点である．

語法
(1) 特に《米口語》では maybe が多用される．
(2) 否定文では、not などの否定を表す語より前に perhaps を用いる//*Perhaps* she wouldn't like it. たぶん彼女はこれを好きではないだろう．
(3) **不確実性を表す副詞を、ほぼ同じ意味で用いられる推量の助動詞と対応させると次のようになる．対応している副詞と助動詞は共に用いることができる．**

certainly	90%以上確実	will, must
probably	50〜90%	should
perhaps maybe possibly	50%以下	may, might can, could
never	0%	

−浅野・阿部・牧野編 2002, p.1381-2

☞この(3)の項目は、新たな試みとして評価できる。ほぼ同じ意味で用いられる不確実性を表す副詞と推量の助動詞を対応させようというのは、興味深い。ただし、パーセンテージ（％）が正しかったとしても、例えば、will という推量の助動詞は certainly としか用いられないわけではなく、probably, perhaps, maybe などとも共に用いることが可能である。このことは、今までに見てきた例文を見返してみればわかることである（さらに、possibly とも共起可能であると筆者は推測する）。以上のことからもわかるように、不確実性を表す副詞と推量の助動詞との対応関係はさまざまであるので、実際に使われる用例をたくさん収集して、一般的な傾向を述べる必要があるものと思われる。

(6) **新グローバル英和辞典**（第2版）(三省堂) ―以下、GLと呼ぶ。
probably 恐らく、たぶん（類語可能性はかなり高く、probably＞likely＞perhaps, maybe＞possiblyの順に低くなる）．He'll *probably* come back soon. ＝It is *probable* that he'll come back soon. たぶん彼はすぐ戻って来る．

― 木原監修 2001², p.1527

☞簡潔で、無難な説明である。少し物足りないくらいである。

maybe たぶん、ことによると（[類語]《米》でも《英》でもperhaps より口語的な語としてよく用いられる）．*Maybe* he's right, and maybe he isn't. 彼の言い分が正しいかもしれないし、正しくないかもしれない．"Is he coming?" "*Maybe* not." 「彼は来るのだろうか」「**多分来ないだろう**」 ― 木原監修 2001², p.1198

☞maybe が口語的な語であるというのはその通りだと思うが、《米》でも《英》でも perhaps より多く用いられるというのは本当であろうか？少し疑問が残る。一説には、《米》ではmaybe,《英》ではperhaps の方が好まれるというのもあるからである。

perhaps （低い可能性を表して）ことによると、ひょっとしたら；たぶん、恐らく（類語 probably に比べ、事の起こる可能性が小さい時に用いる；→maybe, possibly）．*Perhaps* I'll change my mind later. ことによると私は後で気が変わるかもしれません．"Will you be able to come here once again?" "*Perhaps* not." 「ここへもう一度来られますか」「**たぶんだめでしょう**」 ― 木原監修 2001², p.1431

☞簡潔な説明である。ただし、perhapsの訳語として「たぶん、恐らく」があり、例のうちの1つの訳語にも「たぶん」が使われているのがマイナスである。

(7) ニュースクール英和辞典（研究社）－以下、NSと呼ぶ。

probably たぶん、十中八九は《★可能性が非常に高いことを表わす》. He will *probably* come. 彼はたぶん来るだろう/【会話】 "Will you come?"— "*Probably*."「行くかい？」「たぶんね」.　　　　　　　－伊藤・廣瀬・伊部編1998, p.924

maybe《米》もしかすると、ことによると.
Maybe he'll come tomorrow. もしかすると彼はあす来るかもしれない/*Maybe* she has forgotten her promise. ことによると彼女は約束を忘れたのかもしれない/【会話】 "Will she come?" — "*Maybe*."「彼女は来ますか」「もしかするとね」.
　　　　　　　　　　　　　　　　　　　　　－伊藤・廣瀬・伊部編 1998, p.731

☞ 上述のように、ここでは maybe に対して「もしかするとね」という訳語を用いている。今までの辞書の傾向からすると「たぶんね」あるいは「おそらくね」となりそうなところであるが、ここではそうなってはいない。特筆すべきところであり、的確な訳語である。

perhaps ことによると、もしかすると（…かもしれない）.
Perhaps I'm mistaken. もしかすると私が間違っているのかもしれない/*Perhaps* it will rain. ひょっとすると雨が降るかもしれない/
【会話】 "Will he come tomorrow?" — "*Perhaps* not."「あした彼は来るだろうか」「来ないかもしれない」
【類語】 **perhaps** や **possibly** は可能性はあるが確実性はないことを示し、可能性の大小を問題にしない；**maybe** は perhaps, possibly と同義で、特に《口語》で多く用いられる；**probably** は可能性が大きいことを示す.
　　　　　　　　　　　　　　　　　　　　　－伊藤・廣瀬・伊部編 1998, p.874

☞ 【類語】の説明については、同じ出版社の辞典ということもあって、研究社の『新英和中辞典』（紙幅の都合で、今回の辞書のリストからは省いた）とほとんど同じである。しかし、この辞典には特筆すべき点が2つある。1つには、【会話】欄を設けて例文に単なる one sentence のものだけではないことを強調するように努めている。2つには、probably, maybe, perhaps という3つの語すべてにわたって、見出し語の訳語および例文の訳語のすべてにおいて完璧であるということである。この点に関しては、同じ出版社の辞典でも研究社の『新英和中辞典』とは異なっている。編者が違うからであろうが、とても優れた点であると言

えよう。ただし、語法上の解説などがここではないのが、多少物足りない。

(8) **アンカーコズミカ英和辞典**（学習研究社）－以下、ACと呼ぶ。
probably［文全体を修飾して］たぶん．—You are *probably* right. たぶんきみの言うとおりだろう／The Italian team will *probably* advance to the second round. イタリアチームはたぶん2回戦に進むだろう．
【類語】たぶん
ことばを確率の数値で表すのは危険があるが、probablyは6割以上の「確率大」を意味する．likelyは5割以上、すなわち、「その可能性のほうが大きい」の意．しかし、**most likely** の形にすると probably より高い確率になる．maybeとperhapsは5割以下、通常2～3割程度で「たぶん」よりも「もしかしたら、…かもしれない」に近い．

☞ここでは、3つのことが重要である。
1. 「ことばを確率の数値で表すのは危険がある」というコメント。筆者も同感である。実際、probably の確率を見ても、ここでの6割（60%）以上から、90%以上と書いてある辞書までさまざまであるということ。
2. 「most likelyの形にすると probably より高い確率になる」という部分。これは、前述(7)AFの maybe のところの解説、「mayと共に perhapsを用いる場合、確立性・可能性がさらに低いことを表す」というところと発想は同じである。probably よりは低いが、高い蓋然性を表す語である likely と最上級を表す語である most が2つ重なって用いられた結果、probably よりも高い蓋然性を表すようになったものであろう。
3. 「maybe と perhaps は5割以下、通常2～3割程度で「たぶん」よりも「もしかしたら、…かもしれない」に近い」というコメント。筆者は、この点については、かなり厳密にとらえている。「たぶん」よりも「もしかしたら、…かもしれない」に近いというよりも、まさにそうでなければならないということである。この箇所は、「近い」という言い方ではなく、もっと強い言い方をしなければならない箇所であると筆者は思っている。　－山岸編集 2007, p.1463

maybe［文全体を修飾して］もしかしたら、…かもしれない（▶(1)半分以下、通常2～3割の程度の確率を表す．(2) perhaps よりくだけた語で、《米》で好まれ

る．(3)通常文頭に置く〕．— *Maybe* it will rain tomorrow. もしかしたら、あす雨が降るかもしれない/対話 "Will Janet be at the party, too?" "*Maybe* she will, *maybe* she won't. I don't really know." 「パーティーにジャネットも来るかな？」「来るかもしれないし、来ないかもしれない．よく知らない」/対話 "I feel listless today." "*Maybe* it's the weather." 「きょうは体がだるい」「**たぶん**天気のせいだよ」． — 山岸編集 2007, p.1152

☞ここでは、対話の例が載っていて、実際の会話に近いので有益。それから、最後の例文において、maybe の訳語が「たぶん」になっているところが残念である。

perhaps〔文全体を修飾して〕**ことによると（…かもしれない）**、もしかしたら、ひょっとしたら（▶ (1) maybe よりやや堅い語．(2)起こる確率は半分またはそれ以下、通常２〜３割程度の感じ）． — *Perhaps* he was right. ことによると彼の言うとおりだったかもしれない/It is *perhaps* true, but we need evidence. それはほんとうかもしれないが証拠が必要だ/He may *perhaps* succeed if he's lucky. 彼は運が良ければ**あるいは**成功する**かもしれない**． — 山岸編 2007, p.1380

☞ここは特別問題になる箇所はない。最後の例文において、may perhaps という組合せになっているので、「あるいは… かもしれない」という訳語にしている。とても適切である。

　上述のように、2箇所気になるところがあったが、概ね良好である。

(9) スーパー・アンカー英和辞典（第2版）（学習研究社）—以下、SAと呼ぶ。
probably〔文全体を修飾して〕**たぶん、十中八九は**． — He will *probably* come. 彼はたぶん来るだろう/You are *probably* right. たぶんきみの言うとおりだろう/**very [most] probably 十中八九**．
【類語】　たぶん
probably は「十中八九は」の意で、起こる確率が最も高い． **likely は10中5〜7**くらいだが、most　likely　の形にすると、probably 　と同じくらいの確率になる．**perhaps** と　**maybe** は10中5以下の感じで、否定的ニュアンスのほうが強い。possibly は10中1〜3くらいでさらに確率が低い。　— 山岸編集 2001, p.1213

☞ 3つの点で、興味深い。

1. **very [most] probably** が「十中八九」と訳されているので、これでは **probably** との区別がつかない。論理的には、もっと強調した訳が必要になるということである。
2. **likely** は単独では **probably** よりも確率が低い語であるが、**most likely** の形にすると、**probably** と同じくらいの確率になるというところが面白い。同じ山岸編集の⑩のＡＣでは、「**most likely** の形にすると **probably** より高い確率になる」となっていた。意見が食い違うところである。私見としては、**likely** が **most** のような最上級の語と共に用いられると、**probably** 高い確率になるという見解の方を支持する。それだけ「最上級」を表す語の意味というのが強いという証拠になるという見解である。
3. 「**perhaps** と **maybe** は10中5以下の感じで、<u>否定的ニュアンスのほうが強い</u>」という部分。他の辞典にはこのような記述はないが、確かにもっともなところである。よく言われるように、例えば、**a little** は「少しはある」という肯定的な意味を表すのに対して、**little** は「ほとんどない」という否定的な意味を表すのと同じように考えればよい。**probably** は「たぶん…だろう」という意味であるから肯定的なニュアンスが強くなり、**perhaps** と **maybe** は「もしかすると…かもしれない」という意味であるから否定的な意味が強くなる。起こる確率が高いか低いかによって日本語も変化するので、その当然の帰結として、肯定的なニュアンスが強くなったり、否定的なニュアンスが強くなったりするのである。従って、この辞典のニュアンスについての指摘は、妥当であると言えよう。

maybe もしかしたら、ひょっとして（▶ **perhaps** よりくだけた語）. — *Maybe* we'll see you tomorrow. <u>もしかしたらあしたきみに会う**かもね**</u>/対話 "Is that true?" "*Maybe*. I'm not sure." 「それはほんとうですか」「**もしかしたらね**. よくわからないけど」.　　　　　　　　　　　　　　　　　　　　　　　− 山岸編集 2001, p.958

☞ 用例は少ないが、訳語は非常に的確である。

perhaps［文全体を修飾して］ことによると（…　かもしれない）、もしかしたら、ひょっとしたら（▶ (1) **maybe** よりやや堅い語. (2) 起こる確率は１０中５以下の感じで用いる）— *Perhaps* he was right. ことによると彼の言うとおりだった

かもしれない/It is *perhaps* true, but we need evidence. それはほんとうかもしれないが証拠が必要だ/He may *perhaps* succeed by good luck. 彼はあるいは幸運に恵まれて成功するかもしれない.　　　　　　　　　　　－山岸編集 2001, p.1145

☞同じ編者の辞書だけあって、(8)のＡＣとほぼ同じ例文である。ここでも訳語が非常に的確であるのが際立っている。

(10) **ビーコン英和辞典**（三省堂）—以下、Ｂと呼ぶ。
probably おそらく、十中八九は、たぶん《ほぼ70-80％の確率を表す》He will **probably** win. おそらく彼が勝つでしょう（＝It is probable that he will win.）会話 "Will he pass the exam?" "**Probably [Probably not]**."「彼は試験にパスするでしょうか」「おそらくね［おそらくしないでしょう］」
　　　　　　　　　　　　　　　　　　　　　　　－宮井・佐藤監修 2002, p.1039

☞**probably** について、ほぼ70-80％の確率を表すとしている。この数字は辞書によっても微妙に異なっており、どれが正しいかの断定を下すのは差し控えたい。

maybe たぶん、… かもしれない、もしかすると（▶ probably よりも確率が低く、**perhaps** よりは確率が高い）
Maybe I'll go to Europe next year. 私は来年たぶん行くだろう
Maybe it will rain tomorrow. もしかすると明日は雨になるでしょう
【友達との会話】
"Will he come to the party?"「彼はパーティーに来るでしょうか」
"**Maybe [Maybe not]**."「たぶんね［たぶん来ないよ］」
　　　　　　　　　　　　　　　　　　　　　　　－宮井・佐藤監修 2002, p.826

☞**maybe** の3例において、訳語が不適切。「たぶん」と訳している。1例だけ「もしかすると」と訳しているのがある。私見では、出だしはこれで正しいが、後半が不適切である。「もしかするとあすは雨になるかもしれない」とすべきである。この点については、後程検討する。それから、maybe は perhaps よりは確率が高いと説明されているところが目新しい。確立的には、この両者はほぼ同じだとする辞書の方が多いので、筆者はそちらの説を支持する。

perhaps たぶん、おそらく；ことによると、ひょっとしたら
Perhaps she has a sense of humor. たぶん彼女はユーモアのセンスがあるよ/

Perhaps I will come – but **perhaps** I won't. 来るかもしれないし、来ないかもしれない

【会話】 "You could come with me, **perhaps**?" "With pleasure."「ひょっとしていっしょに行ってくれる」「喜んで」

【友達との会話】
"Are you going to ask her out on a date?" "**Perhaps**."「君は彼女をデートに誘い出すつもりなの」「<u>たぶんね</u>」

◆◆◆ファミリー語◆◆◆

possibly	ひょっとしたら
perhaps, maybe	たぶん
probably, likely	おそらく
certainly	きっと
definitely	まちがいなく

(▶ 下にいくほど確率が高い)

－宮井・佐藤監修 2002, p.984

☞確率については、この表の順序で妥当であろう。ただし、perhaps, maybe のところの訳語「たぶん」は不適切である。ここは possibly と同じく「ひょっとしたら」とすべきである。なお、辞書によっては、probably と likely を同列にはせずに、probably を likely よりも一段確率の高いところに置いているものもある。筆者はそちらの辞書の考え方を支持したい。なお、すでに述べてきたように、most likely とすれば probably よりも確率が高いと考えるのである。

(11) **ブライト英和辞典**（小学館）―以下、BRと呼ぶ。

probably たぶん、おそらく、たいてい、十中八九 ‖ You are *probably* right. たぶんきみの言うとおりだ｜ *Probably*, he was guilty. おそらく彼は有罪だった 会話 (1) How many entrance examinations are you going to take? いくつ受験するつもりなの― *Probably* three. たぶん３つかな　(2) Take the umbrella, John. It'll *probably* rain tonight. ジョン、傘を持っていきなさい．夜は雨になりそうよ― Thanks, but I'll *probably* be back before supper. うん．でもたぶん夕食前に帰るよ

－中村・田辺・西尾編 1994, pp.990-1

☞訳語と例文の数については、共に適切である。

maybe
【語法】perhapsより口語的で、《英》ではperhapsが一般的．実現する可能性は50パーセント程度のニュアンスを持つ；可能性の高い順にならべるとalways, undoubtedly, certainly, necessarily, probably, likely, maybe, perhaps, possibly, hardly, never となる．

☞この語法欄では、例えば maybe と perhaps とを同一線上に並べるのではなく、ひとつひとつの語すべてに順序付けをしているのが特徴であり、利点でもある。また、私見では、その順序が適切である。

❶《通例文頭に置いて》ことによると、もしかしたら、ひょっとすると、<u>たぶん、おそらく</u>（≒ possibly）∥ *Maybe* I'm wrong, but I think it is true. ことによると私のまちがいかもしれないけれど、それはほんとうだと思う 会話 (1) **Is he coming?** 彼は来るだろうか— *Maybe*. [*Maybe* not.] たぶん来るよ［たぶん来ないね］(2) *Maybe* it will rain tomorrow. もしかしたらあすは雨かもしれない— I hope not. じゃないといいな　　　　　　　　　　－中村・田辺・西尾編 1994, pp.780-1

☞maybeの訳語に「たぶん、おそらく」があるので、不適切である。maybe＝possibly ではなく、maybe≒possibly としているところがよい。

perhaps もしかすると、<u>たぶん</u>、ことによると、ひょっとしたら ∥ I've made a wild guess, but it may *perhaps* be right. 当て推量をしてみたが、ひょっとすると当たってるかもよ

【語法】(1) 通例、文を修飾し、文頭・文中・文尾のどの位置にも置ける．ただし否定文中では文頭にくる：*Perhaps* it won't rain tonight. 今夜はたぶん雨は降らない(2)起こる確率が通例50パーセント以下と思われる事柄に用いる．同程度の確信度を表す maybe よりは口語的．probably は「十中八九」の意味

❷《質問への応答として》<u>たぶん</u>（…でしょう）会話 Will you come to the party? パーティーにいらっしゃいますか－*Perhaps*. [*Perhaps* not.] <u>たぶんね</u>［<u>たぶん無理だね</u>］　　　　　　　　　　　　　　　　－中村・田辺・西尾編 1994, p.935

☞perhapsの訳語に「たぶん」が使われているところと例文の訳語にも「たぶんね［たぶん無理だね］」が使われているところが不適切。その他は無難な説明である。

(12) **ワードパル英和辞典**（小学館）―以下、Wと呼ぶ。
probably《文全体を修飾して》たぶん、おそらく、たいてい、十中八九 ‖ You are probably right. たぶんきみの言うとおりだ｜Probably, he is guilty. おそらく彼は有罪だ
　　　　　　　　　　　　　　　　　　　　　　　　　－中村・田辺編 2001, p.1120
☞簡潔な説明。　特記事項なし。

maybe ❶《文全体を修飾して》《ふつう文頭に置いて》ことによると、もしかしたら、ひょっとすると、たぶん、おそらく（★ perhaps より口語的で、《英》ではperhaps が一般的．実現する可能性は50パーセント程度のニュアンス）‖ *Maybe* I'm wrong, but I think it is true. ことによると私のまちがいかもしれないけれど、それはほんとうだと思う｜*Maybe* it will rain tomorrow. もしかしたらあすは雨かもしれない　【会話】Is he coming? － *Maybe*.[*Maybe not.*]「彼は来るだろうか」「たぶん来るよ［たぶん来ないね］」
♪ *Maybe I'm Amazed*「ハートのささやき」：（原題訳）「ぼくはびっくりしているかもしれない」―英国のバンド、ウィングスの1977年のヒット曲.
　　　　　　　　　　　　　　　　　　　　　　　　　－中村・田辺編 2001, p.884
☞音楽欄（♪）を設けて、学習者の興味を引くように工夫している。例も簡潔かつ適切である。ただし、maybeの訳語に「たぶん、おそらく」と会話の例文の訳に「たぶん来るよ」、「たぶん来ないね」があるのが不適切。

perhaps《文全体を修飾して》❶もしかすると、たぶん、ことによると、ひょっとしたら ‖ Perhaps you're right. あなたの言うとおりかもしれない
【語法】(1)文頭・文中・文尾のどの位置にも置ける．ただし否定文では文頭：*Perhaps* it won't rain tonight. 今夜はたぶん雨は降らない　(2)起こる確率が50％以下と思われることがらに用いる．同程度の確信度を表す maybe より口語的　(3)推定の may には perhaps の意味が含まれているので、ふつうには用いないが、ためらいの気持ちを強く表す場合いっしょに用いることもある.
☞(1)のperhaps の例文の訳語に「たぶん」が使われているのは、よくない。しかも、「…だろう」や「…かもしれない」と締め括らないで、「たぶん雨は降らない」という強い言い方にしている。perhaps という「断定性」の弱い語に対する訳としては、なおさら不適切である。
このこと以上に、ここでは2つの点に注目する。

1. ⑴の「文頭・文中・文尾のどの位置にも置ける。ただし否定文では文頭」という説明について―⑾のＢＲも同様の説明。⑷のＷＩに興味深い説明がある。probably の項に、「否定文でも、not の縮約形である –n't がある場合には、その前に置かれる」と書かれている。次の例を見てみよう。
　（○）**Probably it won't rain tonight.** 　（○）**It probably won't rain tonight.**
　（○）**Perhaps it won't rain tonight.** 　（？）**It perhaps won't rain tonight.**
最後の例である（？）の文が、**OK**かどうかは今のところ不明である。上述の辞典の説明は、probably の項に出てくるものである。ただし、perhaps という語の用法として、「文頭・文中・文尾のどの位置にも置ける」というのがあるので、論理的には（？）の例文もＯＫになるのではないか、というのが私見である。
2. ⑶の「推定の may には perhaps の意味が含まれているので、ふつうには用いないが、ためらいの気持ちを強く表す場合いっしょに用いることもある」という説明について―mayにはperhapsの意味が含まれているというのは、もっともなことである。perhapsとmaybeがほぼ同義であるとすると、すぐに納得がいく。maybeという語は、may＋beで成り立っているからである。従って、mayとperhapsがいっしょに用いられるとすると、その２つの語の相乗効果によって、「確信のなさ」の度合いが強くなるということになる。言い換えれば、ためらいの気持ちを強く表すということである。
Perhaps that is true.（それは本当かもしれない）と**Perhaps that may be true.**（それはひょっとすると本当かもしれない）というように、比較する場合には訳語を工夫する必要があるであろう。
　このようなことは、will－would, can－could, may－might のような関係にも当てはまる（この点については、後述する）。
❷《質問への応答として》たぶん（… でしょう）【会話】Will you come to the party? — *Perhaps.* [*Perhaps* not.]「パーティーにいらっしゃいますか」「たぶんね［たぶん無理だね］」
　　　　　　　　　　　　　　　　　　　　　　　　－中村・田辺編 2001, p.1056
☞ここでも「たぶん（… でしょう）」という訳語になっているのが、不適切である。

216

(13) ロングマン英和辞典（ピアソン・デュケーション）－以下、LOと呼ぶ。
probably 恐らく、十中八九は、たぶん："Are you going to the meeting?" "Yes, *probably*."「会議にはでますか」「ええ、たぶん」| You'll *probably* feel better after some sleep. 少し眠れば恐らく気分はよくなりますよ。| **probably not 恐らく…ない**："Are you going to invite john?" "No, *probably* not."「ジョンは招待しますか」「いや、たぶんしないと思います」| **very/most probably ほぼ確実に**
☞この訳語は巧みである。

！推量を表すprobablyの位置に注意．通例は一般動詞のすぐ前に置く：You'll *probably* **feel** better（×feel probably better）after a sleep. 眠ったらたぶん気分がよくなりますよ．ただし be 動詞の場合は、be 動詞のすぐ後ろに置く：She *is probably* asleep. 彼女は恐らく眠っていると思うよ． －Leech 他編 2006, p.1306
☞簡潔な説明であり、的確である。

maybe《文修飾》**たぶん、ことによると**："Do you think she'll come back?" "*Maybe*."「彼女は戻って来ると思うかい？」「**たぶんね**」| *Maybe* he just made a mistake. たぶん彼は間違えただけだろう。| She's about your age, or *maybe* a little older. 彼女はあなたと同じくらいの年、ことによるとちょっと年上かもしれません。| **maybe not たぶん…ないだろう**、…ないかもしれない：*Maybe* they were right, maybe not. 彼らは正しかったかもしれないし、そうでなかったかもしれない。| **maybe so**《話》**たぶんそうだろう**、そうかもしれない
－Leech 他編 2006, p.1012
☞訳語に「たぶん（…だろう）」が散見される。不適切である。

perhaps 1 たぶん、ことによると、もしかすると：*Perhaps* she's in the garden. 彼女は庭にいるかもしれないよ。| perhaps《話》（同意を表して）**たぶんそうだろう**："I think it'll rain." "Yes, *perhaps*."「雨になりそうね」「ああ、**たぶんね**」| **perhaps not**《話》（否定的な発言に対する同意を表して）たぶんそうだろう 同意 **maybe 2**（断定的に言うのを避けて）**たぶん、恐らく**：This is, perhaps, her finest novel yet. **恐らく**、これが彼女のこれまでの小説の中で最高傑作**だろう**．
【類語】 perhaps と maybe はともに「たぶん」を意味する．《米》では maybe のほうがよく用いられる．perhapsのほうがフォーマル．possiblyも「たぶん」「もしかしたら」などを意味し、確信度はperhapsとmaybeとあまり変わらな

い．probablyは確信度が高く「恐らく」「十中八九」などを意味する．
☞訳語に「たぶん」「おそらく」が乱立しているので、不適切である。

！(1) 日本人の英語学習者は、perhaps や maybe を使いすぎる傾向がある．英語では別の表現を用いて推量や可能性を表すことができる：**I think she's in the garden.** 彼女は庭にいると思います．
☞私見では、I think ···．も日本人の英語学習者は多用する傾向があるように思うが、この辞書にはその点に関してのコメントはない。しかし、他の英和辞典にはない指摘であり、斬新である。

(2) may は「たぶん··· かもしれない」、might は「ひょっとしたら··· かもしれない」、could は「可能性としてありうる」などの意味を表す：**She may / might / could be in the garden.** 彼女は庭にいるかもしれません．
☞この部分は、大変示唆的である。後述のように、筆者は日本語で「ひょっとしたら···かもしれない」は自然な言い方であるが、「たぶん···かもしれない」は不自然であるという立場を取る。従って、mayの訳語は不適切であるとしておく。それから、She may/ might / could be in the garden. の訳語について言及しておく。might や could は may よりも可能性が低いことを表すので、両者を区別しようと思えば、may を使った方は「··· かもしれない」と訳し、might や could を使った方は「ひょっとしたら··· かもしれない」と訳して区別するしかよい方法が見当たらない。今までは may が出てきた時に「ひょっとしたら···かもしれない」と訳していたので、この論法だと上述の might と区別ができなくなってしまうのである。それでもなお、筆者は may に対して「たぶん··· かもしれない」という訳語を与えるよりはましであると思っている。この場合における一種の日本語の表現方法の限界とも言えるものであるから、致し方ないであろう。厳密ではないにせよ、筆者の解釈の方が罪が軽いというところであろうか。

(3) 疑問文の形で「たぶんに庭にいるだろう」という推量を表すこともできる：**Have you tried the garden?** 庭を当たってみましたか．
☞この部分も他の辞書にはない説明になっている。この辞書だけ外国の出版社の辞書が基になっているので、ユニークさが目立つ。評価できる。

－Leech 他編 2006, pp.1221-2

なお、太文字や下線部などは筆者が適宜補っている。☞の箇所は筆者のコメントした部分を表している。

2.4.1 学問的な見地からの考察・観察
　この項において、各種の英和辞典の記述（方法）について、詳しく考察してきた。ここでは、特に目立った事柄について、私見をいくつか述べておく。
- 3つの単語(probably、maybe、perhaps)とも、それが出てくる位置、使い方、《米》・《英》の違いなどとても詳しく、役立つ情報が満載なのが、(1)のＧ４である。
- 文法的・語法的な面に関しては、(1)のＧ４と(4)のＷＩが優れている。
- probably「たぶん、おそらく、十中八九」、maybe、perhaps「ことによると、ひょっとすると」のように、完全に的確な日本語で対応していた辞典は意外に少なく13冊中3冊である。このことは注目に値する（この度、紙幅の都合上、割愛せざるを得なかったが、実際上は18冊中3冊である）。
- perhapsだけ文頭・文中・文末のいずれでも用いられると説明している辞書が多い。その反面、他の2語に maybe と probably については、そのようなコメントをしている辞書は今のところ見かけない。一見、統語的に同じように振る舞うように思われるこの3語に何か違いが見られるのであろうか？　各辞典が意図的にこの2語についてのコメントを避けているのか、たまたま（偶然）のことであるのか、詳細は不明である。
- 前述の(3)のＰにおいてなされていた2つの重要なコメントについて－次の2つの説明が目に留まる（1. perhaps は通例「不確実」を意味するので、確実度が高いことを意味する probably の同義語としては使用を避けたほうがよい。2. maybe について中心的な意味は「…かもしれない」だが文脈により、見込みの程度にかなりの幅がある.）。1.については、まさにその通りであると筆者も実感している。それだからこそ、perhaps、maybe「ことによると、もしかすると、ひょっとすると」に対して、probably「たぶん、おそらく、十中八九」という厳密な構図の基に、上述のようなコメントをしてきたのである。その考え方を推し進めていくと、2.については、筆者は賛成しがたい。この説明を図式化すると、次のようになろう。

   possibly － perhaps － likely － probably － certainly － definitely
     →   maybe   ←

大まかに記述すると、「確実性」の問題として、矢印（→ と ←）で示した線の内側まで表すことが可能だということになってしまう。この考え方に対しては、次の3点において支持しない。

- a. いろいろな辞書の記述のところで述べたように、3つの語に対する訳語が錯綜して、混同してしまう恐れがあること。つまり、英語もそれに対応する日本語も、どれを選んでもよいことになってしまう。しかし、このことは、いろいろな辞典が類義語欄等で説明してきたことと相反する。
- b. ここの説明にあるように、maybe だけが「文脈により、見込みの程度にかなりの幅がある」というのは、支持しがたい。統語的に同じように振る舞う他の語については、一切ノーコメントであるからである。自然な（納得のいく）説明になっていない。
- c. もし maybe に対するこの説明が本当だとすると、この1語（maybe）だけが突出して意味範囲が広い語だということになり、自然言語の一般的な特徴とは相容れない。「形が変れば意味が変る」という考え方に基づいて、possibly － perhaps, maybe － likely － probably － certainly － definitely という段階性をお互いに守りながら（維持しながら）文の中で機能していると考えた方が自然であると思われる。

● (13)の辞典はロングマンの辞典の日本語版ということもあって、英語版の特徴が十分に活かされている作りになっている。「引きやすいフルカラー」というアピールにもあるように、使いやすく、外国の辞典に特有の説明（日本人の学習者は・・・傾向がある）などがユニークである。

2.4.2 トータルでの辞書の完成度に対する順位付け（ランキング）（私見）

 以上、今回調査してきた13の辞典に関して、正確さ、わかりやすさ、詳しさ、使いやすさという観点から考察すると、次のようになる。

		正確さ	わかりやすさ	詳しさ	つかいやすさ	計	順位
(1)	G4	5	5	5	5	20	1
(2)	LU	4	5	3	4	16	9
(3)	P	3	5	4	4	16	9
(4)	WI	4	5	5	5	19	2
(5)	AF	3	5	5	5	18	3
(6)	GL	3	5	3	5	16	9
(7)	NS	5	5	3	5	18	3
(8)	AC	4	5	4	5	18	3
(9)	SA	5	5	3	5	18	3
(10)	BE	2	5	3	5	15	13
(11)	BR	3	5	4	5	17	7
(12)	WO	3	5	3	5	16	9
(13)	LO	3	5	4	5	17	7

［コメント］

　4つの観点から総合点を割り出した。すべての辞典が15点〜20点の間に収まっている。つまり、大差はないようになっている。別の見方をすれば、17点くらいまでは健闘していて、16点以下はもう少し頑張ってもらいたいという筆者の願いが込められている数字であると言えよう。また、20点満点を取った辞書についても、それは完璧であるということを意味するわけではなく、あくまでも他の辞書と比較した上での相対的な数字である。もちろん、それぞれの点数のつけ方は人によってさまざまである。どうしても筆者の主観が入り込んでいる可能性があるとも言える。その上、今回は probably, maybe, perhaps という3語についての記述ということに限定しているので、辞書全体の評価ということについては、また違った数値が出てくることも十分に考えられる。以上のようなことを差し引いた数値であるということを念頭において頂きたい。それでもなお、上述のように、いろいろな観点からのそれぞれの辞書の諸特徴が明らかになったのである。

　相変わらず旧態依然とした辞書も見受けられるが、最近の辞書はそれぞれ独自によく工夫の跡が見られるということに筆者は驚かされている。"辞書はどれを引いても大差はない、同じようなもの"という偏見は捨てた方がよいであろう。

ただし、似たような傾向として、probablyの訳語に間違いはないが、maybe、perhapsの訳語に誤りがある辞書が多いことに気付く。これは他の辞書のことを意識してのことであろうか。詳細は不明である。

　もちろん、使う英和辞典のよしあしは、それを使う学習者によっても当然左右されるであろう。中学校1年生が使う辞書と、大学1年生が使う辞書が同じでよいというわけにはいかないからである。従って、今回はそのようなことは考慮せずに、"トータルな英語力を養う上での必要な情報量"という観点から上述のような数値を示してみた（例えば、総合点が高い辞書の方が、中学校1年生にとって良い辞書であるとは必ずしも限らないということを意味する）。

　いずれにせよ、この1つの事例を持ってして、ある1つの辞書のよしあしを決めてしまうこと自体には少し危ない面もあるであろう。しかし、それぞれの辞書の考え方、工夫の仕方、学問的な信頼度などについての1つの指針にはなると思われる。

2.4.3 研究と教育との接点

　筆者は日頃の講義において学生に次のような質問をしている。

　　次の（　　）に適当なことばを入れなさい。
　　　（3）a. 明日はたぶん雨が降る（　　　　　）。
　　　　　b. 明日はひょっとすると雨が降る（　　　　　　）。

そうすると、ほぼ全員の学生が、(3a) には「だろう」、(3b) には「かもしれない」という適切な日本語を答えることができるのである。ということは、次のようなことを意味する。

　　　（4）a. たぶん―…だろう
　　　　　b. ひょっとすると―…かもしれない
　　　（5）a. たぶん―…かもしれない
　　　　　b. ひょっとすると―…だろう

　上例の結び付きを考えると、(4a) と (4b) の結び付きの方が、(5a) と (5b) の結び付きよりも自然であるということがわかる。(5a) と(5b) は完全に不可ではない

かもしれないが、(4a) や (4b) よりは適切度が低いことは明らかである。このことは、日本語を専門に研究していなくても、ネイティブ・スピーカーである我々にはわかることである。従って、このことを足掛かりとして、上述のような内容の説明を「辞書指導」と併せて行うことにしているのである。

2.5 will － would, can － could, may － might の関係について

前述の2.4と関連する項目である。例えば、次の例をご覧頂きたい。

(6) a. **Can** you open the window?
b. **Could** you open the widow?

この2つの文の違いはどこにあるのであろうか？学生にこのような質問をすると、多くの学生は「(6b) の方が丁寧な言い方である」と答えてくる。それでは、なぜ(6b) の方が丁寧な言い方になるのかと重ねて質問すると、答えに窮してしまうのである。以前、参考書にそう書いてあったことを覚えているということらしい。この"なぜ"がわからないと「学問的」であるとは言わないのである。

そのことに関しては、筆者は講義の中で次のように教えている。タイトルのペアーに関して考えてみると、右側にある語 would, could, might は左側にある語 will, can, may の形式上は過去形になっている。しかし、実際に純粋な過去形として使われるケースは意外に少なく、**多くの場合には仮定法として使われる**。つまり、(6b) の場合には、(もしできることなら) 窓を開けていただけないでしょうか？とでもいった気持で使われるので、当然 (4a) のような「窓を開けてくれるのか、くれないのかはっきりしろ」とでもいった気持（つまり、直接法）で使われる文よりは丁寧な言い方になるということである。

では次の例はどうであろうか。

(7) a. It **may** rain tomorrow.
b. It **might** rain tomorrow.

多くの学生が「明日は雨が降るだろう」と和訳するが、これは誤りである（1.2.4を参照）。正しくは、「明日は雨が降るかもしれない」という意味であでは、(7b) はどのように和訳したらよいのであろうか。(7b) のmight は仮定法でよく使われる語であるということが理解できていれば、(7a) のmay よりも当然雨

の降る確率は低くなるので、「明日はひょっとしたら雨が降るかもしれない」とでも訳したらよいということになる。この説明で、大部分の学生には理解してもらえる。

　上述のことは、かなり難解な英語のコラムを読んでいる時にも出てくる。例えば、次の２つの例が該当する。

　　（8）It **would** be better to cut out languages entirely than to persist in this foolish course of teaching them for only a year or two in high school.
　　　　（高等学校でほんの１年か２年の間、外国語を教授するということのような愚かな過程に固執するよりもそれらを完全に取り除いてしまう方が<u>もしかするとよいのかもしれない</u>）
　　　　―太文字および下線は筆者、（　）は試訳　　　　―Harris, 1980, pp.66-7

　　（9）A foreigner leaning English **would** find it insuperably difficult if he did not have a solid base in Latin.
　　　　（英語を学んでいる外国人は、もしラテン語についてしっかりとした基礎が備わっていなければ、それ（英語［を勉強すること］）は乗り越えられないほど困難なものだと、<u>もしかするとわかるかもしれない</u>）
　　　　― 太文字および下線は筆者、（　）は試訳　　　　－Harris, 1980, p.68

　この（8）と（9）の例文は、それぞれ "*Even English is Greek to Americans*" および "*Study of Latin Is No Waste of Time*" というコラムから採ったものである。このハリスのコラムは、学問的にも語学的にも大変興味深いものであり、文化的な観点、さらには人生論的な観点からも学ぶことが多いものである。特に、（8）のコラムのタイトルを日本語に直すと、「英語でさえもアメリカ人とってはギリシャ語である（ちんぷんかんぷんだということ）」ということになり、かなりショッキングなネーミングである。一読をお勧めする。

　要するに、上記の（8）と（9）の箇所についての主張は、仮定法が用いているので、可能性としてはありうるかもしれないが、筆者（ハリスのこと）としては支持していないということを意味しているのである。

　なお、ハリスのコラムからヒントを得て行った学問的な考察が、伊関（2011, pp.176-8）および伊関（2013,　pp.166-9）で取り上げられているので、是非参照されたい。

上述のことは、さらに筆者の専門分野の論文を読んでいる時にも出てくる。少し長いが引用することにする。

"Since, for example, the contrast between tone 1 and tone 2 means one thing － that is, is doing grammatical job － if the tone group coincides with a clause that is affirmative in mood, and another if with a clause that is interrogative, it **might be** asserted that we should here recognize two distinct *phonological* systems. But phonetically the exponents are indistinguishable in the two cases; and their identity **would be** obscured, or the statement of it complicated, if two distinct phonological systems were set up." － Halliday 1963 より抜粋（なお、太文字と下線は筆者、全体の訳は割愛する）

ここでは、may と will ではなく、might と would が用いられている。つまり、Halliday がこの文で述べられているような内容について、どう思っているのかについての気持に関係してくるのである。敢えて may や will ではなく might や would を用いているということは、それだけ確実性が低くなるので、ここで述べたような内容について、筆者である Halliday は支持していない（ひょっとしたらそのようなことが言えるかもしれないくらいの気持）ということを述べているのに他ならないのである。要するに、基本がわかれば、難解な学問的な事柄にも応用可能なのである。

ちなみに、「仮定法」というと、いわゆる受験英語で使われる用法だということで、日常的にはほとんど使われることがないので、あまり役には立たないのでないかということがよく言われる。

次の例を見てみよう。

(10) a. If I **were** a bird, **I could fly** to you.
　　　（もし私が鳥ならば、あなたのところまで飛んで行けるのに。）
　　b. If I **were** in your place, **I would not do** such a thing.
　　　（もし私があなたの立場だったら、そんなことはしないだろうよ。）

(10a) も (10b) も共に仮定法の公式に則って作られた文であるが、使われ方に大きな違いがある。確かに(10a)のような文を普段口にすることはほとんどないか

もしれないが、(10b) のような文は日常いくらでも使う可能性がある文である。ある専門家のご指摘によると、「仮定法」が使いこなせないと、「大人の会話」ができないということである。

そのようなことは、「関係代名詞」などについても言えることである。確かに、基本的な日常会話の場面では、関係代名詞を使わずに接続詞で文をつないで話をするか、2つの文で話をすることも可能である。しかし、関係代名詞のことがわからないと、特に書かれた文章（論文、新聞、雑誌などいろいろなスタイルの文に当てはまることであるが）を理解することができなくなる。ということは、関係代名詞を使わない書き言葉というのは、少し幼稚な印象を受けるということである。これもある専門家のご指摘である。

要するに、一般的に受験英語以外にはあまり役に立たないと思われているような「文法項目」も実際はとても役に立つということもありうるのであり、考え方および扱い方には十分な注意が必要であるということである。

謝　辞

最後に、今回の内容（2.4と2.5）について、一言触れておきたい。2.4（probablyとmaybe, perhaps の意味における正確な区別立てについての考え方）は、筆者が玉川大学の学生であった時に、恩師である川上雅弘先生からご指導を頂いたことが基になっている。それから、2.5（will－would, can－could, may－might の関係についての考察）は、筆者が玉川大学の学生であった時に、恩師である川上雅弘先生および山崎真稔先生からご指導を頂いたことが基になっている。今でもその当時のことをなつかしく思い出すことがよくある。ここに厚く感謝の意を表する次第である。

参考文献

辞典

浅野博・阿部一・牧野勤（編）(2002)『アドバンスト　フェイバリット英和辞典』東京：東京書籍.
井上永幸・赤野一郎（編）(2003)『ウィズダム英和辞典』東京：三省堂.
伊藤健三・廣瀬和清・伊部哲（編）(1998)『ニュースクール英和辞典』東京：研究社.
木原研三（監修）(2001[2])『新グローバル英和辞典　第2版』東京：三省堂.
小西友七・安井稔・國廣哲彌（編）(1987[2])『小学館　プログレッシブ英和中辞典　第2版』東京：小学館.
小西友七・南出康世（編）(2001[3], 2006[4])『ジーニアス英和辞典』東京：大修館書店.
Leech, G.・池上嘉彦・上田明子・長尾真・山田進（編）(2006)『ロングマン英和辞典』東京：桐原書店.

宮井捷二・佐藤尚孝（監修）（2002）『ビーコン英和辞典』東京：三省堂.
中村匡克・田辺洋二（編）（2001）『ワードパル英和辞典』東京：小学館.
中村匡克・田辺洋二・西尾巌（編）（1994）『ブライト英和辞典』東京：小学館.
竹林滋・小島義郎・東信行・赤須薫（編）（2005²）『ルミナス英和辞典 第2版』東京：研究社.
山岸勝榮（編）（2001²）『スーパー・アンカー英和辞典 第2版』東京：学習研究社.
山岸勝榮（編）（2007）『アンカーコズミカ英和辞典』東京：学習研究社.

Halliday, M. A. K. （1963） "The tones of English." In W. E. Johns and J. Laver (eds.) *Phonetics in Linguistics: A Book of Readings*. （pp.103-126） London: Longmans.
Harris, Sydney J. （1972） *For the Time Being*. Boston: Houghton Mifflin Company.（太田憲男編注『人間社会を考える』東京：南雲堂，1980）
———. （1975） *The Best of Sydney J. Harris*. Boston: Houghton Mifflin Company.（岡田晃忠・亀山征史編注『S. J. ハリス コラム集』東京：弓プレス，1991）
伊関敏之（1998）「二重否定―その意味の解釈をめぐって―」『鶴岡工業高等専門学校研究紀要』第33号，39-43.
———．（2010）「文強勢に関する一考察―前置詞の働きを中心に―」『北見工業大学人間科學研究』第6号，1-12.
———．（2011）『英語の研究と教育―ことばの世界への誘い―』東京：成美堂.
———．（2013）『言語研究の楽しみ―ことばの不思議な世界―』東京：成美堂.
大津由紀雄編（2009）『はじめて学ぶ言語学―ことばの世界をめぐる17章―』京都：ミネルバ書房.
八木孝夫（1987）『程度表現と比較構造』新英文法選書第7巻．東京：大修館書店.
安井稔（1996²）『英文法総覧―改訂版―』東京：開拓社.

編著者紹介

伊関 敏之（いせき としゆき）

1959 年　神奈川県横浜市生まれ
2004 年　東北大学大学院情報科学研究科博士課程後期 3 年の課程修了
　　　　博士（情報科学）
現　在　北見工業大学工学部共通講座教授

専門は英語音声学・音韻論（特にイントネーション）。その他、談話分析・語用論・語法研究・認知言語学・生成文法・歴史言語学・英語教育などにも関心が深く、積極的に教育・研究活動を行っている。

所属学会

日本英語学会、大学英語教育学会、日本英語音声学会（副会長、東北・北海道支部長）、日本音韻論学会、全国英語教育学会、北海道英語教育学会

著書

『音韻研究－理論と実践＜音韻論研究会創立 10 周年記念論文集＞』（共著、音韻論研究会（編）、開拓社，1996 年）
『談話のイントネーション研究－Brazil の音調理論の英語教育への適用と有用性』叢書　英語音声学シリーズ第 5 巻．（単著、日本英語音声学会、2006 年）
『英語の研究と教育－ことばの世界への誘い－』（単著、成美堂、2011 年）
『現代音声学・音韻論の視点』叢書　英語音声学シリーズ第 6 巻．（共著、西原哲雄・三浦弘・都築正喜編集、金星堂、2012 年）
『言語研究の楽しみ－ことばの不思議な世界－』（単著、成美堂、2013 年）

読者のみなさんへのメッセージ
ことばは非常に奥が深いものです。その魅力についてご一緒に考えてみませんか。

著者紹介 （論文掲載順）

酒井 陽（さかい よう）

1957 年　北海道札幌市生まれ
1982 年　玉川大学英米文学科卒業
1985 年　玉川大学大学院修士課程修了
1985 年　東京都町田市立堺中学校教諭
1991 年　八王子市立由木中学校教諭
2000 年　多摩市立西落合中学校教諭
2001 年　多摩市立落合中学校教諭
2006 年　多摩市立諏訪中学校教諭
2013 年〜現在　多摩市立多摩永山中学校主任教諭

　専門は応用言語学（Second Language Learning）であるが、中学校での日々の音声指導のためには英語音声学の勉強が欠かせないと考え、再び英語音声学を学び始める。2001 年より 2010 年まで毎夏 University College London の Summer Course in English Phonetics に参加。イギリス英語の美しい響きに魅せられ、講師の先生方に親しく教えをいただき、様々な国の英語教師と交流し、音声学に惹かれる。恩師山崎真稔先生の読書会に参加させていただき、英語音声学に関する勉強を続けている。日々の授業では特にイントネーションの指導の必要性を感じている。まだまだ不十分ではあるが、対比はあるか、イントネーションフレーズ（IP）はどこで区切られているか、内容語の強勢位置はどこか、音調核はどこか、音調は下降調か、上昇調か、下降上昇調か、上昇下降調か中平坦調かに的を絞り、平易な言葉で説明を試み、発音練習を行っている。今後さらにこの分野の勉強を深め、指導の工夫を重ねて行きたいと考えている。

所属学会　関東・甲信越英語教育学会、全国英語教育学会、日本英語音声学会

相原 完爾（あいはら かんじ）

1959 年　神奈川県平塚市生まれ
1982 年　玉川大学文学部英米文学科卒業
1982 年〜神奈川県平塚市内の公立中学校に勤務
1985 年〜神奈川県内の県立高等学校 5 校に勤務
2010 年〜現在　神奈川県立伊勢原高等学校（定時制）総括教諭として勤務

英語学、特に語形成と英語史に興味があり、現代英語だけではなく古英語および中英語の作品からデーターを収集し、形態論と統語論および意味論との接点について勉強している。

所属学会　日本英語学会

論文等
・「接尾辞 -er について」1987 年『英語教育研究』第 23 号 54-57. 神奈川県高等学校教科研究会 英語部会
・「接尾辞 -er 複合語の場合」1990 年『英語教育研究』第 26 号 16-19, 31. 神奈川県高等学校教科研究会 英語部会
・「史的観点から見た動作主名詞における項構造の継承」1999 年（東京学芸大学大学院未出版論文）
・「史的観点から見た名詞化について」2002 年『英語教育研究』第 38 号 7-17. 神奈川県高等学校教科研究会 英語部会
・「14 世紀の英語　現代英語と比較して」2006 年『英語教育研究』第 42 号 2-9. 神奈川県高等学校教科研究会 英語部会
・「名詞化について」2012 年 *ELTama Newsletter* vol.01 3-6. 玉川大学英語教育研究会

久保田 佳克（くぼた よしかつ）

1966 年　福島県福島市生まれ
1988 年　東北大学文学部哲学科卒業
1992 年　宮城教育大学大学院教科教育専攻修了（修士（教育学））
1995 年　東北大学大学院文学研究科博士課程後期修了
1995 年〜 2001 年　山形女子短期大学英文科講師
2001 年〜 2007 年　仙台電波工業高等専門学校助教授
2007 年〜 2010 年　仙台電波工業高等専門学校、仙台高等専門学校准教授
2010 年〜現在　仙台高等専門学校教授

学部時代は哲学科でイギリス哲学（Wittgenstein）を専攻しました。大学卒業後に半年間、イギリスのフォークストン（Folkestone）にある School of English Studies で英語を勉強した後、英語を本格的に学ぼうと、大学院進学を決心しました。一年間、東北大学で聴講生をした後で、宮城教育大学大学院に進学し、修士課程で 18 世紀イギリス小説（Henry Fielding）、東北大学大学院博士課程では 18 世紀スコットランド文学（James Boswell）を専攻しました。短大勤務時代に文学を教えることも大事だが、まず英語をしっかり学ばせないといけないと感じ、宮城教育大学の勉強会に参加し始め、英語教育を理論的に学ぶようになりました。文法知識、語彙知識の研究から始まり、現在では音読や多読を通した語彙習得を研究テーマとしています。

所属学会
全国英語教育学会（事務局長、2007-2009）、東北英語教育学会、全国高等専門学校英語教育学会、大学英語教育学会

市﨑 一章（いちざき かずあき）

1960 年　香川県生まれ
1979 年　四国学院大学文学部英文学科入学
1981 年〜1982 年　四国学院大学の交換留学生として、米国 Arkansas 州の The College of the Ozarks へ留学
1983 年　四国学院大学卒業
1984 年　関西外国語大学大学院外国語学研究科英語学専攻入学
1987 年　同修士課程修了
1989 年より、22 年間半、九州の私立短期大学勤務
2012 年〜現在　呉高等工業専門学校人文社会系分野　准教授

所属学会
日本音声学会、日本英語音声学会（副会長、事務局長）

著書
『英語音声学活用辞典』（編集主幹、日本英語音声学会、2004 年）
『英語音声学辞典』（編集主幹、成美堂、2005 年）
『英語のイントネーション』(*English Intonation*. John Wells 著、共訳、研究社、2009 年)
『現代音声学・音韻論の視点』叢書　英語音声学シリーズ第 6 巻．（共著、西原哲雄・三浦 弘・都築正喜編、金星堂、2012 年）

日臺 滋之（ひだい しげゆき）

1957 年　長野県生まれ
1981 年　玉川大学文学部英米文学科卒業
1981 年　長野県、東京都の公立中学校教諭
1991 年　文部省派遣英語担当教員海外研修（英国ノッティンガム大学）
1994 年　東京学芸大学附属世田谷中学校教諭
1994 年　第 44 回全国英語教育研究団体連合会（全英連）東京大会中学校授業実演（青山学院大学講堂）
2000 年　東京学芸大学大学院教育学研究科英語教育専攻修士課程修了
2008 年　文部科学大臣優秀教員表彰（学習指導）
2011 年〜現在　玉川大学文学部教授

専門は英語教育学。主に授業論、教材論、語彙論、言語習得について研究。コミュニケーション能力の育成をめざす英語授業を念頭に、学習者コーパスを構築し、授業や教材作成、また、学習者の英語習得過程を追うことに活用している。

所属学会
英語コーパス学会、関東・甲信越英語教育学会、全国英語教育学会、大学英語教育学会、日本英学史学会

著書
『1 日 10 分で英語力をアップする！コーパスワーク 56』（共著、明治図書、2008 年）
『中学　英語辞書の使い方ハンドブック』（単著、明治図書、2009 年）
『楽しい会話で英文法も身につく！英語スキット・ベスト 50—50 Skits for Learning English—』（共著、明治図書、2010 年）
『英語授業は集中！—中学英語「６３３システム」の試み—』（共著、東京学芸大学出版会、2012 年）
『New Crown English Series』中学校検定教科書（編集委員、三省堂、2012 年）

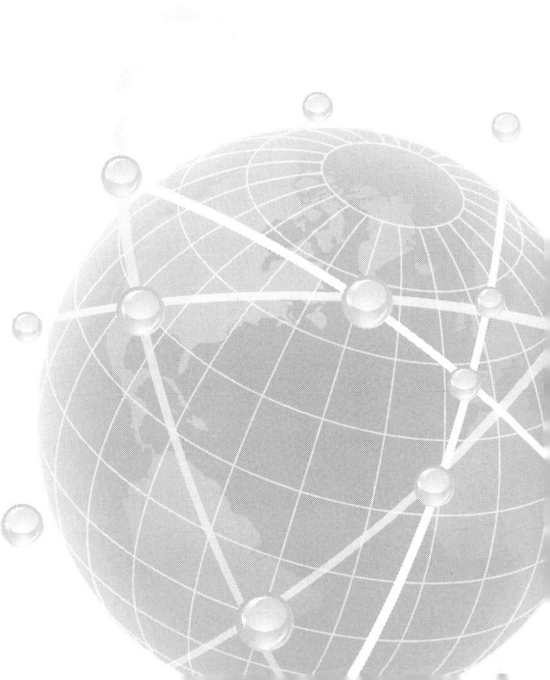

これからの英語の研究と教育
── 連携教育の展望と課題 ──

2014年3月14日　初版印刷
2014年3月28日　初版発行

著　者　伊関敏之、酒井陽、相原完爾、久保田佳克、市﨑一章、
　　　　日墓滋之

発行者　佐野 英一郎

発行所　株式会社 成 美 堂
　　　　〒101-0052東京都千代田区神田小川町3-22
　　　　TEL 03-3291-2261　　FAX 03-3293-5490
　　　　https://www.seibido.co.jp

印刷・製本　倉敷印刷株式会社

ISBN　978-4-7919-5498-8 C1082　　　　　　　　　Printed in Japan

・落丁・乱丁本はお取り替えします。
・本書の無断複写は、著作権上の例外を除き著作権侵害となります。